JN044449

グローバリゼーションを規律する Money と Justice の関係について

原田輝彦 著

関西大学出版部

【本書は関西大学研究成果出版補助金規程による刊行】

目　　次

I　はじめに

20世紀後半以降の世界は、情報通信技術の飛躍的な発達と自由貿易を基調とする経済体制の下で、国境を越えたビジネス活動が広範に展開されてきた。先行業績を繙くと「第二次世界大戦後におけるアメリカを中心としたパックス・アメリカーナと呼ばれる国際秩序がどのようにして生み出されたのか」という問題意識の下、「アメリカのドイツ政策とマーシャルプランの関連に注目」して執筆された著書がある[1]。その中で著者は「ドイツ経済力の再建がヨーロッパ全体の復興のために必要である一方、経済的に強力なドイツは周辺ヨーロッパ諸国の安全保障上の警戒心を呼び起こし、西側諸国間の関係を悪化させてしまうというジレンマにアメリカは直面していた。…(中略)…

　つまりドイツに対してどのように対応するのかという問題は、アメリカにとって、ソ連やフランスなどとの関係を含めた国際秩序全体をどのようにデザインするのか、という問題と密接に結びついていたのである。そして、こうしたジレンマに直面したアメリカがその解決策として生み出したのがマーシャルプラン（1947年6月5日発表）であった。」と指摘している[2]。

　筆者が理解するところも著者と概ね同様である。その文脈で、歴史が流れて行く中、第二次世界大戦終了直後形成されたアメリカ主導による"戦後レジーム"形成から、既に75年目にあたる今日（＝21世紀に入ってからも既に20年の歳月が経過した今日）、長時間が経過する中、（ⅰ）ブレトンウッズ体制の崩壊、（ⅱ）冷戦[3]終結と（ⅲ）それに伴い、東側陣営の盟主であったソビエト連邦崩壊に先立って、東ドイツ・ポーランド・ハンガリー等東欧地域に戦後、相次ぎ擁立された社会主義諸国が雪崩を打って市場経済≒資本主義経済体制に移行した。歴史的に見ると、これら国際政治・経済両面に亘る激変現象をもたらす（もたらした）原因ともなり、結果ともなる意味合

1）　河﨑信樹『アメリカのドイツ政策の史的展開—モーゲンソープランからマーシャルプランへ—』関西大学出版部　2012年
2）　同上　p i, はしがき。1 -11行, 13-17行。
3）　冷たい戦争 "Cold War"。アメリカの政治評論家・リップマンが自著の標題に使用して以来、人口に膾炙するようになった。第二次世界大戦終結後、アメリカ vs. ソ連の対立を軸として程なく発生した資本主義陣営＝西側：アメリカと社会主義（共産 ↗

I はじめに

いを持つ重要概念としてのグローバリゼーションがある。グローバリゼーション進行経過に対応するように、従前の一国国内で完結してきた狭義の地域経済が国境を軽々と越え、広義の地域経済一体化を表現するEU・NAFTA・AEC・TPP・RCEP等の広域に亘る経済連合[4]が成立し、あるいは成立させようとする機運がある一方で、"America First" の掛け声の下で、トランプ現アメリカ大統領が自国中心主義を呼号する標記機運と相容れない動きに関しても述べて行きたい、と筆者は考えている。

主義）陣営＝東側：ソ連との間で発生した対立状態を指す。東西冷戦とも言う。実弾が飛び交い、砲爆撃等による現実の熱戦 "Hot War" こそ展開されないものの、一触即発で熱戦 "Hot War" に発展する危険性が高い剣呑な対立という文脈で使用される言葉である。その背景には、第二次世界大戦が連合国軍による枢軸国軍に対する完全勝利で終結した後、それまでは謂わば "呉越同舟状態" で共存した資本主義と社会主義体制を奉じる両陣営が、本来は謂うならば "水と油" とでも称すべきお互いに相容れないイデオロギー、軍事力を持ちながらも、ナチス・ドイツ、ファシスト・イタリア、軍国主義・大日本帝国を打倒するために協調関係にあった。
　共通の敵を殲滅－「敵の敵は味方」－した後は、再びアメリカとソ連は徐々にそれぞれの国家が固有する国益に基づいて行動することになった。大戦中、戦勝国イギリスを指導した首相チャーチルは、1946年3月、「バルト海のシュッテティンから、アドリア海のトリエステまでヨーロッパ大陸を横切る鉄のカーテンが下ろされた。中央ヨーロッパ及び東ヨーロッパの歴史ある首都は、今やすべてその向こうにある。」と述べた。このような事態は1980年代半ば以降、ソ連の政治・経済体制行き詰まりでソ連がアメリカに歩み寄る動きが本格化することで、最終的には解消したものの、(i)東欧諸国に於けるソ連による衛星諸国家創設、(ii) 毛沢東による中華人民共和国の成立（1949年10月）、(iii) 朝鮮戦争（1950年6月～1953年7月）、(iv) 第二次ベトナム戦争（ベトナムの呼称では "抗米救国戦争" と米軍撤退後の内戦を含めて1975年4月）等－(iii) 及び (iv) は冷戦段階を越えて熱戦状況－東西両陣営は尖鋭に対立した。殊に、冷戦期のピークを迎えていた1962年10月には、ソ連海軍艦艇が「アメリカの裏庭」とも言うべきカリブ海に位置する東側陣営に属するキューバに、アメリカ東海岸を射程に収める核ミサイル基地建設資材等を持ち込む企てが為されたことにより、米ソ全面核戦争勃発直前まで軍事的緊張が高まった。
4）EC／欧州共同体当時加盟国12ヵ国間の非関税障壁を除去して、ヒト・モノ・カネ、サービス（＝役務）等が自由自在に移動できる統合市場創設を目指した構想を源流とする。1986年、EC首脳会議で決議された「単一欧州議定書」に基づき、加盟各国を拘束する意思決定方式がそれまでの全会一致方式から、加盟各国間の人口数に基づく投票価値平等を企図して票数を振り分ける多数決方式に変更された。これらの民主主義諸策を含めた結果、1993年に単一市場が成立して、欧州に於ける広域経済連合が誕生している。本文で挙げたそれぞれの略称は、今日世界各地域で成立、乃至検討中の他の広域に亘る経済連合の例である。

本書はこのような現状を踏まえながら、（ⅰ）何故多くの地域で経済同盟が構築されてきたか、（ⅱ）そのインセンティブとは何であったのか、（ⅲ）国境を越えた商品売買である貿易（今日では、DVD、CD等の電子媒体等に収録された知的財産権保護を受ける著作物等も含む）と共に、当該経済取引関係を金銭面で精算する機能を果たす国際金融取引が如何に高度化してきたか等についても、政治的・経済的・法律的観点に着目して歴史的・地政学的・地理的観点からの複合的な分析を行うことを通じて、今後近い将来に於いて予想される方向性等に関する筆者管見を述べることを目的とする。その過程で、公正な経済取引を実効あらしめる上で重要と思料される“MoneyとJusticeを巡る視点”を様々な切り口から整理し、公正取引実現に資する種々の知見を提示することが本書執筆の意図するところである。なお、本文参考文献等は専ら脚注に表示している。膨大な量に及ぶため、別記しない。

以上

II 貿易構造高度化と国際金融システム発展を巡る諸言説

1　グローバリゼーションとは何か

　2020 年になった今日、「グローバリゼーション」という言葉が日常的に使われている。この言葉は「ヒト、モノ、カネ、そして情報の国境を越えた移動が地球的規模で盛んになったことに伴い、政治的、経済的、あるいは文化的境界線、障壁がボーダーレス化（＝国境が無くなること）することを通じて（ⅰ）社会の同質化と（ⅱ）多様化が同時に進展すること」[5]である、と定義される。このような現象は、従来までは Telex、国際電報・電話等多額の通信費用を要し、彼我の紙ベース文書の遣り取りについても、精々国際航空郵便を利用するしかなかった貿易等国境を越えた商品売買（近年ではコンピュータ Soft wear　あるいは DVD 等に記憶された無体財産を対象とする商品売買をも含む）を巡る一連の商取引を完結させるに際して、殊に〈情報〉が「国境を越えた移動が地球的規模で盛んになった」ことと共に、その運用コストが飛躍的に極小化して、殆ど取引費用を意識する必要もなく、国際取引実行時に発生せざるを得なかった時差を超越して、real time で確実な処理を液晶画面と Key Board 処理により可能ならしめること等が特筆される。この技術革新が可能となった背景には、1980 年代末の冷戦終結後、元々は軍事技術として開発されてきたインターネット[6]技術が民間に開放されたことを契機として「情報の国境を越えた移動が地球的規模で盛んになり、政治的、経済的、あるいは文化的境界線、障壁がボーダーレス化」が進み、「社会の同質化と多様化が同時に進展」したことと（承前）相俟ってこのような動きが加速した経緯がある。

　5）　出所：金森・荒・森口編著『有斐閣経済辞典（第 5 版）』2013 年有斐閣。筆者が記載事項を一部加筆・修正した。
　6）　1945 年 7 月、人類史上初めてアメリカが核分裂エネルギーを武器に転用した原子爆弾製造に成功した後、1949 年 8 月、当時のソ連（現．ロシア）が 4 年遅れで同じく原子爆弾保有国となった。イギリス（1952 年）フランス（1960 年）中国（1964 年）と次々に幾つかの諸国が核兵器保有国になった結果、最終・最悪兵器として人類全体↗

　現在では誰しもが自明の working style として日々使用している Personal Computer についても 1995 年[7] には従来 SE/System Engineer、Programmer 等電子計算機運用専門技術者が管理・運営していた大型電子計算機運用に基づく情報処理から、日常ごくありふれた風景となっている〈OS: オペレーションソフトウエア Windows®等〉を一旦インストールしさえすれば、専門知識を持たない一般人であったとしても、誰でも容易に取扱が可能になった〈コンパクトな筐体をハードウエアとして、その中に納められた各種汎用ソフトウエアを key board 処理することで情報処理が完結する Personal Computer を媒介とする社会的 System〉が確立したことを指摘することが出来るであろう。本書で述べる『グローバリゼーションを規律する Money と Justice の関係』が現実に展開されている国際経済取引現場にあっても、〈グ

　＼を何度も殺戮し続けたとしても十二分に余りある究極の大量破壊兵器保有を前提とする厳しい軍事状況が現出した。殊に、1946 年 3 月、チャーチル元イギリス首相が「北はバルト海のシュッテンから南はアドリア海のトリエステまで、ヨーロッパ大陸を横切る鉄のカーテンが降ろされた。中央ヨーロッパおよび東ヨーロッパの歴史ある首都は、すべてその向こうにある。」とのフルトン演説で名実共に確定した政治・経済体制を異にする“水と油の”米ソ二大超大国をそれぞれ指導国家とする西側自由主義・資本主義国家群と東側共産党一党独裁官僚主義・社会主義国家群間で先鋭化していた冷戦構造（後の注 9. も参照されたい）は、両陣営間で万が一全面核戦争が勃発した際には「相互確証破壊原則」と称される核戦略により“恐怖の均衡”で辛うじて平和が維持されていた。具体的には複数の巨大核爆発により核兵器発射・迎撃地上施設等が完全に破壊されたとしても、上空を飛行している航空機、海面下を潜行している（原子力）潜水艦等が独立して通信・指揮命令系統を維持し得ることを可能とする高度な無線技術等を応用して、核兵器による報復を可能とする軍事技術が実用化されていた。旧ソ連崩壊後は、本文で述べられているこれら軍事技術が不要となり、民間利用に開放された。今日、インターネットが津々浦々世界中へ広範に拡がり、瞬時に地球の裏側に位置している地域との間に於いても、時差もなく正確な通信・情報交換、商取引等の凡そ有りとあらゆる営みが可能となっている―日進月歩で基盤技術が高度化・精緻化され、取扱対象情報等も拡大している―現実は〈軍用技術が民間に広く開放〉された結果に由来するものとされている。
7）　この年 11 月、Micro Soft 社から発売された OS/Operation Soft wear：Windows95® 登場後、それまでの IBM Main Frame による大型電子計算機利用による情報集中演算処理から、四半世紀近くの時間が経過している今日では何処でも極く普通に行われている遙かに小型の Personal Computer 使用により、あらゆる情報処理が可能となっている社会のあり方は驚嘆に値する変化である。

ローバリゼーション（現象）〉進展以前に長年の実務慣行蓄積を通し編み出され、輸出入取引を規律してきた先述の〈アナログな仕組み〉が電子化される現象を指摘するだけでも、経済取引の〈時空を超えて瞬間に完結する〉迅速性が本項で取り扱う「貿易構造高度化と国際金融 System 発展」に資していることを容易に理解出来よう。

　一方、概ねこの約四半世紀の間に、爆発的勢いで拡散した情報流通技術の社会的共通資本化の営みと平仄を合わせて、紙ベースでアナログ記述されてきた諸々の経済取引記録が電子ベースによるデジタル記述 System へと社会的に置き換えられてきた標記現象と共に、経営学の研究領域では古典的意味合いで唱えられてきた〈経営の三要素〉について説明する。〈経営の三要素〉とは、既に説明してきた標記情報概念と共に、"営利活動の本質"を理解するための最も基礎的概念である。すなわち、【最小コストで最大利益＝利潤を獲得する経済活動】を意味する営利事業＝ビジネス活動の本質は、①ヒト（＝人材・人財、人間により事業主体に対して提供される労働力、マン・パワー、労働価値学説）、②モノ（＝生産設備・店舗、車輌、什器・備品等の有形固定資産）、③カネ（＝文字通り資金のこと。広義には貨幣に表象される万人がその価値を認める共通経済価値の意。近時では Smart phone は言うに及ばす、電子マネー等に置換された支払・貯蔵・価値を表す狭義の《お金の定義》も電子化されている）からなる三要素を有機的に組み合わせて現実に対応し、商機を見逃すことなく獲得できるべき利潤を最大限享受する営みである。

　このようなビジネス活動は、本書『グローバリゼーションを規律するMoney と Justice の関係について』の執筆目的である Justice/（社会的）公正とは古来から密接に結び付く夥しい内容を持っている。この視点からの分析については、本書後半で行いたい。

2　グローバリゼーションの進展とそれに伴う法的理解について

　先行研究を渉猟する過程で、筆者は多くの資料を講読し、URL にアクセスし、研究会に参加して標記論点を明確化する作業を続けている。その中で、旧来型国民国家[8]観が本書論に基づく文脈で如何に変化しつつあるか否か、という観点から注目した資料を最初に掲げる。

2 － 1　Jurist No.1356/2008.5.1&2008.515 合併・特集号『国家は衰退したか？』

序言　（長谷部論文）

　序言で「本特集の狙いは、レトリックとしての過剰な使用に比べて冷静な分析が過小であるかに見える『規制緩和』の現況を確認するとともに、『リスク社会』下での権力のあり方の検討をも通じて、『国家は衰退したか』を

8）　領土・領海・領空から構成される物理的な一定領域（広義の国土）を支配し、当該領域に存在する総ての住民（寄留者、外国人等本来住民でない者も含む）に対し、公権力に基づく排他的権力＝主権を行使し得る団体を国家と言う。Nation state/ 国民国家は歴史的に見ると一般的には市民革命（イギリスでは名誉革命：1688 年。フランスではブルボン王朝を打倒して市民階層が政権掌握後、近代国家体制を築き上げるフランス革命：1789 年～ 1800 年頃。アメリカでは 1775 年～ 1783 年。殊に 1776 年独立宣言を経て宗主国イギリスから自立する過程に注目）を経由して当該領域住民が同胞としての一体性を自覚する段階にまで至れば国民国家が成立した、ということになる。「国家とは何か」は国法学 or 憲法学上、これ自体が膨大かつ難解な論点を包含する学問上、巨大な課題である。従って、本書では万人にも容易に理解し得る平易なレベルで国家論概観を説明するに留める。
　　この文脈で、以下 2 つの切り口で「国家」に纏わる定義を行っておく。
　　2 の 1　民族国家：　言語・風俗・（生活）習慣・宗教等を同じくする民衆は、自然発生的に同胞意識を有することになる。当該集団は標記市民革命を経て同胞意識を高揚させ、自らが属していると認識する集団全体の Identity/（同一国民としての）同一性・独自性に基づき、自らが求める政治体制を獲得する権利がある、と主張する。このような権利実現に基づき、形成された国家を一般に民族国家と呼ぶ。↗

問い直すことにある。」[9]と述べられている。筆者は先に『「情報の国境を越えた移動が地球的規模で盛んになり、政治的、経済的、あるいは文化的境界線、障壁がボーダーレス化」が進み、「社会の同質化と多様化が同時に進展」したことと（承前）相俟って、このような動きが加速した経緯がある。』[10]とグローバリゼーションを定義してきたが、標記の旧来型国民国家観では自明とされている国境・領土・国民、主権概念に基づいて謂わば"一定の領域内では当該領域内を「伝統的には法令による一般的なものにせよ、公権力による有益な私的活動への干渉を中核とするものと受け止められてきた。」"と

> 2の2　主権国家：国民国家の項で説明した概念に不可分一体となった他国からの干渉や支配を受けることなく、
> 〈自国に関すること〉は自国自身で自主的に決定し得る能力を有する国家を指す。国際法上は17世紀前半、三十年戦争終結に際して締結されたウエストファリア条約（1648年）で公的共通概念として成立した。
> 以後、2020年時点の今日に於いては地球全体で見ると190ヵ国を超える主権国家が存在することを前提とする主権国家相互間関係が国際連合を主な舞台に、各国それぞれが国際法理念上は相互平等の立場に立ち、基本的には密接不可分な関係を維持しながら活動している。
> 具体的には各主権国家は、それぞれに独立した軍・警察等法律に基づき強制力を有する社会秩序維持を目的とする物理的力/Forceを有する実力組織を独占的に保有している。中央政府はこれら物理的実力組織を〈最終的拠り所〉として国内で平穏な社会状態を保ちながら、中央政府自らが保有する権威・権力を凌駕する勢力を国内・国外共に認めない建て付けを取っている。この結果、考え方の底流としては（標記相互平等な）立場に立つ主権国家間関係は、何人も侵しがたい個別国家それ自体の固有な主権を尊重し合う思想の下では、必然的に起こり得る"無政府状態"―現実の国際関係下では必ずしも自国主権が常に尊重され続けるとは限らない―には距離を置き、自国第一―例えば2017年1月、トランプ大統領選出後"America First!"を憚ることなく呼号し続けること等を通して主として経済力で競合する中国・EUを構成している28ヵ国（2020年1月まで）等との間で摩擦を起こしている―が頻発する現実を我々に突き付けている。このような文脈で、かかる主権国家相互間に今日只今現在見られている現象を通して認識される"何らかの紛争・対立抗争"が発生し得る嘆かわしい事実は、必然的に主権国家連合へ各国主権の一部を譲与する等することにより、国際協調を促進せざるを得ないとする考え方を真摯に検討する必要が高まっているのではないか…、という指摘にも繋がると思料される。

9）　Jurist No.1356, ibid., p.2
10）　本文 pp.3-4

著者が述べる規制概念についての洞察は、筆者が本節を書き進める上で、たいへん参考になる。序言を更に引用する中で、当該洞察を筆者が具体的に考えるところを明らかにしたい。

　著者は「しかし（ながら）、現在ではこうした公権力による命令─統制型の典型的な規制のほか、業界団体または個別企業による自主規制、市場メカニズムの機能、さらには現実・仮想の空間の構造設計（architecture）さえ、規制の一種として論じられるに至っており、むしろ、何が規制でないかが不分明な状況でもある。」とも述べられている。筆者は著者が指摘している〝市場メカニズムの機能、さらには現実・仮想の空間の構造設計（architecture）〟という2つの言葉に強く共感を覚える。すなわち、本書冒頭部分で筆者が述べた営利事業＝ビジネス活動の本質が「【最小コストで最大利益＝利潤を獲得する経済活動】を意味する営利事業は、①ヒト（＝人材・人財、人間により事業主体に対して提供される労働力、マン・パワー、労働価値学説）、②モノ（＝生産設備・店舗、車輌、什器・備品等の有形固定資産）、③カネ（＝文字通り、資金それ自体のこと。広義には貨幣に表象される〝万人がその価値を認める共通経済価値〟を意味している。近時では Smart phone は言うに及ばす、電子マネー等に置換された支払・貯蔵・価値を現す狭義の《お金の定義》も電子化されている）によってこれらの三要素を有機的に組み合わせて現実に対応し、商機を見逃すことなく獲得できるべき利潤を最大限享受する営みである。」　という理解を著者の立場から「ベンサムをはじめとする古典的功利主義者の自由観を前提としているように思われる。つまり、自由とは法の強制力の不在を意味する。公権力による行動の制約や、こうした意味での自由の抑圧である。古典的な功利主義は、このようにして最小国家を目指すことになる。」という枠組みが筆者理解と概ね一致しているからである。

　著者は続ける。「しかし、これは自由に関する唯一の正当な観念ではない。自由とは自己統治を意味し、他者への従属の不在を意味するという17世紀イングランド革命家の論理からしても、また、自由とは十全な自己実現を意味するというヘーゲル学派の論理からしても、むしろ人民による自由のあら

われ、あるいは、真の自由を阻害する要因の除去として理解される。何れも強力な伝統を有する整合的な観念であり、ベンサム流の自由観のみが正当だ、と考えるべき理由はない。」　これら2点の著者理解は、私見とも一致しており、殊に市場メカニズムの機能を巡る規制（緩和）根拠論に関して示唆を受ける部分が甚だ多い。

　さて、この序言を受けて、本件特集を構成する各論文を読み込み、筆者なりに理解するところを述べる。以下、起こり得る過誤等不適切な部分が存在することを畏れるものの、これは偏に筆者の理解力不足に依拠するものである。この点、予めお断りさせて頂く。

2−2　グローバリゼーションにおける国家─国際法の観点から（中谷論文）

a. 国家の役割

　国家の役割に関する通説的な理解によればそれは一般には大きく分けると、①実行支配する領域全体を境界とする対内的・対外的秩序を安定させる機能、②自国民の生命、及び財産を保護する機能、③<u>市場経済関連諸機能（下線は筆者による）</u>＝健全な市場の整備・監督を行うことを通じて〝市場の失敗〟[11] を是正して所得再配分を行う機能に分節出来る。ヒト、モノ、カネ、

---

11)　市場機構/mechanism による資源の適正配分ができない分野が存在していることを指す言葉、あるいは市場機構/mechanism に基づいていては想定される資源の適正配分ができない＝限界が存在している言葉を指す。類型化すると、①独占・複占・寡占等競争環境が成立しない場合に観察される市場支配、②市場を経由することなしに、他の経済主体に対して利益をもたらす外部経済（cf. この反対概念として外部不経済がある。公害がその典型）、③警察・消防・国防等社会全体に対して提供されている公共役務/サービス、④基本的には地方公共団体等公的組織が　企業会計に基づいて経営している上下水道、公営ガス供給事業、地下鉄・バス等公共交通事業等、そして⑤有料道路を除く一般国道・地方道等社会的共通資本に分類される経済分野が典型的な事例である。経済学的に説明すれば、住民・旅行者等当該地域で社会活動・経済活動を行っている誰もが当該役務・公共財等を必要としているにも拘わらず（＝需要がありながらも）、多額の建設コストそれ自体、回収困難な元利建設コスト・運営費用等により供給するインセンティブに乏しい場合には、中央政府・地方公共団体、政府関係機関等公共セクターが税金等の公共費用を投入すること等を通して、自律的市場↗

役務（＝サービス）、そして情報が容易に国境を越えることにより観察されるグローバリゼーションに於いては、現今のワールド・ワイドな経済活動に代表される現実[12]を円滑に機能させる前提条件として、（ⅰ）国家の民主主義、（ⅱ）経済の自由化、（ⅲ）国際連合憲章に定める国際人権規約、地球温暖化防止等を目標とする環境基準（国際条約を含む）遵守等が存在していることと一般には指摘出来る。その中でも、本書で繰り返し述べてきたグローバリゼーション理解の文脈に於いては、国際社会の中で国家が取りわけ十全に発揮すべき機能としては、③市場経済関連諸機能である。そこで、本節では最初に（Ⅰ）グローバリゼーション進捗に伴う国際社会内部にあって個別国家それ自体としては、対外的にはその影響力が低下しつつある、と考えることが趨勢として自然である状況（下線は筆者）について概観を試みる。次に、（Ⅱ）その前提となる伝統的な国際法学の文脈で以下3機能—a.自国民利益保護機能、b.危機回避機能、c.国際貢献機能—について説明する。そして、最後に（Ⅲ）国際金融業界で、このところ急速に存在感を高めてきたSovereign Wealth Fund[13]について、国際金融市場秩序と国民国家の相互関係等について述べる。

b.　グローバリゼーション進行と国際社会内に於ける個別国家機能低下について

　国家に関する一般的定義を掲げると、以下の通りである[14]。一定の領土

機構活用によっては到底供給できない広義の資源配分に対して積極的介入を果たさざるを得ないことを意味している。この他にも市場で売買される各種商品・サービス（役務）等にかかる品質に関し、売り手と買い手との間で発生し得る大きな情報格差に基づき発生する〈情報の非対称性〉も"市場の失敗"に含められる。→ 情報の非対称性（不完全性／逆選択）

12)　https://www.esri.cao.go.jp/jp/sna/data/data_list/kakuhou/files/h29/h29_kaku_top.html

13)　アブダビ、サウジアラビア、クウェート等中東産油国、シンガポール、中国等のアジアで急速な高度経済成長を遂げている諸国、ロシア、北欧・ノルウエー等専ら政府資金を原資に、国際金融投資市場で注目を集めてきた投資ファンドである。これまでの国際金融投資市場では、アメリカを中心とする欧米系民間投資ファンドが大手を振って活動してきた経緯がある。

14)　竹内昭夫・松尾浩哉・塩野宏編著『新法律学辞典 第三版』有斐閣　1989年 p.500

に定住する多数人から成る団体で、統治組織をもつもの。国家については、統治権（または主権）、領土及び人民がその3要素と説かれるが、その他多数の異なる定義がある。その起源については神意説・契約説・実力説等があり、その機能・目的としては、自己保存、治安の維持、文化の助成等が挙げられる。自由主義国家観では、国家は必要な害悪である、と考えられるが、社会的国家観では、各国民の生活を保障することが国家の任務である、とされる。国家は各種の標準により、君主制と共和制、民主制と絶対制等に分類される。国家を対象とする学問は、広く国家学または国家論と呼ばれる。

17世紀半ば、国際法の父・グロチウス[15]により、体系化が始まった国家の基本機能に関する通説[16]によれば、「国家とは国境により国家機能権能範囲が確定され、当該領域[17]内に於ける徴税、徴兵、諸法令並びに当該領域内に於いて、一般に正統と広く認識される社会習慣等に由来する秩序維持体系の源泉の最終帰属主体である。当該権威そのものを保証する機能が主権[18]であり、強制力を以て当該国家内で最高の力を有する。当該権威と併せ立ち、権利・義務を共有する主体が国民である。」と説かれている[19]。こ

---

15) Hugo Grotius/1583年〜1645年。オランダの法学者。自然法論に基づいて国際法を基礎づけ、"国際法の父"と呼ばれる。人間は社会的本性を持ち、その本性に従った自然法はあらゆる人間社会に妥当するとして、"宗教戦争時代の国際関係を規律する法"としての国際法を基礎づけた。彼は「戦争は自然法に反するが、防衛等の正当な理由がある時にだけ許容される。」として、正戦論を唱えた。その主著は"De jure belli ac pacis"/『戦争と平和の法』1625年である。また、"Mare liberum"/『自由海論』1609年に於いては、公海の自由を主張した。「仮に神が存在しなくとも、自然法は存在する」という言葉にも拘わらず、彼は篤信のキリスト者で、その著書"De veriate religionis Christianae"1627年により宗教闘争融和の必要性を説いた。
　→三十年戦争(1618年〜1648年)に於ける暴虐について、法律学の観点から体系化し、行き過ぎた暴力を抑制することが人道に適うことを論証した。
16) 竹内昭夫・松尾浩哉・塩野宏編著『新法律学辞典 第三版』有斐閣 1989年 p.443-444
17) 領土、領海、領空により構成される。
18) ibd. P.621
19) 国家の本質を巡る学説は古来多岐に亘っている。重要なこの論点に関わる細部に及ぶ詳細議論を行うために必要な学説等整理を行うだけでも、筆者に与えられた紙幅を大きく超えてしまうことが予想されるため、不本意ながら、標記一般的定義に留めざるを得ないことを御海容頂きたい。

の文脈で、自国民利益保護機能について国際社会内で過去と現在の有り様を比較すると、以下の現象が進捗していることを指摘できる。

すなわち、企業[20] が本来は、利益／利潤獲得を目的とする営利法人である以上、グローバリゼーション進捗状況下、先述した通り利益／利潤獲得機会が国内だけでなく、（島国である日本の場合には）海外＝国際社会にもあることを察して、海外に向けて事業拡張決断等を当該営利法人自身が会社法に基づいて、自社経営体力の限界と〈得ベカリシ利益／利潤〉との相反関係を経済合理性に則り行うことは、固より当然の流れである[21]。

このように、"前向き" の企業行動が行われることは当然である一方で、事業目的達成・未達確定等に伴う撤退、投資資金回収決定等の"後ろ向き"の企業行動も営利法人たる企業である以上、自然人である我々個々の国民一般とは異なり、〈企業は国家領域を超えて＝国家を選択して行動の自由を享受する〉ことが企業体力の有無に規定されるとは言っても、営利法人が自然人に比べれば、潜在的に有利なポテンシャルにあることは確かであろう。バブル経済終焉の結果、1990 年代初め以降長らく続いている日本経済全体が

---

20)　営利を目的として財・役務／サービスを生産する組織体。市場経済を構成する、国家・企業・家計 3 主体の 1 つを構成している。企業は自らの相違と工夫を用い、市場原理に従って生産及び販売活動を行い、利潤＝利益を稼得する。法人格としては株式会社形態が最も一般的であるものの、経済学・経営学の切り口からは個人経営に留まる零細・小商店に類する小企業も企業として含まれる。組織形態としては、前述・株式会社＞有限会社＞合資会社＞合名会社の順で、出資株式等会社という組織形態に着目した固有の法人格に着目した財産的独立性から見た物的会社（ただし、2006 年施行会社法（平成 17/2015 年法律第 86 号）以前から、出資者＝カネ主が会社支配上、all mighty の権限を振るい得る人的会社に分類される。商法から会社編が切り出されて、所要の改正事項が織り込まれた中で、構成員全員の有限責任と任意の特定事項を定款で定めさえすれば、公序良俗に違背しない限り、あらゆる商事行為が認められる組織設計上の自由度とを兼ね備えたグローバル化した経済社会で収益機会を貪欲に追求する時代風潮に適合した新しい会社形態が導入された。1938 年、小規模会社新設に適合した有限会社は既存法人に関しては何の追加行為を要せず、従前法人格のまま営業活動できるものの、有限会社新設はできないことになった。
21)　海外直接投資 /FDI: 政府乃至、実施機関によって発展途上国、及び国際機関に対して供与される資金（事業）のうち、grant element が 25 ％以上のものを言う。発展途上国の経済・社会開発に日本国政府による税金を原資とする（ⅰ）無償資金協力、（ⅱ）有償の借款、（ⅲ）技術協力等に基づき寄与することが主たる目的である。

安定成長軌道に戻っていない現実の下で、企業がなりふり構わず事業存続を優先して、不採算国内事業を切り捨てつつ、海外事業拠点展開を図ってきたことは、国家の立場からすれば、法人税収確保を優先せざるを得ないため、日本国内に本社機能を引き続き構えることを企業に求める政策判断を取る政策が取られることを意味する。具体的に書くと、海外展開可能なだけの強い体力を備える企業に対しては、特定事業資産に対する特別償却認容・引当金繰入額経費算入の創設 or 拡大等税法上の取扱変更等により外国政府が提示する法人税等収益関係税率と同等と遜色ない水準に変更すること、乃至は日本国内に本社機能を引き続き存置しておく方が実質的に税負担割合の点で有利になること。或いは、源泉徴収税率軽減による海外から日本国内宛送金等海外直接投資資本回収に際しても、現金＝キャッシュ実額国内社内留保の点等で国家は企業が日本国内に留まり続ける〈企業により一層魅力的な経営環境〉整備を迫るインセンティブを整備することにも繋がる。

　このほかにも、グローバリゼーションの本質のひとつである"国境を越えた自由な資金の流れ"を銀行融資等相対金融取引ある間接金融とは異なり、中小零細法人企業を除く金融体力を有する大企業（＝発行体という）が内外の金融市場から遊資を社債・CP/Commercial Paper 等金融商品発行を証券会社が媒介して行い、法人・自然人投資家に供給する直接金融に基づき実行する場合、第三者の立場で個別発行体財務審査を通じて当該債券 or CP 信用度を一覧性が高い明確な記号で投資家に提供する債券格付制度がある。これは主としてアメリカで普及している格付慣行が 1980 年代後半になってから日本にも導入された制度である。この格付は営利法人それ自体だけではなく、アメリカ・イギリス・ドイツ・日本等各国政府や地方自治体等に関しても、財務審査専門家がメインバンク・証券会社等取引上、深い利害関係がある金融機関とは一線を画した客観的・中立的な立場から〈投資家に対する情報提供〉を行う機能が社会的に定着していることに注意する必要がある。つまり、各国政府自身が持つ財務上の信用度＝ default/ 債務不履行確率に関しても、公認格付機関が有する一定の権威の下に情報を公衆＝社会に提供す

ることで、理念上、実質的に中小零細法人企業を除くあらゆる発行体起債時に〈生殺与奪の権威〉を握る機能を果たしている。要すれば、断定的言葉遣いには注意しなければならないものの、個別国家政府を金融面では超えた存在にまで上り詰めていることから、伝統的文脈でこれまで国家が有していた最高権力機能―但し、ここでは国内・国外金融取引舞台に限る―に対して、場合によっては当該機能に対しても行使可能な状態にまで強い影響力を握った、と言っても過言ではあるまい。

　金融に着目した説明はこの程度に留めて、1945 年 10 月、国際連合創立後、74 年が経過した現在、国内管轄事項＝"狭義の国内権原"に関しても国際法が議論される世界で現実に起こった歴年に亘り積み重ねられてきた多くの個別事案を通じて国際法上は"相対的なもの"であり、時代が下るに連れて次第に更に狭く解釈される傾向が指摘される。幾つかの事案を例示的に挙げると、本書後半で改めて触れる EU/European Union：欧州連合で今日広く機能している通り「（Brexit で間もなくその帰趨が明らかになるイギリスを含む）28 ヵ国加盟各国が EU 域外第三国と締結済みであった 2 国間に於ける民間航空協定中の一部条項が EU 法（航空法）により定められている欧州委員会所轄権限侵害を理由とする違反確認判決が欧州司法裁判所から下された事案がある。この結果、条約体系変更要請があった。」また、「EU 加盟各国 28 ヵ国に於ける歳入・歳出予算（決算）に関しても、EU 財政全体の安定性を維持・高進すべく財政協定の中で、"安定・成長に関する事項"に基づき、加盟各国に許容されている財政赤字（予定額）は『当該加盟国の当該（財政）年度中に計上される（予定）GDP に対して、最大でも 3 ％以内に抑制すること』が要求されている」。

　EU 原加盟国 12 ヵ国の 1 つであったギリシャが政権交代に伴い、2008 年度に新たに与党となった新政府によって前政権が前述した「3 ％以内財政赤字抑制条項」の数字を偽装し EU 加盟を果たしたことを暴露したことを契機として始まった（当時は 18 ヵ国）19 ヵ国共通通貨 Euro に対する信用不安は、その後 2009 年度～ 2013 年度にかけて EU 域内全体に及ぶ国際金融混乱を引

き起こした記憶も新しい。このように通貨主権は、古来国家主権を構成する
諸概念の中でも貨幣経済秩序の根幹を形成する極めて重要な概念であった。
現代日本法に於いても通貨偽造罪は重罪とされており、偽金作りは峻厳な処
罰が行われていた近代以前にあっても、市中引き回しの上、磔・獄門の重罪
として処断される等、洋の東西・時代を問わず、最重要であったこと等を総
合的に勘案すると、前述「EU 財政全体の安定性を維持・高進すべく財政協
定の中で、"安定・成長に関する事項"に基づき、加盟各国に許容されてい
る財政赤字（予定額）は『当該加盟国の当該（財政）年度中に計上される（予
定）GDP に対して、最大でも３％以内に抑制すること』が要求されている」
ことは、将に〈（国民国家主権行使にあたって歴史的に機能してきた）従来
の（国民）国家権限〉を大幅に制約している事実がグローバリゼーションを
通じて現実に働いている証左であろう。

c. グローバリゼーション進行と "問題国家" 概念について

　本件・先行研究（中谷：2008）で教授が説明されておられる国家概念には、
①崩壊国家、②抑圧・簒奪国家、③犯罪国家の３つが挙げられる。以下、グ
ローバリゼーション進行と "問題国家" 概念という文脈で、当該概念を要約
しつつ、管見を述べる。結論を先に述べると、①②③共に単に形式的意味に
於ける国家であり、紙幅の都合上緻密な分析は省くが、３類型共に対置する
概念である b. で説明済みの "正常国家" と比較すれば、国内政治秩序等が
混乱している結果として、商品流通・決済機能、金融秩序、情報機能等が極
めて不十分であることは否めないものの、安定した政治秩序が維持されてい
る周辺の "正常国家" 等から当該３類型国家にも、今日グローバル化進捗に
より構築されている国際社会 System の中で戦争や②で後述する経済封鎖等
に基づく対外関係遮断に陥らない限り、国際経済内分業が機能する範囲内で
商品取引は行われる。その反対給付＝貿易等の国境を越えた商取引代金決済
等を指す国際金融取引についても、一定の制限はかかるものの、完全に隔絶
された事態にまでは至らない、という点がそれである。すなわち、市場経済

が機能している限り、問題国家にあっても進行するグローバリゼーションから締め出されることは想定し難いということであろう。

①崩壊国家

　モンテビデオ条約（1933 年）／国の権利及び義務に関する条約 § 1 に基づいて（ⅰ）永続的住民、（ⅱ）明確な実行支配領域、（ⅲ）政府、（ⅳ）他の国家と関係を取り結ぶ能力＝外交能力の 4 要件から構成される〈国家の構成要件 /Staatsrichkeit, Statehood〉を充足することが〈国家が国家としての資格に基づき、国際法上、一般に想定されている諸作用を主体的かつ受動的に発揮し得る要件とされている。「国家的実体」を有するものと解される「組織」が標記文脈に基づいて、新たに国家として日本政府が認める場合に於けるこの要件に対する考え方は、中谷教授が説かれるところを援用して記述するならば、「①国家として標記 4 要件を充足していること。②当該『組織』が国際法条文に規定されている内容それ自体、及び広く認められている国際法上の慣習を遵守する意思と能力とを有していること」である。同教授は更に該当する脚注に於いて「①は"国家性"要件を欠く（組織）実体を国家承認することは『尚早の承認』（であるとして、それ自身が）国内問題不干渉原則違反事案を構成する蓋然性が高い点で、国際法違反に該当する事態を回避すること。②は国際法学上、不承認主義の考え方に立脚したものと解させられる」[22]としている。これらを踏まえた上で現実は、既存の個別国家が個々に自己裁量的規準に依拠して如上の判断を行っているのであり、国際連合憲章 § 4 に規定されている「国際連合憲章に掲げる義務を受諾し、かつ、この義務を履行する能力及び意思がある、と国連によって認められるすべての平和友好国であること」が国連安全保障理事会勧告と国連総会決定により国連加盟国承認が与えられる国際慣行により代替されている。

　本節「グローバリゼーション進行と"問題国家"概念について」の文脈では、如上規準を経由して一旦は晴れて正式国家の一員になった国家が領土・

22)　*cit.*122 頁

領海・領空から構成された領域を実効支配してきた国家が内戦等に基づく国内治安維持が困難となった結果、混沌/chaos 状態に陥り、政府そのものが不存在状態に陥った場合を想定して管見を述べる。すなわち、近年に惹起した事例を挙げるだけでも、ソマリア（1991 年〜）・アフガニスタン（1992年〜 2002 年）・リベリア（1989 年〜 2006 年）等で後述する "問題国家" が対峙する社会 System 上の幾つかの論点についてである。

　国際法上、正式国家として国連加盟を果たした国家は、国際秩序安定維持を主目的とする〈国際関係を規律する法的安定性〉維持に鑑みて、当該 "正常国家" 承認が既往に遡及して取り消し得ない "正常国家" 取扱になっている（ソマリアも、アフガニスタンも、リベリアも国家として正式取扱は剥奪されていない）。 国際連合憲章 § 6 は「(国連) 憲章に掲げられている諸原則に対し、執拗に違反を繰り返す加盟国には安全保障理事会が発出する勧告に基づき、国連総会が当該加盟国を除名できる」旨が規定されているものの、過去の先例として〈国連憲章遵守能力喪失〉判断乃至〈国家性喪失の結果としての除名〉は寡聞にして認められない。一方で「人または "人の集団" が為した行為は、正規機関が存在しないか、若しくは機能しない場合に於いて〈事実上統治機能の一部を行使している。また、同上が行われた場合には、かつ、これら機能の一部行使が必要とされる事情の下では、国際法上、国家の行為とみなされる〉」旨規定されていることから、たとえ崩壊国家の状態に堕していたとしても、実態に於いて〈事実上の権力を掌握している者＝国家機関の行為が国際法上、国家としての行為とみなされる〉。司法権行使に関しても、国際刑裁規定 § 1 で「国際刑事裁判所は各国の刑事裁判機能を補完する」と規定されていることから、将に "崩壊国家" が直面している〈国内で実効的刑事裁判ができない国家に於ける重大犯罪〉が対象となり得る。当該判断に関わる具体的判断条件は、刑裁規定 §17 ③項が定める「裁判所は、特定事件に於ける能力欠如決定を判断するために、当該（破綻）国家内司法制度が完全に、若しくは実質的に崩壊しているか、または利用できないために、国家が被告人の身柄若しくは必要な物的証拠、及び人証＝証人よる証言

確保ができるか否かを検討しなければならない」旨規定する（下線は筆者）。

②抑圧・簒奪国家

　グローバリゼーションが今日、世界標準 / de facto standard になっていることを詳細に論じてきた。新興国家に於いても、この流れから免れることはできない。開発独裁[23]は第二次世界大戦終了後に幾つかの実例を挙げると、アジアにあっては韓国・インドネシア・フィリピン等、帝国主義に支配され[24]、大戦終了に伴う国際関係の大きな変化—具体的には宗主国からの独立：韓国は日本から、インドネシアはオランダから、フィリピンはアメリカから—それ以前には社会の富が収奪される仕組みが長期間に亘り巧みに構築されてきた結果、"強いられてきた貧しさ" から脱却するために形づくられた System である。"漢江の奇跡"[25]で名高い韓国を例示すれば、韓国陸軍軍人出身であった朴正煕[26]は、36 年間に及ぶ日本帝国主義と宗主国・日本

---

23)　権力を掌握した軍部・政治エリート等が経済開発を至上目標として、開発を通じて得られる国家経済発展による国民所得向上、国力増加を実現することを支配の正当性の根拠とする考え方。その方法として、市場経済に対して国家が標記政策目標実現を図るべく、強力に介入することを容認する。その限りに於いては、政治的には議会制民主主義に制限を加えることも容認される。漢江の奇跡で知られる韓国、マルコス大統領時代のフィリピン、Look East 政策時代のマレーシア、1965 年独立直後のシンガポール、スカルノ、スハルト両大統領時代のインドネシア等東アジア・東南アジアには、このような政策を推進することを通じて、旧植民地支配に由来する搾取と貧困から発展途上国に甘んじざるを得なかった国家が先進経済国へと急速なキャッチ・アップを企図して、現実に当該政策目標を達成することに成功した諸国も見られる。

24)　レーニンによれば、資本主義の最高の段階にまで移行した独占段階、あるいはその段階にまで移行した結果として構築されるに至った政治・経済制度全体を指す言葉である。経済的には自由競争によって生み出された独占を基礎とする独占資本主義が社会全体の規模で機能し、これにより形成された金融寡頭制（ヒルファーディング）、資本輸出、国際的独占体形成、領土ならびに国際世界の分割・再分割等が特徴である。政治的には、原料調達先・商品販売先市場としての植民地獲得を目的とする全世界規模での帝国主義戦争を発生させる、とされる。
　https://www.marxists.org/

25)　https://www.rieti.go.jp/jp/publications/nts/16j020.html

26)　http://worldjpn.grips.ac.jp/documents/texts/JPKR/19651218.S 1 J.html
　https://zh.wikipedia.org/zh-tw/%E 6 % 9 C%B 4 %E 6 %AD%A 3 %E 7 %86%99
　2019.8.27 閲覧

の連合軍に対する無条件降伏後、北緯 38 度線を境に朝鮮半島を二分したアメリカ・ソ連占領を契機とする冷戦[27] 体制下、冷戦が"実弾が飛び交う熱戦"が現実に起こり、凄惨に展開された朝鮮戦争で大被害を蒙ったことは周知の事実であろう。1953 年 7 月、板門店で締結された休戦協定発効後、平和は訪れたものの、破壊し尽くされた韓国を復興するために取られた政策は、軍部主導による強権的独裁を柱とする経済成長を志向するものであった。その中で韓国だけではなく、同時期のインドネシア、フィリピンも政治の在り方としては同様の基調にあったものの、「国民に言論の自由を認めることなく、指導者層に属する少数のエリート達が強権的手段を用いることについても否を唱えることが許されない。"指導者が国民大衆に要求する discipline"に忠実に従うことを余儀なくされる政治の在り方が当然視されていた。また、簒奪国家は抑圧国家の一類型であり、無辜の国民に対して、彼ら・彼女らが所有する財産についても、"国家の都合"との一言に基づき、正当な補償も無しに一方的収奪が有無を言わせず行われる国家である。

　国家は本来、〈自国民の生命・財産を守ること〉こそに最重要の役割を与えられている筈であるところ、標記 2 類型に分類される国家ではこの These に頓着することなく、指導者層に属する少数エリート達が極端な場合、富貴を自分たちが独占して圧倒的大多数の一般国民に対しては貧困を強いている事例も多い。このような事態は、国家自身が失敗した事例と認識することになる。国連はかかる有害かつ悪質事例に対し、安全保障理事会決議を経て経済制裁を行う場合もあるし、また個別国家国内手続経過後、単独で経済制裁を行う場合もある。

　これらの場合、制裁対象は指導者層に属する少数エリート達であって、貧困を強いられている圧倒的大多数の一般国民に対してではないことに鑑みて、エリート政府高官等特定人物に対する（ⅰ）制裁実施主体国家領域内入国・通過禁止等である旅行制裁、（ⅱ）奢侈品輸出禁止のほか、（ⅲ）当該特

---

27)　https://en.wikipedia.org/wiki/Cold_War

定個人に対する制裁実施主体国家領域内に存在する個人資産凍結等金融制裁が行われる事例も見られるようになった（Smart Sanction）。この他にも当該国家の構成員それ自体に対する経済制裁様式として、"indigenous spoliage"／「人民に本来帰属する富の収奪」概念を援用した当該抑圧・簒奪国家政府高官等エリートが自己名義で外国銀行口座秘匿預金等金融機関に対する没収・返還措置が取られる事例も散見される。最後に、当該国家名義で借款等外国政府に対して負っている政府債務返済に関し、当該抑圧・簒奪国家政府自体が内戦や革命勃発等により新政権樹立が行われた場合、当該政府債務を新政権は承継せず、返済義務を負担しない考え方である "odious debt"／「憎忌債務」概念[28]提示可能性についても議論の対象となり得る。

③　犯罪国家

　「犯罪国家」という不穏な名称を冠せられる国家は、中谷教授が例示されている事例に基づくと、リビア、北朝鮮等限定された幾つかの国家に留まる[29]。例示事例に纏わる適用条約等に焦点を絞り、本項目の c. グローバリゼーション進行と "問題国家" 概念について、関連範囲内で以下、要点を纏

---

28)　その論拠としては、抑圧・簒奪国家政府高官等エリートが武器弾薬等国民抑圧目的にて調達した軍需物品、並びに「人民に本来帰属する富の収奪」概念の背景にある個人使用目的奢侈品購入に充当された〈不正支出に起因する債務〉を体制転換の結果として新たに国家権力を承継した政府＝国家が承継する謂われはない、とする思想がある。国際法の通説によると、国家が何らかの理由によって国家統治主体変更があったとしても、従前統治主体が負担した国家債務は消滅せず、新たな統治主体が当該国家債務を承継して原契約で定められた債務返済履行を継続する義務がある、とされる。https://www.investopedia.com/terms/o/odious-debt.asp

29)　リビアはアメリカ民間航空会社／パンアメリカン航空旅客機爆破事件で、北朝鮮は北東アジア／日本・韓国・北朝鮮・中国・ロシア沿海州地域等近隣諸国間国際関係全面正常化を妨げているテロ行為や基本的人権に対する重大侵害事案である日本人拉致事件等先例となる事案を国家として実行した事実に基づいて犯罪国家とされている。先行研究の本件・中谷（2008）論文以降、10 年以上時間が経過した今日、中東・ロシア周辺等紛争多発地帯に於いても本文中で示されている事案類似案件も多数生起している。私見によれば、それら類似案件を時系列で悉皆調査して、それら個別案件に含まれる共通要素を抽出・分類整理する必要がある、と思料されるものの、筆者力量を超える。

める。

　国家が行う犯罪行為実行に伴う刑事手続対応については、民間航空不法行為防止条約、並びにテロ防止関連条約が事前想定していた構成要件に必ずしも該当するとは限らず、両条約それぞれの解釈、適用にあたって幾許かの問題を生起することになる。

　すなわち、後者・テロ防止関連条約は犯罪行為被疑者所在地国に「（当該被疑者を）犯罪被害者の国籍がある当該国家に対する身柄引き渡し or 犯罪行為実行地である自国内で刑事訴追手続を取るか」選択義務を課している。しかしながら、機械的に当該選択義務を適用して自国民であれば尚更、外国籍者であったとしても犯罪行為実行地である国家の国内裁判所に当該被疑者を訴追してもおよそ公平な裁判は期待し難い、と言わざるを得ない懸念を拭い去ることは不可能であろう[30]。このような不備が生じる理由は、中谷教授によると「国家テロが国際刑事裁判所の裁判対象から外れていることから発生する不都合を示した」旨説明されておられる。筆者も同感である。国家が固有する刑事処罰を行い得る権威だけでは、②抑圧・簒奪国家の項目で筆者が述べた「経済制裁によるあるべき国家の姿からの逸脱」矯正に繋がる実効をあげることは難しい、という文脈でこの事柄を考える時、「公正な経済取引を実効あらしめる上で重要と思料される冒頭 I はじめにで "Money と Justice を巡る視点" を様々な切り口から整理し、公正取引実現に資する種々の知見を提示」する筆者意図を具体的に示すことができるのではないか。

　つまり、近世〜近代に於ける国家機能が国境内で概ね確定していた時期と比較するならば、「国家の退場」と中谷教授が指摘されるように、筆者の言葉で言えば「グローバリゼーション進捗に伴う専ら企業セクターによる国際経済社会全体に対する影響力の増大が相対的意味合いに於いて国家機能が縮減する基調を形成した。」ということである。中谷教授が①・②・③に区分され、国際法上、厳密かつ詳細に分析された先行業績を基にして、筆者がこ

---

30)　何人モ自己ノ裁判官タラザルヲ得ズ /nemo debut esse judex in propria causa.

の項目で辿り着いたところは〈グローバリゼーションを通じて、お互いが相互不可分に経済上の関係を共有した現代は、国際社会全体秩序を更に一層安定させることが可能になったこと〉が第1点。かかる理解の上に、〈経済関係を専ら規律するMoney/貨幣の存在は、①・②・③で詳細に区分された"問題国家"を市場経済から排除し得る手段さえも国際法を通じて創出したことで、Justice/正義という切り口から法思想史、法理学等の基礎法学領域に分類される伝統的・古典的・正統的学統に新たな試料を提示し得るのではないか〉が第2点として考察できる[31]。

2－3　「法と経済学」は何を教え、何を教えなかったか　（常木論文）

a.　はじめに―アメリカに於ける「法と経済学」概観を中心に―

嘗て著者（筆者よりは稍々後進世代。筆者は法学部卒業者）の学生時代には、日本の大学に於ける法学/法律学と経済学とは、社会認識に関する相容れない学問分野/Programである、と自然に観念されていた。大雑把な認識によると、①法学/法律学は科学的ではないものの、社会では何かと役に立つし、司法試験等各種国家試験合格に際しても有利である―潰しが効く―学問である。これに対して、②経済学は一見すれば（高度に抽象的・一般化された計算を多用する数理経済学の場合には特に）〈科学の外観〉を呈してはいるものの、"世の中の現実"とは無関係で、数学ならぬ算数のパズル同様のもの[32]と世間一般の人々からは思われていた。

---

31)　中谷教授は次のように述べて「問題国家」に関する詳細分析を閉じている。
　　＞…先にふれたように、「国家の退場」という言葉は、主に企業の影響力増大に反して国家の影響力が相対的に低下している現象を象徴するものとして用いられたことがある。国際法上「問題国家」に対して他の諸国家が「退場」を求めることは、先述の通り極めて困難であるが、イエローカードを発し上記のような対応をすることは可能であるばかりか、「問題国家」の国民を絶望の淵から救出し、ひいては国際社会を安定させるために必要でもある。下線は筆者による。筆者が理解するJustice/正義概念とも符合している。　*Op,124*ページ
32)　著者自身の言葉使いに筆者が元々の意味を損なわず、また著者原意・意向を一層明瞭にすると思料する範囲内で補筆した部分がある。下線部・()・〈〉内は筆者による。

　このような状況を何とし打破し、同じ社会科学学問分野領域にある法学／法律学と経済学とが相互に交流し合うことで、現実の社会事象を明確に分析・提言・解決できる方法論・時代風潮も醸成し得るのではないか、という視点で学界の先人方が努力されたことも事実として指摘可能である。具体的には例えば、今から約50年前にあたる1970年代に浜田宏一・岩田喜久男編著になる「法と経済学」[33] 研究は、日本の斯分野に於いて金字塔的意味合いを持つ優れた業績である。しかしながら、このような先行業績と一部の研究者方による「法と経済学」研究は一向に隆盛する気配が見られず、著者の理解によれば、少なくとも法学／法律学の中で実定法学者が行ってきた研究業績との連関にあっては略々完全に黙殺されてきた。

　一般的には今日（数理）経済学研究のメッカと目されるアメリカに於いても「法と経済学」を巡る研究に関しては、長期間に亘って日本の有り様とそれほど大きな違いは見られなかった。著者によるアメリカに於ける当該学問分野学説史を繙きつつ、この間の事情を以下に述べる。確かに早くも1946年、シカゴ大学教授 Aaron Director [34] が法学部教員でありながらも、標記「法と経済学」教育を開始した。以後、1960年代には同じくシカゴ大学では Ronald Coase、他大学の研究者では Guido Carabresi らによる斯学問分野初期重要業績が発表され始めていた[35]。 1970年代に入るとシカゴ大学を中心とする法学部実定法解釈学研究に対しても、次第に強力な影響力を与えるに至った。その理由として考えられるのは第1に、シカゴ大学（法学部）を牙城に巷間名高い「シカゴ学派」による〈法と経済学〉に関する研究が相当数

---

33)　浜田宏一 『損害賠償の法と経済学』東京大学出版会1977年、岩田喜久男 「損失補償の経済的側面」『経済学論集43巻1号』 1977年。同上「新幹線訴訟控訴審判決における利益衡量の経済学的意味」『ジュリスト840号』1985年

34)　"Journal of Law and Economics" を創刊した。著者によると、この学術誌は今日アメリカの「法と経済学」学問分野に於ける最も権威ある紀要の由。

35)　Ronald. H. Coase（1960）"The Problem of Social Cost," *Journal of Law and Economics" 3.*
　　Guido Calabresi（1961）"Some Thoughts on Risk Distribution and the Law of Torts," *"The Yale Law Journal 70," Wolters Kluwer*

蓄積され、Carabresi ら他大学の一部有力な研究者達も当該研究成果に注目し始めた結果、従前はさほど学問的交流に乏しかった実定法学者達間で相互間 communication が活発に行われるようになったからである。

　時間的スパンを更に広く取ると、この後も「シカゴ学派」は多数の有力な研究者を輩出することになるが、その中でも Richard Posner は、①既存法学／法律学研究手法等について批判的に再検討するに際し、経済学を徹底的に応用した新しい研究 Style を編み出す所作と共に、②当該所作を通じて広範な法学／法律学諸分野に属する膨大な論文・著書類を体系的に刊行し続けたことで大きな学問的貢献を果たした[36]。

　第2の理由として、1970年代後半以降に始まったとされているアメリカの政治全般が保守化していく流れの中で、前段引用を含めてで述べたシカゴ学派による「法と経済学」が Posner とそれに続く Robert Bork, Frank Easterbrook, Richard Epstein 等の有力な学者達が主張する学問的傾向が実定法解釈を必要とする場合、大まかに分類すれば "保守／Conservative と自由／Liberal" というアメリカ政治上の左派・右派のうち、保守／Conservative に事柄の解決を帰する結論を提示する傾向があるからである、と著者は判断していること等が挙げられる。つまり、従来は前述したように自由／Liberalを伝統的に尊ぶ〈アメリカの法律文化〉が一般的に見て「法と経済学」論者による極端なまでに保守的結論を提示する傾向が増大してきた結果、これら長らく謂わば傍流に置かれていた実定法解釈が政治的潮流・動向変化に適合して、純粋な学問上の議論水準に留まるのではなく、具体的司法判断等司法実務現場にあっても、権威ある既存実務法律家・法学者達に対しても「法と経済学」論者が提示する見解に対して、一層真剣な法律的対応が求められるようになった、ということである。以上のような経緯を辿り、今日のアメリ

---

36)　アメリカの大学法学部で用いられている標準的教科書の中でも、Posner が本文で記した壮大な研究体系を蓄積した（ed.）Wolters Kluwer 2007 "The Economic Analysis of Law 7th" など連綿として改訂が続けられている。この後、Posner はアメリカの裁判官に任じられて、司法実務の現場にあっても自らの学問方法論を援用しながら、判決を通じて "正義の適切な実現" に重きをなしている。

カでは法学者・実務法律家各人が持つ政治的イデオロギーとは必ずしも直接関わりはなく、大方の有力な大学法学部教員の中にあって経済学の学位を有する研究者達が、従来の法学／法律学の学位を有する研究者達に伍しつつ、学問的に豊饒な遣り取りを行っている姿が至るところで見られるようになった。

　ここで日本の現状に目を転じると、昔日に比較すると「『法と経済学』は『流行っている』」―著者自身の表現―と言うことができる。ドイツ商法をモデルにして 19 世紀末に制定・施行されて久しかった商法も、2005 年に全面改正されて、アメリカ商法の考え方を全面に押し出した会社法を中軸とする現行商法典が施行されて以来 15 周年を閲した時点にある。本書は何度も繰り返して述べている通り法学／法律学だけに焦点を絞った論攷ではないため、本観点に着目した行論は紙幅の関係もあり、これ以上深入りできないものの、著者が述べるところでは、アメリカの事情と異なって依然として「大部分の法律家の間では（法律実務家・法学者等当該分野の専門家、あるいはプロフェッショナルが）なぜ、異なる学問体系を有する経済学など改めて勉強しなければならないのか」。あるいは筆者の周囲で仕事をされている法曹関係者（複数）にこの話題を振っても「経済学は教養程度に心得ていることで十分ではないか。我々弁護士にも経済学の素養が必要であるとしても、それ以上に実定法解釈学に磨きを掛ける必要がある。時間だけは万人共通なのであり、限られた時間で為すべき事柄を遅滞なく、かつ正確に処理することを重視する。」旨のコメントを得ている。著者が述べる「日本に於ける『法と経済学』が、一部好事家による知的な遊戯、あるいは、やがてすぐに飽きられて忘れられる一時の流行り廃りに終わらないためには、『法と経済学』が日本のリーガル・カルチャーの中で果たし得る意義、それが占めるべき位置付けについて、注意深く検討しておく必要がある。それが、本稿の課題である。」については、筆者も同感である。

b.　グローバリゼーションと規制緩和概念の関係について

　"国境を越えたヒト・モノ・カネ。そして情報流通に起因する世界の一体化" がグローバリゼーションであることから、2010 年代末今日時点に於いては地域経済連合、FTA/Free Trade Agreement 等、国民国家域内に閉じ込められた狭い経済秩序が実情としては国境を意識することなく、国際条約締結・発効により合意した広い地域を横断する形で一体的に運用されることが日常となって久しい。この現象を機能させる背景にあるものとは何かを考える際に、「法と経済学」が〈広い地域を横断する形で一体的に運用される〉ために必要と思料される規制緩和に関して、如何なる検討を行っているかをここで議論の俎上に載せることにする。

　序言で述べられているように（2 − 1　Jurist No.1356/2008.5.1&2008.515 合併・特集号『国家は衰退したか？』）、規制とは「特定業界に対する参入障壁、特定業界生産物＝製商品に掛かる価格規制、最低賃金制度等労働市場に於ける価格統制等に象徴される国家による規律＝秩序維持を目的とする行為」一般を意味する広範な概念と定義されるであろう。法学 / 法律学に内在する本質のひとつである〈規律＝秩序維持〉は標記文脈で保守性を帯びており、この意味で法学 / 法律学が規制に対する親和性を有することには十分意味がある。日本国憲法体制下で、保守性を実質的に担保するためには、各人（設立登記を経由して法人格を取得した各種法人を含む）に対する財産権を保障し、売買、賃貸借、金銭消費貸借等民事・商事取引一般を通じて具体的権利義務が物権的・債権的に発生した場合には、民法・会社法等実定法の個別条文・判例法を通じて債務不履行に基づく損害を弁償させ、各人（各種法人については、組織罰を含む）が蒙った被害について刑事罰を科すること等を含む〈規律＝秩序維持〉の在り方が定められていることは、言葉本来の意味で規制概念そのものである。

　この現象を経済学の視点から分析すれば、どうなるか。結論を先に述べれば、〈規律＝秩序維持〉の範疇に留まる限り、経済学者も法学者・法実務家と同様に古典的な意味に於ける後述〈法の支配〉を無価値である、と蔑ろに

する者はまず見られない、と考えられる。著者によると、問題は〈どの程度の規制が望ましいか〉であり、経済学者も法学者・法実務家も経験則的には「（法学／法律学、経済学双方に内在する）それぞれの学問原理・原則の特質から、前者が規制緩和に親和的言説を持ち、後者は規制に親和的言説を持つということはできない。」とされる。筆者も同感である。

c.　標準的な経済学説に基づく規制概念についての議論

　著者は標準的学力を有している学部学生を対象とするマクロ経済学教科書が説明する「完全競争市場経済は、パレート効率的資源配分を実現する論題」について、概ね以下のように説明している。曰く、

　部分均衡分析の枠組みでは社会的余剰（＝富）を最大化する、と言ってもよい。この基本定理は規制緩和論の理論的礎となっている。…（中略）…現実の市場は必ずしも完全競争市場条件を満たすとは限らないので、そのための前提条件が欠落している場合には政府による市場介入、すなわち、何らかの規制の導入が正当化される。当該資源配分をコントロールする市場が存在しない場合には、政府が市場を設計したり、あるいは一層直接的規制介入を行う必要が出てくる。多くの利用者が同時に消費できる非競合性と共に、その一方で消費対価を支払わない利用者を排除できない非排除性を併せ持つ公共財[37]を供給することも、経済学理論に基づく政府の責務であることも政府による市場介入、つまり何らかの規制導入が正当化されることになる。このほか、画期的技術実用化等による完全競争市場条件が満たされなくなる自然独占事例発現の場合にも政府介入＝規制強化が取り敢えず正当化されることもある。

---

[37]　政府が提供する財であって、私人が所有する私的財とは異なって、①社会を構成する各個人が共同で消費することが可能であり、②使用対価を支払わない個人を排除できず（＝非排除性／Free Rider）、③ある個人が消費することで、他の個人が消費することを排除できない性質（＝非競合性）を有するものを言う。国防・警察、消防等公的サービス、堤防、道路、港湾、空港等社会資本に分類される現物資産がその典型例である。

　著者はこの他の事例として、労働法上の解雇規制 [38]・最低賃金 [39]、民法とその特別法である借家法が定める店子と大家間で締結する賃貸借契約上の店子保護 [40] 等についても論及している。著者はこれらの場合「経済学に於ける効率性の論理に対抗して、公平性の観点から介入が正当化される、という議論が法律家の間ではしばしば行われる。この論点が誤って一般化される時、経済学と法学との間に於ける『効率 vs. 正義』という価値論的二項対立図式に結晶化することがある。」と指摘する。「この場合、『教科書的経済学』は次のように応じる。格差社会の是正にとって、このような当事者救済主義的政策は真の解決にはならない。規制緩和（を進めることにより獲得される）に由来する社会的富の増大から得られる利益を確保しつつ、累進課税を用いた富の再分配によって（社会的）弱者の救済を図るべきである。」「従って経済学者は公平とか正義に対して無関心なのではなく、その実現手段について法学者と対立しているだけであるから、経済学＝効率性、法学＝正義という対立図式は的外れである。」

　筆者は以上に引用した著者の考えについて次のように考える。第一に、法律家が法的議論を立てる際には（ⅰ）自らが判断規準に措定する公平、乃至、正義概念は究極的には裁判手続を経由して〈事後的に確定する価値判断〉を様々な可能性を検討する過程を通じて選択することが通常であること。第二に、著者が続けて言う「これに対しては、法学者の側からは次のような再反論が予想される。そもそも、法律家が想定する公平とか正義は、紛争当事者間で事後的に実現されるべきものであって、経済学者の言うような『格差社会の是正』といった論点とは、次元が異なる、というものだ。」との鋭い指摘には同意する。しかしながら、その一方で、人間が〈経済的に合理的価値判断を常に行う理性者〉として描かれる次の文章の一部についてだけ異論が

38）　https://boxil.jp/beyond/a4183/

39）　https://www.mhlw.go.jp/stf/seisakunitsuite/bunya/koyou_roudou/roudoukijun/chingin/minimum/minimum-01.html

40）　http://www.japaneselawtranslation.go.jp/law/detail_main?vm=01&id=2302

ある。「そもそも多くの場合、法的紛争というような利益に見合わないコストが掛かる現象が、事前に合理性のある主体の間で発生することは説明しがたい。多くの紛争は当事者による事前の知的処理能力の限界によって生ずるし、そこでは、事前取り決めがはっきりしないために、公平かつ効率的解決が何であるかを適切に判断することは困難を極める。また、それらの処理を当事者にゆだねることは、相互に収拾不可能な闘争をもたらす結果、膨大な社会的コストを発生させることになる。そのように考えれば、紛争ということ自体が『市場の失敗』の一類型と見ることも可能である。」

　筆者の人間観は、確かに著者が洞察されておられる〈経済的に合理的価値判断を常に行う理性者〉の要素が確かにあるものの――著者が述べられていることに概ね同意している――、人間には理性的には分かっていても、当該紛争に至る原因、背景事情、国家の司法サービス＝裁判手続を経由して予想されるべき損得勘定に関する複数可能性等を総合的に判断し、"負けると事前に分かっていても、それでもなお"法律専門家である弁護士を代理人に選任して、自己が正当であると考える事柄実現に向けて動く可能性が高いという部分がある。つまり、「紛争ということ自体が『市場の失敗』の一類型」それ自体に異論はないものの、〈人間には感情があって、必ずしも経済合理性、損得勘定100％に基づいて自らの行動を決定する〉と一刀両断することには若干の違和感が残る。これを除けば、著者が指摘されている次の見解にも異論はない。

　「つまり、法的な紛争処理システムとは個々人の合理的選択、あるいは取引費用の不在という完全競争市場の前提条件が欠落した場合に於いて、『市場の失敗』を是正するための政府介入の一形態と見ることもできる。言い換えると、司法システムは〈紛争処理サービス〉という民間が適正には供給できない公共財を国の責任で供給している、と見ることも可能なのである。」

　「以上のように考えれば、ここでの法学者による経済学者に対する価値論批判に関しても、教科書的な経済学の概念を拡張することによって、かなりの程度まで対応し、相互の理解を確保することができる。〈実体的政策に対

するスタンス〉に関していえば、法律家と経済学者との対立は、実のところ
では、通常考えられている捉え方よりも遙かに小さい。規制と規制緩和とい
う対立軸を形成する論点は、法学と経済学との学問の性質によるというより
も、各人各人の政府・国家観に多く依拠する、と考えられるのである…」。
この部分に筆者も全く同意しており、目から鱗が落ちた観さえある。

d.　結語

　先行本件著者による研究業績を筆者問題関心に基づいて、〈経済学と法学
／法律学〉それぞれに内在する（ⅰ）固有の方法論と（ⅱ）価値判断に至る
プロセス等に分類・整理しながら詳論してきた。本項目を締め括るにあたり、
著者の言葉を更に引用（筆者理解に従って、筆者行論の趣旨を歪めない、と
筆者が思料する範囲で一部表現等を書き換えることもある）しながら、「『法
と経済学』」は何を教え、何を教えなかったか」（常木論文）をサーベイして
得られた筆者の考えを以下に纏める。

　その１　「本稿序論でも指摘したように、日本に於いても一部の法学者と
経済学者とは欧米の水準と比較しても見劣りがしない先端的研究を生み出し
つつある。それらは、今日の段階では例外的かもしれないが、今後ともこれ
らの研究が継続的に発展してゆくことが何よりも大切であることは言うまで
もない。しかし、日本に於ける自称『法と経済学』の大部分は、アメリカで
流行っているジャーゴンを無前提に日本に適用しようとする『輸入学問』で
あったり、逆に経済学に関する基礎知識が欠落した空疎、無意味な『"法と
経済学"批判』の類である。一部の先端的な研究を奨励するだけではなくて、
法律家全体について、経済学の知識に関する底上げが必要である。そうでな
いと、せっかく形成されつつある一部の優れた研究も趣味的な研究という扱
いを受けて日本の法学界の中で正しい位置と評価を得られないまま、流行が
終われば、早晩先細り、立ち消えとなるおそれがある。」

　著者はここで「通常の法律家からはそれこそ余計なお世話である。日本の
法律家は経済学の助けなど借りなくても、適正かつ円滑な法実務を行ってき

たし、およそ社会的文脈の異なるアメリカのリーガル・カルチャーとしての『法と経済学』を単にアメリカで流行っているからという理由で勉強しなくてはならない理由など何処にもない。」と法律家が反論するであろう予想も立てている。筆者は引用前段、そして後段についても著者論理を否定することはできない。なぜならば、学際研究はグローバリゼーション進展の中で、著者が 2008 年 5 月時点で公開された先行本件研究業績全体を通じて展開している論理構造に矛盾がないだけでなく、公開時点から 11 年以上が経過した今日の研究環境下、他の研究者による業績の中でめぼしい複数論攷をいちいち紹介、引用・コメントすることは避けるものの、筆者関係学会等から発信される研究領域ジャーナル等を遡及してみても、著者の指摘は的を射ている、と考えるからである。

　殊に「(著者も) 法律家を差し置いて、経済学が法学研究や法解釈を主体的にリードするべきである、と考えているわけではないが、法学研究に於いて別に『法と経済学』に傾斜したグループではない (下線部は筆者) 標準的な法学者や法律家であったとしても、必ず参照する基本的な法解釈の原則は利益較量 / 考量 (論) である。」とする主張に異存はない。

　原著で引用した箇所を指摘しながら、著者は続けて言う。「もちろん、利益較量 / 考量 (論) は『法と経済学』に於いて提唱される富 (の) 最大化＝費用便益分析と同じものではない。利益考量論は基本的に法外在的規準に立脚した目的論的構成を有しており、経済学の思考様式と顕著な類縁性がある。また、岩田規久男による一連の研究が指摘したように、環境破壊紛争に関する判例等に於いて利益考量の方法が社会全体の利益対費用の比較という形に拡大適用されている事例も存在する」。筆者も本務校図書館で著者指摘引用文献原著箇所を参照したが、著者が学問的誠実さを以てグローバリゼーション進展の中で、「法と経済学」が学問的に歩み寄りを続ける営みを早い段階から正確に予見しておられることには感銘を覚える。

その 2　筆者がグローバリゼーション研究を進めてきたこれまでの過程を振

り返れば、法哲学上、困難かつ重要な論題のひとつである"存在と当為"を巡る古代より現代に続く果てしない議論に関連する論題に関しても、著者は以下のように明確に指摘している。

「以上の点に着目するならば、日本の法学者の平均的な思考様式は、純粋に法内在的な論理を以て完結しているというよりも利益考量に代表される法外在的論理が法内在的論理と併存し、相補する形になっている、と考えるのが正確なところではないか。」「そのように見れば、『法と経済学』は必ずしも純粋に法外在的な学問である、とは限らないのではないか。すなわち、日本に於ける『法と経済学』の取り敢えずの具体的目標を、社会科学的見地から、より洗練することに置くことができる、と思われるのである。」

結語　この一連の文脈で、著者が結論部分で書かれていることは、筆者のグローバリゼーション研究の中で、ともすれば曖昧模糊となる部分も包含する問題意識に対して明快な解答を与えて頂いたことを述べて結語とする。

「…具体的法的判断に於いて、『公共性』、『必要性』、『利害得失』、『市場原理』という概念は極めて普通に登場し、時には裁判の帰趨を決する役割を果たすことさえあるにも拘わらず、これら概念はしばしば厳密な定義なしに日常言語的な直感に頼った形で提示される、という問題がある。他方、学問としての経済学が有する真の強みは、しばしば誤解されているように、一定の実質的結論（例えば、規制緩和）を価値的に正当化するための論拠を提供し得るということではない。個別の案件に関してその実質的結論の当否は、（その）仮説（自体に内在する）の妥当性に依存する以上、特定の経済分析に基づく結論を、法律家が常に尊重する必要は全くない。寧ろ、様々な経済分析の結論を、解釈（学）的思考を通して慎重に吟味し、当該問題の文脈に於いて適切な経済学の理論を選択して行くことが求められる。」

III　グローバリゼーションとビジネス

1 今日のビジネス環境

　1980年代以降、世界規模で急速に金融環境一体化の流れが加速されるようになったことについては既に説明した通りである。国民国家に代表される通り、従来は言わば"縦割り領域"とでも言うべき排他的領域[41]を規定する—線引きする—機能を担ってきた国境を越えて、本書で詳細に取り扱ってきた個々の（国民）国家枠内で営まれてきた国民経済が他国の国民経済と相互に連携関係を深めて、遂には融合[42]していく現象がグローバル化／Globalizationである。その原義は、球体としての地球が元々は19世紀後半以降に、相次いで実用化されるに至った電信・電話・無線通信等の発達により、物理的な"地球空間"の大きさこそ不変であるとしても、機能面に着目すれば"地球空間が縮小していく感覚"が日常生活レベルで普遍化される事態であることに他ならない。時空を超越する情報ネットワークとして認識される仮想現実たる電子空間が、世界をひとつの完結した情報ネットワークを構成する高次空間次元にまで高まってくると、究極的には"カネの流れ"に収斂される金融環境と共に、その原因でもあり、反対給付でもある商品等を主な構成物とする"モノの流れ"も、これまた必然的に全社会的な規模でその運動量・運動速度を加速して行く。今日只今現在のビジネス環境を一瞥するだけでも、21世紀に入って以来、時間が経過して行くに比例するように—例えば、ほんの最近になってから、瞬く間に普及して我々の日常消費生活を豊かに、かつ便利にした"ネット通販"を取り上げるまでも無く—広く社会一般に構築・普及されるに至った最新ビジネス環境を眺めてみる。このビ

---

41)　任意の1国が国際法に基づき、当該（国民）国家の空間的領域を構成する領土・領海・領空を定め、当該（国民）国家が固有する主権を排他的に行使し得る領域の範囲内に於いて経済活動が概ね完結する事態が長らく続いてきた。この点に関する一連の事実については、前章までの部分で詳述されている。

42)　EU, NAFTA, AEC, AU, MERCOSUR 等枚挙に暇がないことについては、承前。

ジネスは、20 世紀末〜 21 世紀初頭にかけてパソコンの爆発的普及 [43] と物流現場が有機的に連携して編み出されたものである。ここではその詳細は割愛するものの、標記のような経路を通じてビジネスを構成するあらゆる商取引が各種メディアや高度・高速情報通信機能を介して渾然一体化する現

---

[43]　OS Windows 95 が発売された 1995 年半ば以降、従来 "メイン・フレーム" の名で知られていた大型電子計算機を介して大規模に集中して運用・管理されていた情報処理 system に革命的変化が起こったことは周知の事実であろう。OS を組み込んだ Personal Computer が各種・各様の soft wear 開発を通じて安い価格により市中に大量に供給されるようになると、専門的な知識がなければ書くことが出来なかった computer program の制約から大衆を解放し、SE/System Engineer により予め用意された package soft wear を自らの Personal Computer　HDD に install する手間だけで自由自在に活用出来ることが可能になったことは、18 世紀後半に起こった産業革命にも匹敵する程のマグニチュードで以て革命的な仕方で、大きく我々の日常生活の在り方を変えた。すなわち、情報の生産・加工・活用等の諸点に於ける生産性が Personal Computer を活用することを通して飛躍的に向上することを通して情報処理 system に革命的変化が起こった 1990 年代半ば以前までに当然とされていた事務処理方法についても、適切な結果に至るまでの所要時間が著しく短縮化されたことは固より、通信技術の進歩と平仄を合わせて本文前出・商品受け渡しと代金決済の確実性、迅速性等にも見られる通り、ビジネスの流れを加速し、新たなビジネス・モデル構築等にも有益に機能した。商流乃至物流と金融機能＝カネの流れが相互・不可欠に結び付くことによって、正確な時間指定＋確実配達＋代金決済等が渾然一体化した今日、日本の宅配ビジネス・モデルの隆盛に繋がっていることは、多くの論者が指摘している通りである。国内ビジネスのみならず、国外ビジネスについても、本文で述べている通り、時空を超えた仮想現実たる電子空間の中で営まれている状況下、同種の新しいビジネス・モデルが汎用化されて、文字通り個々人の手許であらゆる知的作業が前述 "メイン・フレーム" 時代に行われていた状況と比較すれば、想像もつかないレベルとその速度で迅速な進化を遂げていることが実証されている。例えば、新千歳・羽田・中部・関西・伊丹・神戸・福岡等の本土に位置する空港から東南アジア向け国際貨物を最終仕向け地にその地理的位置に鑑みれば、より一層近い沖縄（那覇）に夜間までに集約し、翌日乃至翌々日までには東南アジア各国にある仕向地にまで迅速かつ正確に届ける、という商流・物流ビジネスの生産性、収益性を飛躍的に向上させることに成功した航空混載貨物輸送ビジネスを挙げることが出来る。最終仕向け地到着後の地上貨物運送 mode でも、混載積み合わせ貨物共同運送 System に関して日本の宅配ビジネスをモデルにした同種新鋭ビジネス・モデル構築に着手している、という情報も得られている。

　　http://www3.nhk.or.jp/news/business_tokushu/2017_0309.html?utm_int=detail_contents_tokushu_001

象 44) が広い範囲で観察されていることについては、改めて論及するまでもない。

　また、このような技術革新に加え、今日のビジネス環境が大きく変容を遂げた背景には 1989 年 12 月、地中海のマルタ島沖合に停泊していた船上で実施された当時のブッシュ（父）米国大統領とゴルバチョフソ連共産党書記長との間で行われた米ソ首脳会議で宣言された冷戦終了 45) に伴い、第 2 次世界大戦終結後約 40 年間継続していた東西両陣営の対立・分断が終焉して以降、世界が資本主義≒市場経済に略々一本化した歴史的事情が機能していることも認識しなければならないであろう。経済的視点から標記状況を見ると、ソ連自身を含むソ連圏諸国を規律していた社会主義が名実共に崩壊した結果、世界全体が資本主義≒市場経済に略々一本化されたことで、旧西側諸国大企業を筆頭に、以下中堅・零細企業等様々な業態に属する企業に至るまで、新たにビジネスを展開する手付かずの市場や投資先として雪崩を打ってこれらの地域に進出したことを指摘しなければなるまい。詳細に前述した通り、情報通信技術の高度な発展を受けて、これら企業による資本の海外直接

---

44)　ほんの一例を挙げても、例えば本文"ネット通販"の名で知られる顧客が商品現物を手に取って吟味することも一切無く、物理的には遠く離れている実店舗や商品倉庫に陳列中である商品をも含むありとあらゆる不特定多数商品群の中から、任意に当該特定商品を自らが欲する必要数量を単にマウスを介するパソコン画面の操作だけで居ながらにして任意の日時を指定して入手することが可能になっている。代金決済に関しても credit card or 現金代引き or コンビニエンスストア店頭決済等を通じて、19 世紀初頭以来ほんの最近まで長らくの間に、民法が民事取引の大前提として規定してきた同時履行の抗弁権等、法的安定性の根拠を構成してきた諸原則についても見直しの機運が高まりつつある。後述関連章立て部分で詳細を論じているので、参照のこと。

45)　冷戦は、実際に戦火を交える"熱戦"と対を為す言葉である。1946 年、イギリス元首相チャーチルが米国で行った演説の中で、「北はバルト海のシュテッテンから、南はアドリア海のトリエステに至るまで、鉄のカーテンが下ろされている」。"鉄のカーテン演説"で述べられている通り、1945 年 5 月、第 2 次世界大戦で打倒すべき米ソ共同の敵であった対ナチス・ドイツ戦勝後に表面化した社会主義の盟主・ソ連による東欧封鎖に象徴される東側諸国と、資本主義の盟主・米国とその陣営に与する西側諸国の間で「"熱戦"にまでは至らないものの、戦争状態に近い対立」が生じている状態を説明している。米国の政治評論家リップマンが自らの著書の標題に用いて以降、人口に膾炙するようになった。

投資は新たなビジネス・チャンスを求めて、文字通り略々瞬時に全地球的規模で移動可能となり、その結果として今日のビジネス環境が有する大きな特徴である企業相互間に於ける苛烈な競争が全地球的規模で繰り広げられるようになった。すなわち、個々の（国民）国家枠内で営まれてきた国民経済の範囲から遙かに越えて、資本運用効率が最も高い場所＝地域を"世界中で探し回る"全地球的規模に於ける大競争 /mega-competition 時代が到来したことを意味する [46]。

　このように、目まぐるしい資本の運動が益々加速して行く忙しない現実は、1997 年〜 1998 年にかけて東南アジア、そして東アジア・ロシアまでを襲った所謂"アジア通貨危機 [47]"は固よりとして、「百年に一度の規模で」米国を震源地として 2008 年秋、突如として発生し、瞬く間に地球規模で経済的

---

[46]　系列を越えた合併、カンパニー制等ひとつの企業活動分野を分割して恰も別々の企業が相互に独立して事業を営むことを通して当該ひとつの企業全体の収益力、市場占有率等を増加させる積極的経営手法が一般化した。この他にも M&A/Merger & Acquisition: 敵対的買収、TOB/ Take Over Bit：株式公開買付、MBO/Management Buy-Out: 外部資本による攻撃的・敵対的買収から自社全体やその一部事業部門を買収して独立すること等を通じて＝当該企業の現経営者が大株主になることで、標記の攻撃的・敵対的買収攻勢から自社を防衛する手法等が 20 世紀末年近くに地球規模で訪れたビジネス環境の劇的変化の中で一般化して行くことになった。

[47]　1997 年 7 月、タイを震源として始まった東南アジア諸国の略々全体を襲った各国通貨下落現象を指す。海外の投機家が米ドルとタイバーツそれぞれの短期金利差違を利用して、タイ通貨当局による自国通貨価値安定を困難とする程巨額に及ぶ外国為替相場操作を行った。これに伴い、タイが管理変動相場制への移行を余儀なくされた結果、タイバーツ相場が大きく下落してこれを契機に隣接する ASEAN 加盟諸国略々全体がそれぞれの自国通貨信任を揺るがせる規模に達する経済的な危機状況に直面する事態にまで紛糾した。この混乱は東アジアでは韓国ウオンの不安定化にまで飛び火し、更に極東ロシアのルーブルまで捲き込む巨大危機に発展した。これら混乱は、最終的には IMF//International Monetary Fund：国際通貨基金介入により、辛うじて収束するに至ったものの、一国領域を大きく越える地域全体を覆う規模で大打撃を東南アジア諸国並びに東アジアに与えた。本文中の文脈に即して当該現象を論ずるならば、世界規模で急速に金融環境一体化の流れが加速されるようになったことを受けて多額の資金を集めることが可能な投資家（投機家）が当該資金を元手に、本来元本保証が無く、更に値動きが大きい株式等ハイリスク、ハイリターンの金融商品運用による不安定な収益を追求するヘッジファンドが、遂には通貨主権を有する各国通貨当局によってでさえも制御不能な状態にまで力を付けたことを意味する。グローバリゼーションが本来有する"光と影"は、このような現象に止揚されることに注意すべきである。

な混乱をもたらした“リーマン・ショック[48]”等、地球の何処か1箇所で起こった経済的な破綻が直ちに全地球的規模で通貨秩序崩壊と金融不安定化現象に波及する剣呑な状況を現出させる状態を作り出した。“ドミノ倒し”にも例えられるこのような経済破綻の連鎖現象は、結果として資本に対する個々の(国民)国家が固有している規制力を弱体化させてしまう結果を導き、“資本の論理”が（国民）国家が伝統的に有してきた統治能力を大幅に低下させてきた現実を端無くも論証していることになる。各国固有の国民経済に対し、“グローバル化の進展”に整合する格好で今日に於いて機能している「資本の運動法則」は、今後急速な構造調整を迫られることになる。日本に於いても伝統的な事業モデルの破綻に伴う企業倒産の著しい増加、正規労働者中心に安定雇用を基調として第2次世界大戦後長らく営まれてきた労働法制、並びに雇用環境の大幅かつ急速な変容が世を騒がせている。これらの不安定材料はグローバル化がもたらす負の部分である。

　換言すれば、グローバル化は“今日的意味に於ける資本の支配原理”を貫徹させる営みであり、貧富の格差が拡大されてグローバル化によりもたらされる（ⅰ）地球全体の平準化、（ⅱ）各国固有の国民経済もまた広い意味で平準化が進められること、そして（ⅲ）各国固有の伝統、文化、習慣、言語、思考方法等経済構造の上部で展開されている諸事象についても平準化が進行

---

48)　2008年9月、突如経営破綻した米国名門大手証券会社＝投資銀行リーマンブラザーズ社が国際経済全体に与えた影響力の大きさを含意する言葉である。当時のFRB議長であったアラン・グリーンスパンが長らく続けてきた緩和的金融政策の結果、米国全土に亘ってカネ余り現象が発生していた。その結果として、所得が一般に低く、本来であれば住宅購入等多額の貯蓄資金を持たない移民労働者階層に属するsub-prime層についても、証券化金融商品を組むことで取り敢えずは自家所有の夢を実現することが可能になっていた。ところが、リーマンブラザーズ社破綻に伴う米国金融市場で発生した混乱は、これら虚構の上に辛うじて成立していた金融信用を毀損するところとなり、sub-prime層は次々と債務不履行に陥ることとなった。このような金融経済上の破綻は、実体経済全体にまで波及した。全地球的規模で大規模なリセッションが生じた結果、日本でも2008年末〜2009年初にかけて所謂期間工等の非正規労働者の大規模解雇が行われ、失業と同時にそれまで居住していた会社の寮から追い出され、寒空の下で路頭に迷う悲惨な状態が貧困問題として大きく報道された。
　→反貧困運動の高まり、日比谷公園年越し派遣村等。

する方向が観察されている。こうした観点に立つと、現実の社会で大きくか
つ不可逆的に目下進行しているグローバル化は、経済発展に資するというプ
ラスの面があると同時に、如上のマイナス面も観察されるので、国際関係を
大きく変貌させ得る強力な力がある、と言える。なお、この章で筆者が述べ
ている"資本の論理"とは、講学上はマルクス経済学の文脈で語られてきた
"資本の論理"と同様の論理を意味するものではなく、マルクス経済学で教
条主義的に語り継がれてきたそれとは勿論異なっていることをお断りしてお
く。

2　多国籍企業が展開するビジネスの特徴

　一般に創業直後の企業は、（ⅰ）資本力の欠如、（ⅱ）生産・販売能力の不備、（ⅲ）自社の主要顧客層未開発等様々な理由から生産活動を（販売活動も）当該企業が立地する国内で行うことが通例である。しかしながら、1985 年9 月、プラザ合意による円高・ドル安基調定着後は、現地通貨に対する円貨購買力が上昇したこと等を主な理由とする自社ビジネス海外展開が広く一般化することになったことが知られている。そこで、グローバル化進行過程全体を通して国内専業企業が如何にして自社ビジネス国際化を図り、会社として海外進出する意思決定を行うのかを、初めに述べた後、既に当該国内専業企業が発祥国である自国は言うまでもなく、全地球的規模＝グローバル化が進んだ状態でビジネスを展開している多国籍企業について簡潔明瞭に纏めて行くこととする。

　広範に製造業全体を捉えて、日本企業が海外進出した状況を公開されている各種統計等に基づいて俯瞰するならば、進出予定国現地企業に対する生産委託活動を除外すると、定款上海外製造を目的とする子会社を設立することになる。1999 年と統計調査時点は稍々古いものの、1985 年9 月、プラザ合意以来、ドル高・自国通貨高（日本の場合には円高）基調が続いて、資本収益率＝投融資利廻り向上を狙う企業行動が標準化されることを通じて、1980年代後半に海外直接投資本格化が開始されて以来、10 年余りが経過してそこそこの海外直接投資残高累積が実現された時期に於ける海外製造子会社数に注目する。当該時点に於ける世界全体の海外子会社のうち、アジア方面に立地するものが全体の64 ％と約2 ／ 3 を占めており、最大のシェアを有している。以下、米国・カナダ等北米 [49] に 19 ％、欧州 10 ％となっており、

---

49)　2017 年1 月、トランプ大統領就任後、早々に表明された "America First" に象徴される製造業一般の米本国回帰宣言の帰趨は予断を許さないものの、1989 年に原加盟国として米国とカナダ2 ヵ国の間で発足した NAFTA/North American Free ↗

これら 3 地域全体の 90 ％程度が占められている。日本の製造業で 1990 年代末年から引き続き強い競争力を維持している自動車産業を分析すると、アジア 56 ％、北米 26 ％、欧州 10 ％の順であり、北米の構成比が相応に大きいことが特徴である。1980 年代全体を通覧すると、日米間貿易収支で米国にとって最大の赤字計上国が日本であったことから、米国が指摘する集中豪雨的輸出台数減少が急務であった事情等を背景に、日本企業が積極的に米国での現地生産活動を指向していた結果が標記数字となって表れている。旁々、価格競争力に乏しい繊維産業に関しては、海外現地生産子会社数の大半が中国、ベトナム等を主要拠点とするアジアを 80 ％、北米並びに欧州がそれぞれ 6 ％程度である。このことは、製造小売を主業とするユニクロを始めとした日本メーカー各社が収益性維持の観点から、輸入サプライチェーンを確立してきた地理的配置を経済的に機能させている実情を裏打ちする構図となっている。電気・電子機器は、アジア 66 ％、北米 17 ％、欧州 12 ％と製造業全体の計数と概ね近似した構成比を見て取ることが出来る。

　時系列をそれ以前、1975 年までに海外進出済製造子会社数にまで遡及して見れば、製造業全体ではアジア 66 ％、中米・南米等その他地域 18 ％と続き、北米 10 ％、欧州 6 ％という順になっている。これら計数から総合的に言えることは、日本企業海外製造子会社立地状況は、当初こそ発展途上国であるアジア、中米・南米等その他地域に集中していたものの、時間経過と共に、次第次第に北米・欧州等先進諸国に立地する割合が高くなっていたこと

↘ Trade Agreement：　北米自由貿易協定は、5 年後の 1994 年にメキシコが追加加盟して北米全体を対象地域とする自由貿易圏を構築することになった。対象経済圏域内全体で、資本・労働力・貿易の自由を尊重することを通じてグローバル化から得られる経済的便益を最大限享受することが協定発効の目的であって、2017 年現在では当初発足後 28 年目、メキシコが追加参加して以来 23 年目に入る。トランプ大統領自身は“メキシコにより製造業を中心とする米国内製造業の雇用が奪われている。”と強弁しており、今後の帰趨が如何なる方向に落ち着くかについては予想出来ない。http://www3.nhk.or.jp/news/html/20170310/k10010905361000.html?utm_int=all_side_ranking-social_002&nnw_opt=ranking-social_b

が窺える。

　次に、主としてコスト削減目的で発展途上国に海外現地生産拠点を集中配
置していた 1985 年、プラザ合意以前の過去と以後の状況を比較検討すると、
低廉な現地雇用を活用して現地生産・現地販売・現地代金回収を通じて経営
資源を最大限有効活用しようとする経済合理性の追求がこれらの計数から見
て取れる。なお、これら 3 業種以外に、他業種の動向を眺めて見ても、殊に
1985 年、プラザ合意以後アジアのみならず、北米・欧州等先進諸国に対し
ても海外現地生産拠点配置が急激に増加した現象が見られている。時系列で
見た日本製造業全体の産業構造は、1975 年までに進出済みであった海外現
地生産拠点累計数で繊維産業が多かったものの、それ以降自動車産業が徐々
に占有率を上げて行き、遂には繊維産業を追い抜いたことを示している。低
付加価値軽工業の代表業種とも目すべき繊維産業が重化学工業の中で高付加
価値業種に分類される自動車産業に代替している事柄から考察しても、日本
の製造業全体を貫く構造変化を読み取ることが出来る。

　次に多国籍企業について述べていく。多国籍企業 /Multinational enterprise
or Multinational corporation とは、本社乃至本部機能を元々設立された本国
に置きながら、多数の子会社群をこれまた多数に及ぶ海外諸国にも置いて文
字通り全地球的 = グローバル化した事業展開を実施している業態を有する企
業 50) を指している。多国籍企業は、第 2 次世界大戦後には当時世界で最大
の資金力を有していた 1950 年代以降の米国で企業による海外直接投資増加
を背景に展開され始めた業態である。戦勝による経済的繁栄を謳歌していた
当時の米国では、科学技術領域に於いても世界最高水準が達成されており、
巨大企業群では海外直接投資先諸国で展開している子会社群が米国本社で培
ってきた先進技術を各地移転するに際しても、（ⅰ）その利益を独占するた

---

50)　ざっと思い付く会社名と製品群を挙げてみると、（ⅰ）清涼飲料分野でコカコーラ、
　　ペプシコーラ等が、（ⅱ）ファーストフード分野でマクドナルド等が、（ⅲ）食料品分
　　野でユニリーバ、ネッスル等が、（ⅳ）エネルギー分野でエクソンモービル、シェル
　　が等が即座に思い浮かぶ。

めに必要な海外子会社群の経営権を掌握する[51]方法と共に、（ⅱ）米国本社
の意思決定が当該海外直接投資先諸国で展開中外国企業経営者を拘束す
る[52]方法等が指摘される。これらの方法を通して、米国本社と展開先海外
直接投資先諸国の子会社との間で構築される相互依存関係が強化されると共
に、脚注で記述した一定の方式が遵守されることで、最先端先進技術、製造
ノウハウ等が移転・供与されることを通し、より安価に生産性が高く効率的
な企業活動＝営利活動が展開され得る土壌が提供されることになる。それは
企業の限られた経営資源を海外直接投資先に対して適切に供与するという経
営資源の世界的適正配分に資することであり、以上の事柄が長所として指摘
されるであろう。一方、その反面 Tax heaven/　租税回避地[53]を舞台とす
る（ⅰ）恣意的利益移転操作による脱税行為、（ⅱ）進出先政府自身が進め
る各種の産業政策との間で生じる軋轢等マイナス面も同時に指摘されなけれ
ばならない。本章冒頭で詳論した「グローバル化の本質」を考える上で、以
下の指摘は重要であろう。筆者も論旨に賛成である。

　　"2017/3/10付「国粋の枢軸」危うい共鳴"。　日本経済新聞本社コメンテー

51）　株主総会議決権の過半数である海外現地子会社（群）それぞれに対する出資額の
　　50.1％以上を所有する最大筆頭株主として経営権を掌握する方式が取られることが通
　　常である。
52）　例えば日本開発銀行勤務時代に筆者が体験した事例として、米国コカコーラ本社と
　　日本現地ローカル企業が共同出資して設立された壜詰製造販売現地子会社（一般に"ボ
　　トラー"と呼称されていた）に対して、製造技術上のレシピの最重要部分を top
　　secret として金庫に保管。一種 black box 化して提携先海外資本の容喙を許さず、最
　　終的には米国本社の方針に従って、会社としての意思決定が行われる仕組みを担保す
　　ることが出来る。同種同様の仕組みは三菱重工等日本が米国本社企業からライセンス
　　供与を受けて戦闘機生産を行っている防衛産業で見られる機体制御、武器管制等死活
　　的に重要な分野で動作を保障する System 作動機能を司る装置に対して、日本のメー
　　カーでは一切何の発言権が認められない文字通りの black box を装置する生産方法で
　　も観察出来る。
53）　http://www.nikkei.com/article/DGXMZO13216990S 7 A220C1000000/
　　このほか、ケイマン諸島、パナマ、ドミニカ共和国、リヒテンシュタイン等が挙げ
　　られる。企業経営者のみならす、ある一定額以上の金融資産所有者は、近年、ウイキ
　　リークスの名で知られるようになった法律事務所から流出した膨大な脱税・節税関連
　　電子文書が世界的に大きな問題として指摘されていることに注意すべきである。

ター秋田浩之氏による以下のコメントから一部を引用する。更に、このコメント投稿から概ね3年近く経過した2019年12月15日本書執筆時点で、イギリスでは2016年6月国民投票実施以来、長期間にわたり国論を二分して、混迷が続く中で数度の政権交代を経てもなお最終合意に至ることができなかったこと。また、自国内のみならず、相手側のEU/European Union：欧州連合との間でも、離脱条件を構成する合意形成に至ることができなかった経緯の中で総選挙が実施された。民意は与党保守党が唱えるBrexitを実施することで、イギリス国論が決定された。2020年1月31日を期日にイギリス政府が2017年1月成立したトランプ政権が国際経済秩序を大きく毀損してきた事実を省みることなく、筆者が理解するところによれば、自国第一主義/America First（トランプ大統領）、Britain First（ジョンソン首相）を呼号するポピュリズムが蔓延ることは、20世紀後半以来営々と60余年の間充実深化させてきた自由貿易を基調とする広範囲に亘る国際経済統合の結果、形成されてきた世界の繁栄に翳りをもたらしている。今後の展開には十分な注意が必要である。

（URL 出所）

http://www.nikkei.com/article/DGXKZO13896950Z00C17A 3 TCR000/?n_cid=NMAIL001

> 　…戦後の世界は、西洋文明の盟主である米国と西欧諸国が仕切ってきた。ところが、グローバル化で国際資本に市場が食い荒らされ、米欧の社会が荒廃した。イスラム文化圏などからの移民の流入でテロの脅威がふくらみ、伝統的な価値観も薄まっている。この流れを止め、米・西欧主導の世界を再建しなければならない……。　つまり、グローバル化の流れをせき止め、薄まった米国と西欧諸国のアイデンティティーを取り戻そうというわけだ。そのためには国連や国際機関の弱体化も辞さない。革命にも近い発想だ。トランプ氏もおおむね、バノン氏のこうした思想を共有している。だからこそ、メキシコとの「壁」にこだわり、北米自由貿易協定（NAFTA）や環太平洋経済連携協定（TPP）にも敵意

を燃やす。理由は何も、米国内の失業や貿易赤字だけではないのだ。トランプ政権はいま、世界にも同じ「革命」を輸出しようとしている。トランプ大統領の目標は欧州連合（EU）の統合を壊すことだ。西欧国家群の（経済的発展とそれに伴う国民所得水準の向上を支えてきた欧州連合／ＥＵ統合に結晶した）土台がグローバル化の流れの一方で、食い潰されている、という危機感がある。

3　グローバルビジネスと地域経済

　これまで様々な切り口から、第2次世界大戦後、西側自由主義諸国はアメリカが主導する貿易の自由化を進捗させながらも、労働力の自由な移動／移民政策や資本自由化政策に対しては、各国・各国でニュアンスの違いはあるものの、必ずしも積極的ではなかったことにも筆者は触れた。その主たる理由は、各国毎に自国労働市場で外国人を含む労働者に対して支払われる賃金水準が異なるからである。殊に、地域経済共同体（EU／European Union：欧州連合が典型例）で、地理的には陸続きの関係にあり、国境を直に接している諸国の間では、仮に人間の自由な移動を認めれば、当然な経済原理の結果として“労働賃金が安い国から（労働賃金が）高い国への外国人労働者の移動が促進される現象”が加速することは容易に考えられた。また、労働要素と同様、今日高度に展開されている経済活動を円滑に進める上で不可欠である資本・技術等についても、金融市場・外国技術を無制限に開放することにより想像し得る事態として、自国産業に対する脅威となり得る蓋然性が高いものとして、抑制的対応が為された時期があったことに思いを致す必要がある。

　しかしながら、20世紀第Ⅲ四半期以降に至っては、このように後ろ向きな動きは、高度経済成長末期～プラザ合意以後には典型的に見られるようになった日本の大企業が欧米、東南アジア・東アジアを含む世界各国に於いて、国境を越えた生産活動を手始めに現地生産活動に乗り出した。海外直接投資[54]工場設備建設等に付随して発生する自国→海外送金、進出先現地に於

---

54)　海外製造工場、支店・営業所等の新設・拡張等を通じ、民間企業が自社事業活動拡大・高付加価値化等を企図して自国以外の第三国にビジネス拠点展開を行う経済行動を指す。OECD／Oranization for Economic co-operation and Development：経済開発協力機構「資本自由化規約」が定義するところによると、海外直接投資は①出資者に専属する企業・子会社、支店の設置・拡張、及び②既存企業に対する資本・技術参加、③5年以上の長期貸付等を対外直接投資＝海外直接投資としている。

ける利潤獲得後は、進出先現地→自国、あるいは進出先現地→新たな外国生
産拠点等、資本環流は現地進出企業→自国内本社等様々な方向で規制される
ことからもたらされるビジネス・チャンス喪失等に繋がることから、国際競
争力を有する産業やそれらを資金面で支える銀行・証券等から構成される金
融業界もまた自国政府のみならず、外国政府に対しても諸々の規制緩和が必
要であることを訴え、以後は今日にまで繋がる＜経済の自由化＞が国是とな
ったことから、各国政府は競い合うように、自国産業で特に保護すべきもの
を除き、圧倒的大多数の製品・商品が事実上は、世界市場を舞台として競争
に晒される 21 世紀 20 年代直前の現況にまで立ち至った。本書主題であるグ
ローバリゼーション隆盛の背景事情[55] がこれである。地域経済は標記経済
論理に基づいて、状況適合的に発展している。今日、世界各国が二国間、乃
至多数ヵ国間で自由貿易協定 /FTA Free Trade Agreement を結ぶことに
より、主として貿易自由化を促進する方向で推移してきた。本書の結論部分
で要約している通り、戦後長らく続いたこの流れに逆風が吹き付けている。
国際経済格差是正が正しいことは、基本的人権尊重と人類平等観点等に照ら

---

[55]　本節で取り扱った抑制的対応が為された時期があったことは、共通経済通商政策等
単一市場化することで一致して以来、長い年月を掛けて 1993 年 11 月、マーストリヒ
ト条約発効によって欧州単一市場完成を見た EU に於ける国際商事取引現場で機能し
ている効率的な商事取引現場を見る時、隔世の感がある。地域経済グローバル化が一
層進捗したことに伴い、投資協定締結済みである複数国家間に於ける "FET / Fair
and Equitable Treatment" 条項に基づき、海外投資保護に関する取り決めは国際条
約の中で規定されることが通例である。一方で、実践法理論を実現する "欧州統合の
政治的過程に於ける法の役割" については、加盟各国がそれぞれの国家主権を残存さ
せながらも、域内経済を高度に統合することに資するべく、最終的に "ひとつの政治"
に統合させる努力が継続されており、加盟各国と EU との間で利害調整が図られてい
る。両者間でそれは、立法動機・立法過程に於いて政治が影響する現行法の基本構造
に対する働き掛けのことを意味する。18 世紀以降、欧州の啓蒙主義発達過程で Kant
が理論的に明らかにしたように、世界市民社会にとって必要な要素として国家と市民
との間を架橋するための法律の存在を基礎付ける理論は明確に出現していない。標記
の 1993 年 11 月、EU 創設以降、かかる観点に基づく議論は不十分な状態に留まって
おり、EU を構成する 28 ヵ国の主権国家（2019 年 12 月現在）は、自由権・社会権か
らなる基本的人権を各国がそれぞれの国内で自国民に対して保障している。

して論を待たないものの、既に本文で述べた多国籍企業は、このような資本の論理に則って編み出された企業形態である。すなわち、①非課税、あるいは著しく法人税率が低い特定国 /Tax Heaven[56] に名目上の本社機能を置き、②金利がより低い国から資金調達を行い、③価格がより安い国から原材料・部品等を調達して、④賃金がより安い国に生産拠点を設けて現地労働力を活用し、⑤定期外国船航路 or 不定期船腹（軽量小型で高価である IC 等荷姿により運賃負担力があれば国際貨物航空便も利用されている）に搭載して需要地に運送・販売する。利潤込みで得た資金は、規制緩和により構築された国際金融 System に載せて自国環流する。この繰り返しにより、多国籍企業ビジネスが継続される。このほかにも、冒頭で詳論したインターネットが短期間に爆発的に世界中に拡がったことで、通信環境が確実・低廉化したことを通して、外国為替市場で投機取引が頻繁に行われ、更に投機とまでは言えないものの、企業それ自体をまるごと、あるいは分割、解体して採算が合う事業だけを合併、買収する投資銀行業務が金融の本来機能であった資金仲介によるビジネス発展促進機能を変質させている。グローバル化進行に必然的に付随する副作用と考えられるこのような倫理なきビジネスのあり方は、本書の執筆目的である『グローバリゼーションを規律する Money と Justice の関係について』を考えるにあたり、憂えるべき現象である。市場取引発展に伴う Money の働きは、確かに人間の経済生活を豊かにするもので、一義的には望ましいが、Money それ自体の後景に控えている貪欲、手段を選ばぬ詐欺的・反倫理的非難さるべき要素を如何にして中和、もしくは緩和するか。この視点から、本書全体を通して論じている文脈から、アリストテレス以来

56）　https://web.archive.org/web/20100722222426/http://www.mofa.go.jp/mofaj/gaiko/oecd/th_list.html
　　イギリス領ケイマン諸島・バージン諸島等が著名。今日では"脱税天国"の悪名で、日本を含む税務当局が税収強化に乗り出している。税収不足の折から、日本に於いても関係各国との間で相互政策協力を通して税法が本来意図している正当な徴税を円滑に行うべく、国際的な連携が積極的に進められている。

の「中庸の徳」と宗教的視点 [57] に立った Justice の相互関係を別稿では更に深く洞察したい。

---

57)　筆者は Max Weber『プロテスタンティズムの倫理と資本主義の精神』ほか、キリスト教神学で取り扱われてきた深遠なビジネス原理探求を試みている。しかしながら、本書刊行時点では途中原稿に留まっている。本件については他日を期して別稿で詳論する所存である。

Ⅳ　グローバリゼーションと法律

1 「グローバリゼーションを共通に規律する法律は存在するか？」

1 議論の前提を構成する諸概念の一例

　目次に示される通り、本書で筆者が論じている内容は、経済学・商学（経営学）・法律学を縦横に駆使して“グローバリゼーション”を巡る今日的課題に対して一定の価値判断を加えることが大きなその目的のひとつを構成している。前々章（第Ⅱ章）同様、前章（第Ⅲ章）では専ら法律学の視点に力点を置いて管見を述べてきた。法律学では学問方法の特徴として学問体系を展開するに際して　使用される概念・用語、言い回し等、社会科学分野に分類される諸学問同様に、否、それ以上に一層厳密に定義した上で行論する習慣が一般的である。そこで、私見の範囲ではあるものの、この論題を考える際、議論の前提を構成すると考えられる諸概念用語、言い回し等を以下に一覧しておく。出所は『新法律学辞典』等、法学部で筆者を含む往年の学生達が嘗て法律学入門段階で手解きを受けた時代に使用した標準的文献から引用した説明本文を基本として、必要がある範囲内で筆者が自分自身の見解を含めて記述するものである（順不同。ただし、基本的には行論の流れに従っている）。あり得る誤解、錯誤等は一切筆者の責任に帰することをお断りさせて頂く。また、言うまでもなく、法／法律を巡る諸概念は、膨大かつ相互に歴史的・実定法判断根拠となり得る規範性そのものを含意する概念だけではなく、その規範性を規範たらしめる根拠を示す法哲学・法思想、法史学等基礎法学に分類される概念もまた自明のこととして含まれている。その意味で以下に掲げた諸概念の一例は、複雑多岐に亘る“奥深い言葉の森”、あるいは“鬱蒼たる集積”等の中から、本節で筆者が論じる視点をより正確に記述することに資することに限って、初学者も繙くであろう『法律学辞典』等から例示的に引用したものである。正確性を損なわない範囲で、筆者が当該概念説明内容・表現の一部を書き改めている概念もある。

a.　法 / 法律

Ⅰ．法 / 法律は規範か、事実か、法と道徳との関係、強制や命令は法の本質的要素か。正義はその本質的要素か（悪法と雖も法か）等を巡って争いがあり、国際法・慣習法・教会法等が法であるか否か、という論争に結び付いている。自然法論者は、法を人間社会が"自然的に"生み出す秩序として捉え、実定法をその具体化として把握するのに対し、法実証主義者は法を人為的に作られ、人為的強制力によって維持される秩序として把握する。法と道徳の関係について、キリスト教倫理学に於いては、道徳は個人の内面に於ける神与の良心を拘束するものであり、それとの関連で、法も同様に良心を拘束するかが争われる。法を道徳の一部と解する者は「法も良心に於いて義務付けられる」と唱える。それに対して、トマジウスらは「法は外面だけを拘束し、良心を拘束しない」と唱えた＝外面性説。法秩序の構造について、ケルゼンは〈実定法秩序を上位規範が下位規範に一定事項の立法・執行を委任するピラミッド型授権法体系〉として捉えた。

　自然法論者には、この体系の中の最上位規範が自然法であるとする者と、自生的な具体的秩序こそ法の原型であるとして、「権威の序列」という法思想そのものを否定する者とがある。

Ⅱ．法社会学では、一般にある社会集団内で一般的に妥当する規範＝法規範を運用することによって秩序の問題に対処するための諸機構の総体を法 / 法律と言う。法 System とも言う。特に、法規範が言葉で明確に表現され、その妥当性＝適用 or 法規範の"当て嵌め"を確定する規準または手続が明確に定まっているものを実定法と言う。通常は社会全体の中で、実定化された諸機構、組織的強制力による支持等によって特徴付けられる。

b.　法　源

（ⅰ）通常は法 / 法律の存在形式、すなわち法 / 法律の解釈・適用に際して援用できる規範を意味している。国内法上の成文法源は憲法・法律・政令・条例等を、不文法源は慣習法・条理等、国際法上の法源は条約・国際慣習法

等のことを言う。

(ⅱ)法哲学では〈法/法律の窮極的な妥当根拠〉を法源と呼ぶことがあり、神・主権者・民意等を法源とする見解が対立する。

(ⅲ)法史学では過去の法/法律を認識する素材＝法書等を sources of law と呼ぶが、法史料と訳されることもある。

c. 正　義

　人間行動及び社会制度に対する評価の根拠となる〈一切の価値・規範〉の総称として使用されることもあるが、通常「正義」と呼ばれる価値・規範は次のような特徴を持つと考えられる。第1に、正義は普遍主義的・累型化的であり、慈悲や愛など個体性への関心に根ざす価値とは対立する。「等しきものは等しく、不等なるものは不等に」という有名な定式は正義のこの側面を表現している。第2に、正義は人間の対他的・社会的関係に関わり、勇気・慎重・忍耐等純粋に個人的・私的な徳とは異なる。第3に、「善く生きる」というときの善が人生理想・人間的卓越性に関わるのに対し、正義は異なった人生理想、異なった卓越性観念を抱く諸個人の間の利害対立の調整に関わる。これは「各人に彼のものを」という正義の古典的定式の含蓄の一部である。第4に、正義は第1次的行動要求だけでなく、それが違背された場合の制裁要求、規範侵害の是正・回復要求も含む。正義が屡々応報観念と結び付けられる所以である。正義は以上の特徴のゆえに法と密接な関係にあり、法の内在的理念をなす。それは所与の法準則の公正な適用の要求としても、また所与の法の評価の根拠としても現れる。

　このような正義観念に古典的な理論的実現を与えたのはアリストテレスである。彼は正義を財貨・名誉等の分配に関わる配分的正義と交換取引・刑罰・損害賠償に関わる矯正的正義（平均的正義）とに区別し、前者については〈各人の値打ち〉に応じた比例配分の原理が、後者については給付と反対給付、犯罪と刑罰、損害と賠償の等価性の原理―これは各人の価値＝〈各人の値打ち〉の相違を捨象する―が妥当するとした。アリストテレスの正義論

は、現在に至るまで強い影響力を持ってきたが、それはある意味では形式的
であり、「値打ち」や「等価性」を決定する基準については直接何も述べて
いない。正義の実質的基準に関しては、長い思想闘争の歴史が存在するが、
近年ロールズの正義論を契機として規範的正義論議が再活性化し、正義論の
新たな展開が見られる。

d.　国　　家

　一定の領土に定住する多数人から成る団体で、統治組織をもつもの。国
家については統治権（主権）、領土及び人民がその3要素と説かれる。しか
しながら、その他、多数の異なる定義がある。その起源については神意説・
契約説・実力説等があり、その機能・目的としては自己保存、治安の維持、
文化の助成等が挙げられる。自由主義国家観では、国家は必要な害悪である
と考えられるが、社会国家観では各国民の生活を保障するのが国家の役割で
ある、とされる。国家は、各種の標準により、君主制と共和制、民主制と絶
対制等とに分類される。国家を対象とする学問は、広く国家学または国家論
と呼ばれる。

e.　市民社会

　自由・平等な個人の共同体の理想型。権力的原理によって支配される国家
の対立概念。ここでは一切の拘束は自らの意思に発する場合だけに是認され、
意思の合致＝契約によってだけ社会関係が成立する。近代民法はこの市民社
会の論理であるとされ、ここから意思理論や契約自由の原則等が導き出され
る。国家権力も人民の契約によって成立する、と説かれる（国家契約説）。
　他方、これを「欲求の体系」として弱肉強食の場所と解する者は、国家の
倫理的使命の主張、更には超階級的と想定される君主制の擁護に傾く
(Hegel, Stein)。また、エンゲルス／Friedrich Engels（1820 ～ 1895）は、
市民社会内部の調整し難い階級闘争のため、これを抑圧し、支配階級の搾取
を保障する機構として国家が登場すると説く。20 世紀に入ると、個人主義

の修正、自由放任の終末が唱えられ、「国家の社会への介入」、「国家と社会の融合」という現象が見られるに至った。

f. 権　力

他者の服従を獲得することができる事実上の可能性。専ら自発的に服従を獲得できる場合には、権威と呼ばれる。強制によって服従を獲得しようとする場合には、物理力が随伴する。権力は権威と物理力の結合の上に成立する。近代法治国家に於いては、実定法が物理力行使の唯一の正当化根拠を構成し、国家が合法的物理力行使を独占する。その限りに於いて、国家は権力の独占者と言われるが、権力の一構成要素である権威まで国家が独占している訳ではない。権威の多元性に着目して、主権概念を否認しようとしたのが多元的国家論である。

g. 民主主義

個人主義・人間主義・合理主義的世界観に立脚する世界観に基づく政治上の原理を言う。稀に衆民制と呼ばれることもある。イデオロギーとしてのこの概念は、非常に多義的であるが、具体的には〈国民が政治の主導権を持たなければならない〉ものとし、できるだけ多くの国民が参政権を持つよう選挙を行う際、有権者をできるだけ広く認めようとする原理である。自由主義が個人の自由を国家権力からの侵害を消極的に保障しようとするのに対して、民主主義は個人が国家権力への参加を積極的に確保する、と言われるが、民主主義そのものは本来、自由主義を前提として初めて機能するものである。従って、自由主義と民主主義とは両者が相俟ち、初めてフルにその機能を発揮することになる。日本国憲法によって第二次世界大戦後、国政上定められた国民主権、衆議院と貴族院を廃止して新たに設けられた参議院とからなる議会制度、国民投票等の原理乃至制度は、総て民主主義制度に基づいている。

h. 公共の福祉

　この概念は古くはアリストテレス、中世のトマス・アクイナス、特にトマスによる「全体は部分に先行して優先される」という〈有機的団体理論思想〉にまで遡及できる。このトマスによる標記「全体は部分に先行して優先される」思想が"公共の福祉"本来を構成する根本思想であるが、厳密に考えると、標記有機体（的団体理論思想）説や、この文脈に於ける全体主義と直ちに結合しているわけではなく、純粋な理念という切り口から近代個人主義（思想）の中に於いても姿・形を変えて現れてきている。すなわち、ルソー（1712年〜1778年）による狭義の公共の福祉、ベンサム（1748年〜1832年）による最大多数の最大幸福という思想も広義で本件の公共の福祉を指している、と考えても良い。日本ではこの概念が成文法上、初出したのは、現行日本国憲法（§12,§13,§22,§29）であり、爾来、民法（§1）・刑事訴訟法（§1）に於いても用いられるようになった。国家の最高法規である憲法の中に於ける規定振りは別にしても、引用各法律の条文中で規定された文脈・ニュアンス等は必ずしも統一的意味合いでは明白ではないにしても、「公共の福祉」なる概念は概括的には「実現すべき価値判断を行うに際して、時としてお互いに相矛盾する多数に上る個別利益相互の間で優先されるべき利益の正しい調和」を意味している。例えば、例示列挙として労働争議の場で労働関係調整法に定める法律が求める正規手続を履践した上で労働組合が組合員により要求されて実行する実力行使は、民事上・刑事上もそれによって生じる被害に関わる責任が問われないこと。あるいは政治的な意見を表明する際、平穏な状況を維持しながら実施されるデモ行進等実施を事前に当該行為地を管轄する公安委員会宛届け出 or 許可を求めることは、日本国憲法が定める思想・表現の自由に抵触しない等々様々な利害衝突が起こる現場では「お互いに相矛盾する多数に上る個別利益相互の間で優先されるべき利益の正しい調和」という切り口からは、正当化される。すなわち、講学的には憲法§13で説かれる「公共の福祉に反しない限り、（基本的人権は）立法その他の国政の上で、最大の尊重を必要とする」旨規定が存在しているため、可能性

としては文理解釈上は〈公共の福祉に反する〉ので、あらゆる種類に亘る基本的人権保障規定で保護される概念侵害も是認され得る余地があり、これは不等である、との反対論も見られる。

　しかしながら、現実を見れば「（経済）社会にあっては、利害関係相反取引当事者（社）間で繰り広げられる丁々発止、激しい駆け引きを通じて生き馬の目を抜くような取引/deal が行われることこそが経済を進歩させることに繋がる」という本書で繰り返し述べ続けているグローバリゼーション社会が機能している状況に鑑みても、ある特定の個人が有する基本的人権を保障することで、当該特定個人以外の特にその他多数の個人が有する基本的人権を無視することにも繋がることを認容しない以上は、標記の「あらゆる種類に亘る基本的人権保障規定で保護される概念侵害も是認され得る余地があり、これは不等である、との反対論」を全面的に否定することはできないであろう。そして、このような場合であったとしても、本件広義に於ける文脈での公共の福祉の意味は、粗々の意味で「全体は部分に先行して優先される」思想に帰納される可能性さえも包含する本説明項目冒頭に掲げた〈有機的団体理論思想〉を優先する全体主義優先概念傾向容認の文脈で過度に捉えるべきものではないと、筆者は考える。

　日本国憲法（§12,§13,§22,§29）で初出「公共の福祉」に対応する原語は "Public welfare" であり、輸入元であるアメリカにあっては救貧政策・公衆衛生等国家や地方公共団体が主として担う概念に近い、とされている。この文脈で、現実行政現場の実情に鑑みても、日本の場合には前述した日本国憲法の中で意味される「公共の福祉」は、アメリカで機能している公的団体が担う "Public welfare" と略々同じ意味で用いられている、とも言える。より一層厳密に書けば、"Public welfare" はドイツ語/ "Wohlfahrtspflege" なる概念に近いものの、本書が目的とする議論が貿易構造高度化と国際金融システム発展を巡る諸言説を中心にしていることから、これ以上立ち入って詳論しない。

i. 法の支配

　社会で生起する様々な事象に対して紛争が生じた場合、あるいは解釈の相違を巡って黒白を付けざるを得ない事態に遭遇した場合等に於いて、当該事象に掛かる決着を図るには関与する人間ではなく、法が支配すべきであるとする原則を指す。欧州大陸法圏で発達・定着した「法治国原理」とも共通するものの、細部に遡って考察すると、「法の支配」原義はイギリス法の伝統下で、判例法である「Common Law は王権に優越する」思想として承継された。「王も、また神と法の下にある」と Blackstone が述べた法諺は Stewart 朝時代のイギリスで、その絶対主義に異議を唱える Cook により引用され、1688 年名誉革命以後イギリス司法制度上、確立した原則となった。Dicey は公法と行政裁判所の不存在を法の支配が機能する要素として掲げている。

　この原則はアメリカ法では、Marbury vs. Madison 事件（1803 年）に対する Marshall 最高裁判所長官の判決文に於いて、憲法が立法権に優位する原則という意味に解され、違憲立法審査制度を生み出した。近代化により複雑化した社会構造を機能的に規律することで、行政権が司法権に優位する傾向にありがちな「行政国家化」現象は、このような古典的意味に於ける「法の支配」原則を動揺させ、当該原則修正を余儀なくさせていると解されざるを得ない状況が観察されている。

2　人間社会と法秩序

　原始時代以来、超長期に亘って多数の人間が平和を保ちつつ共同生活を営み、一定の秩序を保つ状態が 21 世紀前半の今日まで基本的には維持されてきた[58]。このような営みを可能ならしめてきたのは、時代、地域、学術水準、

58）　しかしながら、人間社会から戦争が絶えたことは有史以来、一度もない。人間が集まれば、如何なる時代にあっても、事柄の大小・原因事情の複雑さ・利害対立軽重等難易度こそ区々様々であるものの、争いが絶えたことがないことは確かである。暴行・傷害・傷害致死・殺人等、今日の刑法学で論じられている犯罪行為は私闘、組織的紛⤴

経済発展度等多様性のあり方に違いはあるものの、人間社会がそれぞれの集団の中に一定の組織を作り、当該組織維持に実効性を持たせる中央権力の存在が必要であることを歴史は我々に教えている。具体的には人間社会を構成している親族関係（親子兄弟姉妹等血族、夫婦等の姻族関係）は固より、私人間或いは法人間に於ける経済取引、そして本書の主題であるグローバリゼーション進捗の下にあっては、国内のみならず国境を越えた複数国家[59]間のそれを含む社会的仕組みが形成されてきた。

　標記文脈の下で、当該組織を創設し、維持して行く権力[60]の在り方を歴史の流れに即して眺めて行くと、それは時代時代に単位となる当該組織それぞれを構成している個々の人々からなる人間社会が持つ意思とは基本的には無関係な存在であった時代が長く続いた[61]。国家の統治行為がこのような状態にある〈国民の意思とは無関係な権力による統治〉であったとしても、可能性としては君臨する国民に対して、それが常に必ず苛酷・無慈悲な統治であるとは限らない。しかしながら、それは理想論にしか過ぎないのであって、人間に内在する原罪[62]、あるいは業[63]といった宗教的内容にまで遡及

　　擾、暴動、内乱、対外戦争等人間社会秩序を混乱させる仕方で一時も中断することなく、これらの不幸な事象が世界全体で例外なく繰り返されてきた。

59)　今日ではEU/European Union：欧州共同体をはじめとする超国家組織が多数成立していることから、多数の人間が平和を保ちつつ共同生活を営み、一定の秩序を保つ状態を維持、拡大するために求められる人間社会全体の知恵は、従前の国民国家が基本的には単独主権行使によって域内秩序を保つために費やしていた労力に比較すると、遙かに複雑・精密かつ膨大な労力を要することになった。詳細、後述。

60)　政治に作用する強制力。具体的には、①定められた法に従わない者を逮捕すること（刑事罰）や、②国民の三大義務である納税義務を履行しない者（会社等の団体を含む）に対する強制徴収（行政法上の処分）等に現れる。国家間にあっては、軍隊が物理的実力を対立している国に対し行使することで、自国の主義・主張実現を図ること（広義の戦争行為）等も含まれる。第2次世界大戦後、国連憲章の下で、世界各国の相互安全保障を最終的に規律する国際連合が機能している現在、そのような行為が違法・為すべきではないことは自明ではあるものの、国家はこのような権力を所有し、行使し得る唯一の集団であることは、今更説明を要しない。このような文脈で、標記事例に代表される権力を国家権力、あるいは国家が固有する政治権力と呼んでいる。

61)　たとえば、神の命を受けたと権力掌握者が人民に宣言することによって王権を掌握したフランス国王（王権神授説）等。

62)　http://www.newadvent.org/cathen/11312a.htm

63)　https://iss.ndl.go.jp/books/R100000002-I000002023672-00

可能である negative な動機に起因するものと思料される。〈君主＝権力を掌握している人間は、自分自身の政治的・経済的・世俗的利益を享受するため〉に自らが保持する権力濫用に奔るか、権力名宛人の名を藉りる近臣等が放縦専恣に堕するか、何れかの状態に至ったのが現実の姿であることが、歴史を繙くと分かる。理論的には民主主義に基づいて当該社会を構成する人間の多数決原理により、仮にこのような現実の姿と同一内容を含む統治が行われる場合であったとしても、その社会は専制社会に比較すると、社会全体を構成する割合が高い意思を尊重して実際政治が行われる仕組み造りがなされるため、一般的に創造性に富み、構成員の経済的・文化的自主性が育まれることを通じて生活の質が高まる誘因が内在する社会である、と考えられる。歴史全体を通してみれば、栄枯盛衰・緩急それぞれ前進と後退。民族・集団、人種等様々な分類方法があるものの、人間社会はそれぞれの社会を構成する集団の全体意思を統合し、組織化された中央権力機構＝統治機構運営を通じて〈公共の福祉〉[64] を優先する進んだ文化を有する営みを続けてきた。人間社会を安定させ、社会秩序を機能させる仕組みの根底に法秩序が存在していること。これは過去も現在も、そして未来に亘り、人間社会が本性適合的認識＝洞見知[65] という概念基づき説明される公理である。

3　結　論

　筆者がこの課題を考えるに際して、管見を展開する上で必要と認識している基礎法学に分類される概念について、Ⅳ－1 でその幾つかを鳥瞰してみた。「グローバリゼーションを共通に規律する法律は存在しない」という私見を提起した上で、その理由を以下詳述する。

　そもそも、"法律とは何か（"法とは何か"）" という論題そのものが人間社会成立以来、数千年の長きにわたって、事柄の黒白を決定させる必要が生じ

64）　本章 1. h. を参照すること。
65）　社会アル所、法アリ。*Ibi jus, ibi societus.*

た場合、時々に当該決定を行う人間（法廷）が様々な事実関係、成文法・不文法等を問わず、ある社会がある特定事実を認定した場合に援用すべき各種規範との整合性、政策判断・利害関係調整、そして最終的には成文法を適用して具体的判断を行う場合、特に個別法の立法者が当該法律条文体系全体を通して優先させるべき価値等、厳密かつ合理的な価値判断を複雑極まりない個別状況を総合的に判断・斟酌しながら、決定してきた歴史を持っている。ということは、標記課題それ自体が歴史の重みに裏打ちされた巨大な思考体系によらなければ、正しい考え方には到底逢着できないことを正直に告白する。従って、管見は普遍性を持った考え方ではなくて、あくまで試論という位置付けに留まっていることをお断りさせて頂く。本書全体を通して筆者問題意識に内在する要点は、**Ⅰ はじめに** で示したように「（ⅰ）何故多くの地域で経済同盟が構築されてきたか、（ⅱ）そのインセンティブとは何であったのか、（ⅲ）国境を越えた商品売買である貿易（今日では、DVD、CD等の電子媒体等に収録された知的財産権保護を受ける著作物等も含む）と共に、当該経済取引関係を金銭面で精算する機能を果たす国際金融取引が如何に高度化してきたか等についても、政治的・経済的・法律的観点に着目して歴史的・地政学的・地理的観点からの複合的な分析を行うことを通じて、今後近い将来に於いて予想される方向性等に関する筆者管見を述べることを目的とする。その過程で、公正な経済取引を実効あらしめる上で重要と思料される"Money と Justice を巡る視点"を様々な切り口から整理し、公正取引実現に資する種々の知見を提示すること」である。（ⅰ）・（ⅱ）・（ⅲ）総てを謂わば横串にして貫く問題意識は、本項目前段で述べた「グローバリゼーション進捗下にある世界中が、歴史上これまで経験したことがないほどに早い速度[66]と同時進行する地理上の交易舞台が広汎にその範囲を拡大させて

---

66) ほんの一例を挙げるだけでも、通信インフラ整備には巨額費用の投入と高度技術を自国内に導入する受け皿となる産業基盤が必要条件であることが一般的に知られる。近年、経済発展著しい中国、インド等アジア諸国だけではなく、アフリカに於いても殊にサブサハラ諸国等に於いても、つい最近まで標記必要条件が揃わず、固定電話網が建設されることのないまま、国内（市内・市外）・国際通信に難渋を来していた発展↗

いることにより、経済取引当事者間での公正取引実現を導く法的原理は何か
である。

↘途上国が存在していたことは枚挙に暇がない。インターネットの登場で（本文Ⅱ貿易
構造高度化と国際金融システム発展を巡る諸言説 1 グローバリゼーションとは何か。
を参照されたい）、このような場所であったとしても、建設コストや維持管理費用が
高価な固定電話網を飛び越して、比較的安価なコストで smartphone 等最先端技術の
粋が投入された mobile 機器／移動通信網が短時間の裡に草の根的・爆発的に普及し
た事例が多数存在している。

2 国内法の変容

　これまで述べてきたように、法の観念自体が個々の論者が依拠する諸々の立場により細部は固より、法の権威それ自体に関わる根源的思考のあり方に大きな違いが存在している。教科書的に書けば、本項の対象である国内法は実定法―就中、民商法領域に分類される各種の実定法―を前提としており、それらがグローバリゼーション進展に伴う経済社会の高度化・複雑化に起因する主として条文解釈を巡る裁判、裁判外、あるいは学説上の争い等を通じ、実務上の問題解決に資する現象を鳥瞰することによって一般的命題 or（一般的）法則という姿を取り、変容していく現象＝帰納していく[67]現象が国内法の変容という概念を構成している、と筆者は考えている。すなわち、時代変化による取引条件（例えば、従来定着していた民商事取引慣行の電子化への移行、消滅時効規定見直し等）より即時性が要請され、一方ではビジネスの迅速性・安全性が担保されることを背景とする民法で言えば債権法全面改正等がそれである[68]。法務省の Home Page から、本件に関係する公示部分を引用すると、以下の通りである。

67）〔帰納法〕（induction）推理および思考の手続の一つ。個々の具体的事実から一般的な命題ないし法則を導き出すこと。特殊から普遍を導き出すこと。導かれた結論は必然的ではなく、蓋然的にとどまる。

68）　http://www.moj.go.jp/MINJI/minji06_001070000.html
　　http://www.moj.go.jp/content/001264450.pdf

　　平成 29 年 5 月 26 日、民法の一部を改正する法律（平成 29 年法律第 44 号）が成立しました（同年 6 月 2 日公布）。

　民法のうち債権関係の規定（契約等）は、明治 29 年（1896 年）に民法が制定された後、約 120 年間ほとんど改正がされていませんでした。今回の改正は、民法のうち債権関係の規定について、取引社会を支える最も基本的な法的基礎である契約に関する規定を中心に、社会・経済の変化への対応を図るための見直しを行うとともに、民法を国民一般に分かりやすいものとする観点から実務で通用している基本的なルールを適切に明文化することとしたものです。

　今回の改正は、一部の規定を除き、平成 32 年（2020 年） 4 月 1 日から施行されます（詳細は以下の「民法の一部を改正する法律の施行期日」の項目をご覧ください。）。

　本書では平成 29 年法律第 44 号によって「明治 29 年（1896 年）に民法が制定された後，約 120 年間ほとんど改正がされていませんでした。 今回の改正は，民法のうち債権関係の規定について，取引社会を支える最も基本的な法的基礎である契約に関する規定を中心に，社会・経済の変化への対応を図るための見直しを行うとともに，民法を国民一般に分かりやすいものとする観点から実務で通用している基本的なルールを適切に明文化」（*ibd.*）を解説することは与えられた紙幅と共に、筆者の能力からして、多くの専門家が債権法域に関して綿密かつ厳密な論理整合性に裏打ちされた行論を跡付けることはできない。従って、個別重要論点は汗牛充棟の先行業績に総てを負うところではあるものの、経済学・商学（経営学）・法律学を縦横に駆使して“グローバリゼーション”を巡る今日的課題に対して一定の価値判断を行うという切り口から、以下の管見を述べる。

　基礎法学は、実定法学の基礎を構成している法学諸分野の総称であり、（ⅰ）法哲学（法理学）、（ⅱ）法社会学、（ⅲ）法史学、（ⅳ）比較法学等によって構成されている。一般には基礎法学に対置される実定法学は、その特徴である法解釈学を通じて文字通り実践的要素がふんだんに取り入れられており、将に解釈（論理学で言う三段論法に基づく方法論が通常取られる）を行うに

際し、基本となる理論的基礎が中心となる。基礎法学の定義について辞書的に言うと、「（基礎法学は）日本で作られた概念で、法学を哲学・社会学・歴史学など他の学問領域と関連付けて視野を広めるという学問的意義を持つとされる[69]」。この意味合いで、法解釈学について解説すれば、概ね以下の通りである。

法解釈学は実定法に則して法的な問題の〈正統な解決〉を探求し、そのために諸原則を基礎付け、体系化するための学問である。その系譜としては西洋法圏・東洋法圏等に代表される多くの実定法体系毎に分析する必要があるものの、明治維新以降、急速な近代化＝資本主義化、市場経済化を進めるにあたり、外国法を継受する中で日本の国内実定法制定モデルとした西洋法圏の中で欧州大陸法に見られる解釈学について述べる。古代ローマ法以来の伝統を有する日本法の母法となった近代ドイツ法学は、基礎法の視点からは主としてキリスト教神学（教義学）に由来する体系を備えた現実に存在する具体的事案の〈正統な解決〉、乃至　（今日の言葉で言えば "思考実験的" な）架空事案を想定して、これら事案解決に至る体系的 dogma/ 教義を演繹しようとしていた点に特徴がある。法解釈学本体が有する理論的面には、標記キリスト教神学（教義学）に由来する法教義学 /Rechtsdogmatik に基づく解釈手法が、そして事案解決にあたって適用される試みには法疑論 /Kasuistik と呼ばれる真偽論に由来する試みを適用することが説かれた。

ドイツ法史学では周知の通り、19 世紀初頭〜 19 世紀中期に掛けて、ローマ法とゲルマン法との相互関係を巡って Jehring, Savigny, Windscheid ら法学者の間で激烈な学問上の論争が展開された。この過程で法教義学 /Rechtsdogmatik に基づいて行われた実定法の解釈手法は、ローマ法以来、蓄積されてきた法解釈方法論を強調する余りに〈体系（的）思考方法〉に基づいた整合性確保に固執した結果として、19 世紀現在のドイツ社会に於け

---

69) 高橋和之・伊藤眞・小早川光郎・能見善久・山口厚ほか編著『法律学小辞典　第 5 版』　有斐閣　2016 年

る法的思考方法に依拠して問題事案解決を図る場合、ゲルマン民族が歴史的・伝統的・文化的にローマ人とは異なった発展様式を辿ってきた現実を十分には考慮していない試みである、として Jehring らによって批判された。この批判は、Savigny, Windscheid ら「体系思考」を優先する学派に対し、Jehring ら「問題思考」を優先する学派が提唱する"（争っている当事者間に於ける）利益較量"に基づいた現実的問題解決を試みることの方がより一層重要である、とする見解が提示されるに至った。

　しかしながら、「問題思考」を優先する学派により主張されたこのような学説も、「体系思考」を優先していると批判された一方当事者が展開する問題解決に際して適用される法的問題解決に用いられる両当事者を拘束する体系性に由来する公平な処理が利害関係を異にしているが故に相互に争いをせざるを得ない関係者にあっては、（ⅰ）判決、仲裁等国家が運営している司法サービスに基づき、争点となっている具体的な問題解決を円滑処理することが公益に適っていること、（ⅱ）制度整合性、（ⅲ）両当事者間権利の取扱にあたっての公平性、そして（ⅳ）一事不再理等一旦決着済事案に関しては、再び同じ訴因を理由として同一事案審理を蒸し返してはならないこと等を内容とする訴訟経済上の要請等から、適正な法解釈を行うために「体系思考」を完全に放棄することは、実際問題としてはできないという反論もなされた。

　これらの議論に通底する論点には〈両当事者のうち、どちらの主張の方に優先すべき法律上の正当性があるか。〉、〈双方間の法律上の正当性を吟味する時、優先される価値判断は何か。〉がある。この2点は法解釈学そのものが、それ自体の裡に有する単なる"優先すべき価値"を巡る深遠な課題に対する判断を行わなければ、"実用の学"/Brotwissenschaft：「パンのための学問」としての法学たり得ない本質を持っていることに由来している。別の切り口に基づいて、この問題を判断する場合、そもそも法解釈学には客観性など存在しておらず、法解釈学は紛争解決のために機能する「社会制度としての経験科学」という位置付けを果たしているにしか過ぎない云々、という乱暴な議論も提起された。それに対して「他の諸科学同様に、法解釈学も何らかの

〈価値判断〉から自由な立場にある科学というものではあり得ず、実質的な諸価値を実現するためには有用な合理的討論は十分可能であるし、現に当該討論の結果、示された法律的判断が強制力を持って社会秩序を維持している」旨の見解も表明されている。この意味では、欧州文明基底部分を構成するキリスト教神学（教義学）に由来する法教義学 /Rechtsdogmatik が、営利活動による経済的利益実現を至高善とするビジネス現場では最重要視される世俗的正義には含まれない福音信仰に根ざした正義とは異なる宗教的正義が、社会秩序維持の観点から聖書解釈学 /Bibel -Hermeneutik と呼ばれる経典テキスト解釈学を成文法テキスト解釈学に応用した、とする試みが実際に行われている説も散見される模様である[70]。　国内法の変容についても、基礎法学と法解釈学との相互関係に代表されるように現実に起こっている経済現象と通例は現実を後追いして事後的に立法が行われ、更に立法者当初意思を補正するために改正されることが多い国内法のあり方に普段から注意しておく必要があることを指摘しておきたい。

---

70)　「十字架の言は、滅び行く者には愚かであるが、救いにあずかるわたしたちには、神の力である。」（第一コリント、1：18）。更に「神の愚かさは人より賢く、神の弱さは人より強い」（第一コリント、1：25）。キリスト教神学（教義学）に由来する法教義学 /Rechtsdogmatik では、経済活動についても「十字架の他に正義（＝救い）はない」と告白せざるを得ない、とする宗教的立場に基づく議論を展開する立場がある。しかしながら、私見ではこれら聖書に記載されている文言を文字通り金科玉条として十分なテキスト批判もない儘で、一般にはキリスト教信者の間でしか通用しないであろう論理は、宗教学が分類される〈人文科学の世界〉では通用するにしても、〈社会科学の世界〉では遍く万人に理解されるとは限らない印象を持つ。

3　国際法の変容

（1）はじめに

　次に、国内法の変容について述べた論点を共通要素としつつ、グローバリ
ゼーション進展に伴う経済社会の高度化・複雑化に起因する主として条文解
釈を巡る裁判、裁判外、あるいは学説上の争い等を通じ、実務上の問題解決
に資する現象をここでは国際法の変容という観点から整理する。国際法は、
今日世界中に存在する多数の主権国家[71]　間で営まれている様々な活動を円
滑に規律する役割を果たしていることは周知のことと思われる。これについ
ては、筆者前著で詳論した内容にその後得られた若干の知見を加えて説明す
る。

　2016 年秋、関西大学法学研究所で「平準化されたヨーロッパ私法および
アキ・コミュノテールの EU 加盟国法へのインパクト―大陸法とコモン・ロ
ーへの調和」と題する特別研究会[72]　が開催された。筆者は当該特別研究会
に参加して質疑応答する機会を得て、本書で取り扱っている "Globalization
と法律" という観点から有益な知見を得ることができた。本章ではそれまで
に筆者が蓄積してきた見識を基にしつつ、当該研究発表から得られた南欧で
営まれている最新研究成果を引用して "グローバリゼーションを共通に規律
する法律は存在するか"、という論点について管見を述べる。行論にあたっ
ては、多くの部分を当該研究発表で開示された先行業績に補完されているこ
とを最初に述べさせて頂く。

（2）欧州に於けるグローバリゼーションを巡る立法の現状

（2）― a. 記述の概要と予めお断りしておきたいこと

　以下は当日配布された京都大学准教授カライコス　アントニオス氏が原著

---

71)　2017 年 5 月時点（最新統計）：国連加盟国総数 193 ヵ国。
72)　法学研究所第 131 回特別研究会。講演者は Luz M .Martienz Velencoso 女史。彼女
　　はスペイン・ヴァレンシア大学教授であり、法学部で民事法学を研究・教授している。

者 Luz M .Martienz Velencoso 女史が著された "The impact of harmonized European Private Law and *acquis communautaire* on national Law around Europe（An approximation between Civil Law and Common Law）" を元原稿として同准教授が日本語に翻訳（仮訳）された先行業績からの引用である。ただし、一部に省略した部分や筆者が自己の知見から得られた事項（〈　〉で囲んだ部分）が織り込まれていることに御注意頂きたい。本文中、ゴシック、乃至下線を施した部分は筆者による。

概要

　グローバル化された今日の世界では、様々な法圏（例えば common Law と欧州大陸法）の違いを架橋する自律的な法準則の展開が見られる。これらの法準則は、特定の準則や原則の法伝統の教義上の由来よりも、〈寧ろそれぞれの違いに基づいて発生している現象を〉その機能に〈ついて〉焦点を当てるものである。〈この分析手法を欧州に適用すると〉、PECL，DCFR，CESL 等、〈当該〉モデルに合致する、**私法を平準化する**〈ことに寄与するものと思料される〉いくつかの法律文書が〈存在している〉。

　〈EU 域内に於いては、これらの非公式であり、かつ未だ十分には体系化されているとは言えないこれら〉"分散化された準則規定"（PECL, DCFR, CESL 等）〈が一部の加盟各国の国内法に対して影響を与えている。〉この過程は今のところ、ヨーロッパ民法典の制定という形に〈は〉至っていない（そして、CESL の制定さえ、失敗に終わっているが、国内法に〈は〉影響を与えている。ドイツ民法典の現代化、オランダの民法典、フランス民法典の改正）。これは、「共通参照枠草案」の序論〈の中〉でも〈言及されている通り、その目的のひとつとしては欧州域内個別各国の私法規定体系平準化に向けての営みである。〉

　スペインでは〈マドリッドの最高裁判所により 19 世紀に起草され、現在も効力を有するスペイン民法典の条文がその一部に、21 世紀の今

日に於いては社会で現実に生起している解決を要する新たな事案に適合していない、という状況を考慮してスペイン国内法を平準化されたEU域内法に参酌した法典とする動きが始まっている。このほかにも、EU域内法が進めている消費者保護を目的とするEU消費者保護規定と、スペイン国内消費者保護規定との整合性について規律する幾つかの準則が成立している。これまではこの領域に関しては、スペイン国内法では多くの場合に民法典とは別建てとし、個別の特別立法によって規律されてきた経緯がある。

　しかしながら、民法典本体の条文に、消費者保護規定一般に関する新たな内容が盛り込まれる動きがEU域内主要国についても観察される事態を迎えている。欧州域内民事契約の状況を俯瞰すると、21世紀の今日では国境を越えて大半の諸国が既に通貨同盟以前に経済同盟関係に入ってから久しいこともあって、域内消費者間で締結され、履行される契約の大半は消費者に何らかの形で関わっていることが指摘されている。〉所謂アキ・コミュノテールとの関係で検討されるべき他のこととしては、消費者保護を目的とする（EC立法の国内法化の結果である）一連の準則の成立がある。これらは、多くの場合、民法典の外に置かれてきた。周知のように、これらの特別法律は、通常、消費者を保護する必要性がある契約に於ける特定の状況を規定するものである。このような特別法が大量に存在する〈という〉ことは、法の適用を複雑にするものであり、そのため、スペイン、オーストリア、フランスやギリシャ等の幾つかの国では、これら一連の準則を「消費者保護法」に纏める選択肢が取られた。しかし、つい最近、ドイツやオランダ等の幾つかの国は、消費者保護規定をその民法典の中に取り込んだ。　今日締結される契約の大半が消費者契約であるため、これは非常に重要な事項である。

　標記「概要」部分で引用した欧州大陸私法分野に於ける消費者保護法制で見られる一連立法状況は、本書**Ⅳ グローバリゼーションと法律**　章立ての中

で筆者が論及したい事項に直接関係する論点が明確に説明されているところである。すなわち、筆者が本書行論の中でもこれまで述べてきた専ら欧州域内に焦点を絞った近世から近代に至る資本主義化の歩みの中で、（ⅰ）国境を越えた商品（これに近年では役務サービス等も無体財産権を内容とする"商品"が追加される）の売買である貿易活動と、（ⅱ）元来はその資金的決済機能をベースにして、現実の標記商取引に資する過程で次第に高度な派生機能を展開する迄に至ってきた国際金融機能の進化状況こそが「グローバル化を進展させる原動力に他ならない」という認識に符合していることに注意喚起したい、のである。今日、国境を越えた商品取引（Brexit 発効までは島国イギリスまでをも包含する）"欧州共通市場"が既に数十年前迄には確立されていることについては言うまでも無く、欧州域内一体化を更に一層進展させる原動力である通貨同盟さえもが大陸部欧州では域内概ねの地域で実現化している。このような経済的事実に対する専ら大陸部欧州で観察される実定法の各条文と、その背景を構成している立法者の意図について以下の考察を行う。

（2）─b. 市民社会の経済的構造変化と平準化されつつある欧州私法のあり方

　この部分に関しても、前述・京都大学准教授カライコス　アントニオス氏が原著者 Luz　M .Martienz Velencoso 女史が著された "The impact of harmonized European Private Law and acquis communautaire on national Law around Europe（An approximation between Civil Law and Common Law）" を元原稿として同准教授が日本語に翻訳（仮訳）された先行業績から引用している。ただし、一部省略した部分や筆者が自己の知見から得られた事項（〈　〉で囲んだ部分）が織り込まれていることに御注意頂きたい。本文中、ゴシック、乃至下線を施した部分は、筆者によるところは同様である。

　今日の〈21 世紀〉世界では、19 世紀末頃の〈ドイツ民法、スイス民法等に見られる〉伝統的な民法典や〈今や百年以上前の 20 世紀全体を通じて形成、普遍化されてきた実定法解釈学と判例の蓄積を通じて確立された〉20 世紀の原則が〈経済的事実に対する専ら大陸部の欧州諸国で観察される実定法の

各条文と、その背景を構成している立法者の意図によって〉変更〈されつつ
ある〉という傾向を観察することが出来る。〉これに加えて、21世紀に於け
る再法典化のプロセスについて語ることが出来る。その理由として、幾つか
の異なるものを考えることが出来るが、そのひとつに間違いなく挙げられる
こととして、そのような法典が基礎とした市民社会の社会的及び経済的前提
が、それらの制定時に存在していたものと比べて、大幅に変化したことがあ
る。

　第2に、これ以外の重要で検討されるべきことは、超国家的及び国際的契
約法が市場経済の急速なグローバル化の実現の対応として生成しており、そ
の平準化が益々進んでいることである。このことは、2つの異なる法体系と
して伝統的に区別されてきた〈欧州〉大陸法とCommon Lawを近接させる
ことにも貢献した。 EU〈欧州連合域〉内に於ける［法の］違いを架橋する
ことに役立った規範的な枠組みが幾つか見られる。それらには、CISG、ユ
ニドロワ、国際商事契約原則（PICC）、ヨーロッパ契約法原則（PECL）、共
通参照枠草案（DCFR）、及び所謂CESLである。

　第3に、法実務に於いて生じた必要性により、裁判所は、法典の適用を通
じて、法典の外にある膨大な数の一連の準則を生み出してきた。このような
変化は、法典の指導原理を再検討し、再法典化が必要であることを示してい
る。〈このような変化と同様に、過去の日本に於いても法制史を繙くまでも
無く、安政の不平等条約締結後、明治維新期を迎え、「殖産興業、富国強兵、
文明開化」の三大国家目標の下に資本主義化＝市場経済化が本格化する明治
初期以降に於いて、標記〉法典が基礎とした市民社会の社会的及び経済的前
提が、それらの制定時に存在していたものと比べて、大幅に変化したことが
ある。…（中略）…これ以外の重要で検討されるべきことは、超国家的及び
国際的契約法が市場経済の急速なグローバル化の実現の対応として生成して
おり、その平準化が益々進んで行く現象が起こっていることに注目したい。
管見によれば、日本の明治中期に起きた所謂“法典論争”に注目が集まる近
代西欧法が実定法化して行く過程で生じた法典継受の歩みを繙くと、21世

紀前半期に〉超国家的及び国際的契約法が市場経済の急速なグローバル化の
実現の対応として生成しており、その平準化が益々進んでいる〈欧州私法の
変容過程とある部分で類似する現象〉が展開されているのではないか…とい
う仮説を持っている。その仮説を実証してくためには、当然の前提として広
範な私法領域全域にわたる一般法たる民法の膨大な体系の中から、本書で筆
者が論じている「グローバリゼーションと法律」の関係は、専ら財産法領域
に焦点を絞って議論を進めて行かなければ、到底収拾がつかない事態に陥る
危険性を孕んでいることを無論承知している。つまり、筆者としては「民法
出デテ忠孝亡ブ」"法典論争"の中で、扇情的に語られた家族法実定規定に
焦点を絞るのではなく、財産法領域に限定して徹底的に論究することが必要
ではないか、という前提条件[73]を立てていることは、言うまでもない。〉

　第4に、EU〈欧州連合域内に於ける〉伝統的な民法典を近代化する新た
な法〈律〉行為の起草者達が考慮した更なる問題としては、民法典の外に置
かれた、消費者保護を目的とする一連の準則（これらはEU〈欧州連合域内
に於ける〉立法〈活動〉の国内法化の結果として断片化されている）の成立
がある。これらは主に特別の法律で〈あり〉、その目的は、通常、消費者を
保護する必要性がある契約に於ける特定の状況を規制することにある（たと
えば、消費者信用、売買に於ける保証、約款など）。約款と特に関連するも
のとしては、今日、標準約款が商取引の一般的な特徴となっていることを指
摘することが出来る。これらは、当事者自治という神聖視された原則に基づ
いてきた、19世紀からの伝統的な法解釈学の中に巧く収まるものではない。
標準約款条項が法の経済分析の観点からは、利点を有する可能性があるにも

---

73)　立法当時に生きていた民衆一般―明治期に於ける法律制定過程は、今日的意味に基
づく国民主権・民主的・リベラルな立法化プロセスと同等に語ることは出来ない、と
いう前提条件を予めお断りした上で―当該の社会現象を個別に規律するために関係す
る諸々の法典が基礎とした市民社会全体の社会的・経済的前提が制定時に存在してい
たそれらと比較すると、大きく変化した事実そのものが今日的・現代的意味に於いて
欧州から遠く離れた極東に位置する日本に於いても、時空を超越した共通の社会現象
として観察される。

拘わらず、裁判所は、これらを非常に懐疑的に取り扱う傾向にある。事業者が
リスクを効果的に分担させることが出来る、ということは、消費者が知り、ま
たは把握することが出来るよりも遙かに事業者に有利な形で条項を置き、これ
によって隠れたリスクを消費者に負担させて、消費者を搾取することも可能
とする。裁判所が所謂"透明性の審査"を行っているのは、そのためである。

　〈以上の事柄は、自由・平等・博愛の実現を目指してブルボン王朝の下で
の封建的圧政を意味する旧体制／アンシャン・レジームからの脱却実現を目
指した 1789 年のフランス革命を経て、殊に財産取引＝市場経済取引分野に
於ける当事者自治原則を神聖な理念とする要素が鏤められたナポレオン民法
典が 1804 年に公布されて以来、19 世紀末に公布・施行されたドイツ民法等
にも取り入れられた法原則に修正を迫ることに他ならない。19 世紀初頭、
フランス民法の立法者の意図は、売買等財産法分野に於ける民事取引に際し
て、自由闊達に売り主・買い主という利害関係者間で繰り広げられる種々の
駆け引きを原則として保護して、経済活動を促進させることこそが国家・社
会全体の活力を増進させることに繋がる、という思想の肯定を前提にするも
のである。欧州大陸諸国のみならず、18 世紀半ば以降に世界で初めて産業
革命を経験したイギリス[74]で元々生まれた Common Law 法圏に於いても、
標記の財産法領域に関する近代思想が一般に受容された結果として、（ⅰ）
取引当事者相互間の対等性、（ⅱ）商業取引・金融取引等安全性を担保しつつ、
それぞれの利益を最大限追求する経済の営み[75]を規律する法思想を一部修

74)　資本主義が最初に勃興した経緯について前著で詳述されている。
75)　Adam Smith が指摘した古典的宣言"神の見えざる手"の含意するところは、以下
　　の通りである。個人が利己心を発揮すれば、個人の利益をもたらすだけでなく、自由
　　競争を通じて社会全体の利益を増進させる。彼の主著である『道徳感情論』（1759 年）
　　『諸国民の富』（1776 年）等の中で明らかにされた（ⅰ）分業、特化、交換等の概
　　念を明確化したこと、（ⅱ）人間の生産労働が価値を生む源泉である、とする労働価
　　値説に基づいて資本主義経済の発展を説明する手法は、今日に於いても説得力を持っ
　　て通用している。本文で敷衍した私法の一般法である民法（典）がナポレオンによっ
　　て制定された法制史上の出来事に関して、フランス革命との関係という文脈で説明し
　　た背景には、革命以前に横行していた重商主義的保護政策が封建制度に深く結びつい
　　ていた国王による経済活動統制を批判する法思想の一環として、新たに財産取引↗

正する動きが定着しつつある。私見では、このような法概念が新たに生成した本家本元の欧州で、生成後約 200 年を閲した今日では、"消費者保護"領域で〉「消費者が金銭的負担の程度、及び契約に基づく法的負担について現実に理解していること」を確保するための手段として理解されている〈ように思われる〉。従って、このような透明性を欠いて契約に組み込まれた条項は無効である、として宣言されなければならない。EU〈欧州連合域内に於ける〉では、各加盟国の民法と商法が〈加盟する各国─ 2019 年末の現時点では 28 ヵ国〉（ⅰ）国内の〈固有の〉法体系、（ⅱ）EU 法（一般原則を含むアキ・コミュノテール）及び（ⅲ）欧州人権条約という 3 つの柱に基づくものとなっている。〈加盟 28 ヵ国が固有に制定、発展させてきた〉それぞれの国内法は互いに影響し合い、EU〈欧州連合〉の立法もこのような相互的影響を受けている。

　平準化されたこのような立法の一部は、英米法の法律条文に由来するものである。また、国際取引に於ける自立的な法準則の展開は、特定の準則や原則の法伝統の教義上の由来よりも、その機能に焦点を当てることで、様々な法圏を結び付けることを可能としている。〈本稿の原著者 Luz M.Martienz Velencoso 女史が述べられているこのテーゼに、筆者も全面的に賛成である。筆者が本章全体を通じて詳論してきた "国境を越えた商品売買（近年は、これに無体財産権等に表象される役務取引 / 役務サービス等も含む）である貿易と、その反対給付として金銭決済を行いうる国際金融取引" がリアルに女史が述べられておられる「特定の準則や原則の法伝統の教義上の由来よりも、その機能に焦点を当てることで、様々な法圏を結び付けることを可能としている。」という指摘は将に正鵠を射ている。この文脈で、以下の通説との関係を熟考することが肝要であろう。

　民事裁判実務で最も大事な事柄は、文書記録である。職権探知主義を取り、国家 = 検察官が真実を追求する刑事事件でも事柄は同様であるが、民事事件

　＝市場経済取引分野に於ける当事者自治原則を神聖な理念に据える要素が鏤められた経緯を述べる必要がある、と筆者には思われるからである。

は口頭弁論の場＝裁判所の法廷で、原告・被告双方が選択的に提出する証拠に基づいて受命裁判官が当該訴訟に対する判断である判決を原告・被告双方がそれぞれ如何に自分にとって有利に執筆させるか…が究極の目的になる構造が取られている。現行民事訴訟法の下では、実現すべき価値は何処にあるか…を裁判官が原告＆被告双方から提出された証拠＝物証と人証に大別される．に基づいて演繹される「"事実"の確からしさ」を判断基礎に据え、紛争解決のために該当する法律条文に基づいて裁判官が自由に到達する法的確信に基づく"実現すべき価値"を発見する、という建て付けが取られている。

V　公正な貿易の発展を支える国際金融制度構築と

その歴史的文脈について

グローバル化の下、経済が国際化し、外国で生産された商品・製品が Supply Chain System を通じて国境を越えて、外航船・国際貨物航空便に登載され、日本発・日本宛、あるいは第三国発・第三国宛に流通している。第2次世界大戦で壊滅した日本経済の復興と高度経済成長期を通して日本が経済的に豊かになっていった原動力は、1985 年 9 月、プラザ合意による急激な円高・ドル安基調の定着で産業構造の変化（＝日本国内で生産した商品・製品を輸出する加工貿易から、海外直接投資＝資本輸出を行って外国現地工場で生産した商品・製品を輸出する仕組への移行）はあるものの、国際経済社会に於ける貿易自由化に伴う国際競争力強化に由来するものであった。敗戦時、壊滅した日本経済が復興を遂げ、戦前水準に戻った後、再び製品・商品輸出による外貨稼得を通じて経済再建を果たすまでには、戦後アメリカが国策として行った貿易自由化もあるし、脆弱な日本の産業全体が国際競争力を取り戻すまでには相当の長期間を要するであろう、と考えられていた。国内に鉄鉱石、原油を筆頭にその他工業振興に不可欠なめぼしい資源が殆ど皆無である厳しい自然条件に規定されている日本経済が対外競争に耐え得る構造を立ち上げるためには、工業振興による資本の原始的蓄積を可及的速やかに行い、経済成長の結果獲得される国民所得増加が必要不可欠である、と政府・日本銀行は考えた。このような政策判断の下で、本文に於ける詳述を避けるものの、日本経済は所得倍増計画[76]が奏功して、東京オリンピック（第

---

76)　正確には「国民所得倍増計画」。1960 年、経済審議会（2001 年廃止）答申を受け、池田勇人内閣が打ち出した「日本人全体の国民所得を 10 年間で 2 倍に拡大する」ことを目標とした経済政策のことを言う。計画によれば、1961 年度〜 1970 年度に跨る 10 年の間に①社会資本整備、②産業構造高度化＝鉱工業等第 2 次産業振興による所得水準拡大を企図、③更なる貿易促進と国際経済協力を推進して国際社会に於ける日本の地位上昇、④人的能力向上（大学工学部、工業専門学校新増設等主として③に裨益することを具体的な施策に掲げた。）と科学技術振興（原子力発電所新設等原子力の平和利用による国内電気エネルギー自給等。2011.3.11. 東日本大震災発生後の今日では当該政策の抜本的見直しが求められている。）、⑤明治維新以降、殖産興業・富国強兵・文明開化の三大スローガンを掲げて、迅速な産業革命を経て資本主義を育成することを目標とする"上からの近代化"政策が執られたことによる日本経済の二重構造緩和と社会的安定確保等が重点政策とされた。野心的なこの政策は、需要面から見れば"投資が投資を呼ぶ"と言われる主にアメリカから輸入された当時の工業最新↗

1回：1964 年 10 月）をひとつの契機として IMF 8 条国[77]に移行したほか、OECD 加盟を果たした。

　資本取引に関しても 1950 年代の後半には、西欧諸国では相次いで自国通貨外貨交換性回復と輸入許可制・輸入割当制等直接統制撤廃が実施されるに至った。日本に於いても、西欧諸国に稍々遅れたものの、1960 年以降には本格的な貿易自由化政策の推進が可能となったことから、1963 年には GATT11 条国[78]に移行した。このように、1960 年代に日本に於ける貿易自

＼技術を含む資本財を中心とする設備投資に起因する持続的景気拡大をもたらした。設備投資は当時の工業最新技術を含むことから、謂わば輸入した新技術に胎化された工業製品生産販売・輸出を通して、国民全体レベルでの国民所得増加現象に繋がった。このような動きは、当時の西ドイツに於いても略々同時期に〝奇跡の経済復興〟という言葉により実現した。

77)　第 2 次大戦後は、戦前に施行された外国為替管理法が事実上空文化する中、連合国総司令部（GHQ）の監督・規制下に置かれた。GHQ は実質的にはアメリカが日本を単独占領しており、同じ敗戦国であったドイツとは異なる間接統治方式が取られていた。民主化、不在地主制廃止に代表される農村に於ける非近代的な封建的身分関係廃止・軍国主義の排除、平和国家化、財閥解体等を目標とする占領政策が推し進められる過程で、次第に日本の経済的主権が認められるようになって行った。実体経済面では 1949 年に外国為替及び外国貿易管理法（以下、為替管理法と略記）が、次いで翌 1950 年にはその特別法として、謂わば鏡の両面としての国境を越えた商品売買等国際金融を規律する外資に関する法律（外資法）が整備された。戦後、暫くの間日本は疲弊しきった国内経済情勢を背景にして、厳しい為替管理採用が余儀なくされたものの、朝鮮戦争（1950 年 6 月～ 1953 年 7 月）により引き起こされた国連軍（これも実質はアメリカ軍）戦争経費が戦場に近く、占領軍実質管理統制下にあった日本民間企業に対してふんだんに支払われる特需が発生したこと等に伴い、漸く息を吹き返した。これ以後は、景気循環に伴って時折周期的に訪れる外国為替の天井＝為替準備残高減少に伴うマクロ経済不況局面入りを指す．はあるものの、漸次経常取引に対する外国為替管理を自由化して行くことが可能になって行った。1964 年 4 月には、本文にある IMF 8 条国（原則として国際収支管理上の理由に基づき、経常取引に関する為替管理を行わない国）へと移行した。同じ文脈で、資本取引自由化についても 1970 年代入り後は国際収支黒字基調化を背景として急速に進んだ。

78)　1950 年代後半以降、マーシャルプラン導入を呼び水に一足先に経済復興を遂げた西欧諸国では①自国通貨と第 2 次世界大戦後、世界の基軸通貨の座を確かにしたアメリカドルとの交換性回復（これは 1944 年 7 月、アメリカ北東部ニューハンプシャー州ブレトンウッズで採択された平和回復後、平時経済移行時秩序決定に関する合意が得られている。詳細は本文で詳述してある）、②輸入許可制、及び輸入割当制に象徴される直接統制撤廃が実施された。本文に記載されている通り、日本に於いても 1960 年以降には貿易自由化が進められて 1963 年に数量的制限一般的廃止を定める GATT ↗

由化は関税引下げ政策を中心に行われたものの、1963年〜1967年と4年間を要して妥結したケネディ・ラウンド関税一括引下げ交渉の結果、鉱工業製品関税率が平均33％引き下げられる等、1947年GATT発足後の多角的貿易交渉の中でも自由貿易推進上、最大級の合意がなされて、グローバリゼーションが本格化する20世紀第4四半期直前のこの時期に画期的成果をあげている。

以下の歴史的経緯を再説して、本章を終える。

1．経済活動も一国内で完結するものではなく、人・モノ・カネ・情報などは国境を越えて結び付いている。国際経済取引は、資本主義経済の発達と共に拡大して、商品の移動、すなわち貿易を中心に活発に展開されるようになってきた。現在では各国経済は相互に依存しており、一体的な国際経済を形成している。貿易により、国内で使用される商品を総て自国内で生産する必要はなくなり、各国はそれぞれの適性を生かした生産活動に特化することが出来る。各国間で生産活動を分担することは、国際分業と呼ばれる。各国がどのような商品を生産するかは、技術水準や生産要素等の違いに従い決定される。高い技術水準を持つものの、国土が狭い国は所謂ハイテク製品を生産し、一方で国土は広いものの、工場設備や生産技術水準等が不十分な状態に留まっている国は農産物生産に特化する、といったように各国は相対的に自国が得意とする＝比較優位にある産業に属する製品を生産している。

国内に於ける社会的分業が、国内の生産力を拡大させる大きな要因であることと同様に、国際分業は世界全体により一層多くの富をもたらす。国際分業により得られる利益は、相対的に生産費が低くなる産業に特化することで得られるため、自国と比較して絶対的に優れた技術や生産要

＼11条適用国に移行した。GATT/1995年1月1日以降はWTO/World Trade Organization：世界貿易機関に発展的に改組。現在に至る. 加盟国は自由貿易を主体とする国際間商取引＝貿易を指向しているため、輸出入数量制限を原則禁止している。この11条に適用国をGATT11国と言う。

素を持たない国との間で行われる貿易からも多くの富が発生する。すなわち、もし総ての産業について最も高い生産技術を持つ国が存在していたとしても、他国との間で行われる貿易は、その国＝総ての産業について最も高い生産技術を持つ国にとって利益をもたらすことになる。この考え方は、イギリスの経済学者リカード（1772年〜1823年）によって明らかにされたもので、比較生産費説＝比較優位の理論と呼ばれている。
2．国際分業が一旦成立すると、各国の経済にとって他国の生産物は不可欠なものとなり、関係する各国間では、相互依存関係が構築されることになる。そのため、貿易が活発になるにつれて、国際経済の安定と繁栄が無ければ、自国経済の繁栄も維持出来なくなる。この観点からも、世界平和の維持や各国相互間に於ける国際協力の重要性が一層重要となる。

自由貿易と保護貿易

1．比較優位の理論が登場すると、国際取引に対する国家による干渉を出来るだけ排除して、自由競争に基づく貿易が出来ることを望ましいとする自由貿易論が主張されるようになった。それに対して、関税や輸入制限＝非関税障壁により、外国との競争から自国国内産業を保護する必要がある、とする保護貿易論が様々な形で主張されるようになり、対立と論争が繰り広げられてきた。21世紀の今日に至っても尚、これら自由貿易論と保護貿易論との間には、議論の決定的な決着が見られてはいない。比較優位の理論が明らかにされていたにも拘わらず、19世紀初めのイギリスは元々重商主義的保護貿易政策が取られていた。しかしながら、18世紀半ば以降に、世界で初めて産業革命が起こって、"世界の工場"となったため、イギリスに於いても比較優位状態にある工業生産により一層特化することが結果として自国利益＝富の集積に資することが広く認識されるようになり、イギリスから工業製品を輸出して、相手国からは食料や原材料を輸入する垂直的国際分業を推進する自由貿易政

策に徐々に転換して行った。

　自由貿易は、国際分業による利益を生み出し、資源の有効利用や生産の効率化によって世界全体の経済水準全体を引き上げる。しかし、貿易によりもたらされる利益が関係する諸国間で適切に分配されなければ、自由貿易それ自体から本来発生する富による恩恵を全員が受けられるとは必ずしも限らない。また、自由貿易それ自体から由来する国際分業のために、国内主要産業が農林水産業等第一次産業である国に於いては、いつまで経っても工業化が進展しない等、国民経済全体のあり方を固定してしまう、という問題も指摘される。

２．保護貿易を巡る議論について論及する。ドイツの経済学者リスト（1789 年〜 1846 年）によれば、各国経済発展段階には自ずから歴史的に相違が見られるため、遅れて工業化を図る国は－発展し始めた＝工業化に着手し始めたばかりであったドイツの幼稚産業－は、イギリス等先進工業国による経済的攻勢から、保護貿易政策を採用することによって守られるべきである、と主張した。　実際、先述した通りイギリスが保護貿易から自由貿易に転換した 19 世紀初頭以後に、遅れて産業革命が始まったドイツやアメリカ等当時の発展途上国に於いては、リストの理論に従い、強い国際競争力を有するイギリス製工業製品に対抗するために保護貿易政策が採用されることは一般的であった。21 世紀の今日にあっても、発展途上国が先進国に対抗して自国の経済発展を達成するためには保護貿易政策採用は広く行われており、第 2 次世界大戦終了後、敗戦国・日本でも 1950 年代半ばに始まった高度経済成長期前半には多くの分野で国内産業保護政策が取られてきた。

　また、保護貿易論はこのような発展途上段階に留まる諸国だけに観察される事象ではない。すなわち、既に経済発展を達成した先進諸国の間に於いても屡々主張されることがある。例えば、近年“世界の工場”となった新興国・中国を巡る事例に見られるように、既に各国間でそれぞれ特化して生産していた製品群が安価かつ大量に生産される中国製品に

駆逐された結果、従前の国際分業パターンが変化している。その結果、先進国の一部産業は製造コスト面で中国からの輸入製品に太刀打ち出来なくなって、自国内工場の閉鎖等を迫られることになった。関係業界は、そこで自国政府による保護を求めて、国内市場を中国からの集中豪雨的な輸出攻勢から守る政治的圧力を掛ける。一方で国内消費者にとっては、割高なコストの自国産業が保護された場合には、より安価な輸入中国製品を入手出来る機会が制限されることになり、貿易本来がもたらす経済的恩恵を享受する機会を逸することになる。現代経済史を繙けば、第2次世界大戦終了後、日本が急速に経済成長を遂げていた時期には、諸々の分野に亘り日本の工業製品が欧米先進諸国工業部門に対する脅威となって、多くの経済摩擦が発生した。今日では日本を含む多くの先進諸国工業部門にとって、BRICS等中国を含む新興諸国群の工業化が経済的脅威となっている。これは〝歴史の皮肉〟と言わざるを得まい。

VI　おわりに

国際連合憲章（前文）

　われら連合国の人民は、われらの一生のうち二度まで言語に絶する悲哀を人類に与えた戦争の惨害から将来の世代を救い、基本的人権と人間の尊厳及び価値と男女及び大小各国の同権とに関する信念を改めて確認し、正義と条約その他の国際法の源泉から生ずる義務の尊重とを維持することができる条件を確立し、一層大きな自由の中で社会的進歩と生活水準の向上とを促進すること、並びに、このために、寛容を実行し、且つ、善良な隣人として互に平和に生活し、国際の平和および安全を維持するためにわれらの力を合わせ、共同の利益の場合を除く外は武力を用いないことを原則の受諾と方法の設定によって確保し、すべての人民の経済的及び社会的発達を促進するために国際機構を用いることを決意して、これらの目的を達成するために、われらの努力を結集することに決定した。

　よって、われらの各自の政府は、サンフランシスコ市に会合し、全権委任状を示してそれが良好妥当であると認められた代表者を通じて、この国際連合憲章に同意したので、ここに国際連合という国際機構を設ける。

出所：国際連合広報センター

　第2次世界大戦終了後、その惨禍を前にして二度と世界中を捲き込む悲惨な戦争を起こさないためには如何なる営みが必要であるかを考えた連合国は、新しい国際経済の仕組を編み出した。それは制限貿易≒保護貿易から自由貿易を基調とする〈開かれた国際経済 System〉が円滑に機能すれば、それぞれの国民国家が相互に経済的に不可分な関係に移行することを通して密接不可分な関係になるため、二度にわたる世界大戦を惹起した原因であるそれぞれの国家エゴを前面に出すことに対して謙抑的にならざるを得ない。この結果として、小競り合い程度の争いは起こるとしても、大戦争に至るまでの経済的軋轢が回避される方向に向かわざるを得ない、とする思想が戦後

VI おわりに

70 数年を経た今日に至るまで基本的には継続していた。

しかしながら、このような体制は 2016 年以降、英米を始めとする OECD 加盟先進諸国を含めて様々な局面で綻びが現れた。具体的には自国中心主義（たとえば EU/European Union：欧州連合からの離脱を意味する Brexit の可否について、堂々巡りの政治議論が継続しており、2016 年 6 月国民投票結果を受けて離脱に対して "Yes." が表明されたにも拘わらず、4 年近くも決着を見ないイギリス。声高に "America, First!" を呼号して、高関税政策を濫用して中国・EU 諸国等との軋轢が絶えないアメリカ。）等で生起している事例がそれである。

この文脈で、標記国際連合憲章（前文）が高らかに宣言しているように、20 世紀前半、僅かに 50 年の裡に僅か 21 年の戦間期を挟み、第 1 次世界大戦（1914 年〜 1918 年）、第 2 次世界大戦（1939 年〜 1945 年）と文字通り全世界が真っ二つの陣営に分かれて、本来であれば人類全体に経済的繁栄とそれに伴い稼得される経済的幸福をもたらす役割を担う筈である科学技術の粋が結果として大量殺戮・大量破壊、敵対する国家機能の完全壊滅を実行するために使用された事実を反復することを回避するために「戦争当事諸国家間に於いて生じていた経済的対立・主権を巡る争いを軍事力で解決せざるを得なかった国際経済 System」を変更すべきことに合意された。それが 20 世紀後半〜 21 世紀（＝ 2000 年代）まで続いた約 60 年に及ぶ国際経済体制の基本的仕組であったことは、本書全体を通じて詳論されている。しかしながら、2010 年代が終わろうとしている今日、トランプ大統領が就任するまで多くの紆余曲折はありながらも、冒頭に記した通り「自由貿易推進を経済政策の基本に据えて、個別国民国家が固有に持つ主権機能の中から一部を新たに造られた国際経済組織に譲与することも厭わないアメリカが主導する」ことによって EU・NAFTA・AEC・TPP・RCEP 等の広域に亘る経済連合組織が国境を越えた商品取引を質と量の両面から、第 2 次世界大戦以前の状態に比較すると飛躍的に拡大させることになった。

著者が縷々本書でこれまで述べてきたことを要約すると、以下の通りであ

る。つまり、それぞれの国家が有する歴史と国民とがそれぞれに独自の文化と伝統とを持って固有の歩みを続けてきた各々独立した主権国家群が経済発展を遂げる過程を通じて、①産業組織論的観点からもリカード以来のイギリス古典派経済学が唱えてきた比較生産費説に基づいて説明できる垂直分業→水平分業へと取引関係に於いてより一層対等な立場に移行し、②国境を越えた商品取引である貿易が拡大することに伴って発生する債権・債務関係も複雑化かつ高度化を遂げてきたこと。そして、③国際的債権・債務を相殺し、カネの流れをより一層円滑かつ安全・確実に規律する金融機能についても、この間に定着した実務慣行を取り入れながら、自然発生的に確立し、かつ国際法による強制力を得た実定法及び取引慣行・判例等を通じて取引当事者諸国間の関係も密接不可分状態へと移行してきたこと等である。換言すれば、自国の経済的繁栄を促進させる上で、大きな原動力となる国際関係を平和裡に推進することが重要であり、実体経済と金融経済両面から他国間相互依存関係が深まれば深まるほどに〈相手国の繁栄が自国の繁栄にとっても必要不可欠である状態〉こそが本書の主題である『グローバリゼーションを規律するMoney と Justice の関係について』詳論してきた諸々の事柄の到達点にあたる、ということである。

　この文脈で、本書原稿脱稿直前にあたる2019年12月12日。イギリスでは2016年6月、国民投票以来、長期間にわたり国論を二分して、混迷が続く中で数度の政権交代を経てもなお、最終合意に至ることができなかったこと。また、自国内のみならず、相手側のEU/European Union：欧州連合との間でも、離脱条件を構成する合意形成に至ることができなかった経緯の中で、この度またしても総選挙が実施された。民意は保守党が唱えるBrexitを実施することで、イギリス国論を決定することになった。ところで、総選挙実施直前にあたる2019年12月6日。NHKが報道特集でイギリス国民による審判結果を4通りにわたって予想している。学術書に引用することに対しては、著者には幾許か躊躇するところがあるものの、本章・結論部分で述べている標記「自国の経済的繁栄を促進させる上で、大きな原動力となる国

際関係を平和裡に推進することが重要であり、実体経済と金融経済の両面か
ら、他国間相互依存関係が深まれば深まるほどに〈相手国の繁栄が自国の繁
栄にとっても必要不可欠である〉状態」こそが本書の主題である『グローバ
リゼーションを規律する Money と Justice の関係について』多岐に亘り詳論
してきた諸々の事柄が本書の中で著者が結論として主張したいことである。

　嘗て "七つの海を支配し、太陽が没することがない" 大英帝国の名を擅に
したイギリスは 18 世紀半ば以降に世界で初めて産業革命を経験し、資本主
義経済＝市場経済をいち早く経済社会 System の中に織り込み、世界の覇者
となった歴史を有することは詳論するまでもない。それにも拘わらず、自由
貿易の恩恵を嘗ては最も大きく享受してきた筈であるそのイギリスが、1973
年以来、欧州大陸の間で域内関税を原則廃止して〈自由貿易による恵沢〉に
浴してきたことに対しては言挙げをせず、EU 関税同盟・自由貿易地域から
離脱することを国論としたのである。近い過去を顧みれば、1970 年代に "欧
州の病人" とまで揶揄されていた程に経済が沈滞していた英国病から脱出に
成功し、20 世紀末のサッチャー政権時代にはアメリカと並び新自由主義に
基づく "Open　Market　Economy　System" の一方の旗頭であったイギリ
スが 1846 年に廃止された穀物法の立法主旨[79] を是とする時代まで先祖返り
をした印象を著者は受ける。その印象が Brexit 後、時を経て妥当な見解で
あったか否か。その振り返りをするためにも以下の記事全文を末尾に引用し
て擱筆する。

---

79)　穀物法は産業革命後のイギリスで、農村からロンドン、バーミンガム、マンチェス
　　ター、リバプール等の都市部に工場労働者が多数集住するようになったことを背景に、
　　彼らとその扶養家族を養うために必要な食料（主食としての小麦等）供給量増加が必
　　要になったことに伴い、欧州大陸・アメリカ等外国からの穀物輸入抑止を目的とする
　　法律（＝国産農業保護法）であった。イギリスに於いて、この種の法律はエンクロー
　　ジャー／農地囲い込みが行われた 16 世紀〜 18 世紀にかけても存在していたが、1815
　　年制定法が最も有名である。この時期、欧州大陸ではナポレオン没落後、イギリスに
　　対する食料供給制限等を目的に制定された大陸封鎖令が廃止され、安価な穀物が大量
　　にイギリス国内に輸入されることになった。これに対して、地主や農業経営者ら利害
　　関係人は、価格下落に伴う自らの所得減少を抑止すべく、イギリス議会に対して輸入
　　穀物に高率関税を課す政治的働き掛けを行い、議会はその要望に応えた。しかしなが↗

URL 出所：https://www3.nhk.or.jp/news/special/brexit/features/
features_08.html?utm_int=news_contents_special_005

特集一覧

イギリス総選挙 その先にある 4 つのシナリオ /2019 年 12 月 6 日

　12 月 12 日の総選挙の最大の焦点は、ジョンソン首相率いる与党・保守党が議会で過半数を確保できるかどうかです。選挙の後、どのようなシナリオが考えられるのか、JETRO（日本貿易振興機構）ロンドン事務所の宮崎拓次長に聞きました。総選挙後の 4 つのシナリオとはまず、考え方です。JETRO では、保守党が勝利する場合のシナリオを「大勝」と「辛勝」の 2 つに分けています。議会の定数は 650 で、採決に加わらない議長などを除いた実質的な過半数を 320 余りとした場合、次のようになるといいます。

「保守党が大勝」〜過半数を大きく上回る 350 議席程度を確保

　ジョンソン首相が EU と合意した離脱の取り決めは議会ですんなり承認、来年 1 月末までに離脱となりそうです。この場合、イギリスは急激な変化を避けるためのおよそ 1 年間の移行期間に入ります。この移行期間を使って、イギリスは EU と FTA（自由貿易協定）の締結を目指します。これもスムーズに進みそうです。保守党内で、仮に政府の方針に強硬に反対する議員が出てきても、協定の承認に必要な過半数を維持できると見込まれるためです。しかし、EU との FTA 交渉がうまくいかなかった場合はどうなるのか。宮崎次長は「EU との通商交渉に失敗すれば、混乱への歯止めがかからなくなる」と指摘します。ジョンソン首

ら、自由貿易による安価な輸入品により、もたらされる経済的利益を労働者・一般大衆が享受すべく、1846 年に保守党ピール内閣下、穀物法は廃止された。この背景には 1839 年、新興工業都市マンチェスターで Anti-Corn Law League/ 反穀物法同盟を組織した Cobden, Bright らのイギリス産業資本を代表する自由主義政治家らの働きがある。

相は選挙公約で「移行期間の延長はしない」と明言しています。移行期間中に必要な準備が間に合わず、1年後に「合意なき離脱」と同じような混乱状態となる可能性があるのです。

「保守党が辛勝」〜過半数を上回るも350議席程度には届かず

このシナリオでも、イギリスが来年1月に離脱する線は変わりません。しかし、そのあとのEUとの自由貿易協定の交渉の進め方が「大勝」した時とは変わりそうです。保守党内で政府の方針に反対する議員が出てきた場合、その数によっては協定が議会で承認されなくなるおそれがあります。このため政府はこうした声に配慮せざるを得なくなり、交渉が難航したり、EUと密接な関係を築くことが難しくなったりする可能性があるのです。宮崎次長は「EUとより密接な関係を求める企業にとって、このシナリオは懸念材料になる」という見方を示しています。

「保守党、少数与党に」―保守党が過半数に届かずも、政権を担う

今と同じ「ハング・パーラメント」（宙ぶらりんの議会）です。保守党は単独で離脱に関する議案を通すことができず、こう着状態が続きます。現状で、ジョンソン首相によるEUとの合意を支持する政党は保守党以外にありません。このためジョンソン首相は議会で身動きができなくなり「"合意なき離脱"のリスクを抱えての年越し」（宮崎次長）になりそうです。

「労働党主導の政権」

最大野党の労働党や、スコットランド民族党、自由民主党は国民投票を実施するという点では一致しています。このうち労働党はEUと離脱の条件について再交渉し、そのうえで選挙から6か月以内に国民投票を実施するとしています。ただ、予定どおり実現できるかは不透明で、議会が紛糾するリスクを常にはらんだ状態となります。

離脱が終わりではないという現実。"離脱の本丸"はEUとのFTA交渉

　4つのシナリオから明らかなのは、いずれの場合も、その先に混乱の
リスクがあるということです。特に「合意なき離脱」や、それに準ずる
混乱の可能性が消えないことを考えれば、各企業は、例えばイギリスか
らEUへの輸送ルートの再構築などの対策をとらざるをえない状況で
す。さらに、イギリスとEUとの通商関係が固まらなくては、長期的な
ビジネスの展望は描けません。

以上

補　遺
『グローバリゼーションを規律する Money と Justice の関係について』に関する諸論点

(1) 日米構造問題協議後の金融制度改革
　　　―欧州金融制度改革を参考にして―

(2) 経済開発とベトナム中小企業育成政策の関係
　　　（法文化の視点を入れて）

(3) 開発政策の観点から見たベトナム産業構造の変貌

(4) ベトナム市場経済化における中小企業政策の形成過程

　　筆者既公刊論文等から、金融制度に着目した成果物を掲載している。一部について、本書編集 System 上の都合により、注釈部分の一部が非表示となっている。

(1)『日米構造問題協議後の金融制度改革

—欧州金融制度改革を参考にして—』

目　次

2015 年 11 月

　「日米構造問題協議会後の金融制度改革—欧州金融制度改革を参考にして—」関西大学法学研究所研究叢書第 52 冊『日米構造問題協議の影響の再検討Ⅱ』

pp.137-177

1．はじめに

　2013 年春、筆者は日米構造問題協議の開始から決着に至るまでの日米双方を取り巻く状況に焦点を絞り、論攷を纏めた。その際、1970 年代〜 1990 年代に関する日米彼我の立場から、それぞれの利害得失について論じた。1990 年 6 月、日米構造問題協議成立後、ちょうど四半世紀が経過した 2015 年 7 月現在、日米の経済関係を巡る大きな課題としては、第二次世界大戦終結後、世界標準となって久しい国境を越えて自由貿易が拡大を見せて行く文脈で、TPP/Trans Pacific Partnership: 環太平洋経済連携協定 [80] に象徴されるように、全地球的な規模にまで一層拡大した国際経済関係を規律するマクロ経済制度の変革状況を挙げることが出来よう。筆者は経済法研究班の第 1 期報告書に於いては、金融・証券分野について 1980 年代に於ける日米それぞれの巨額な経常収支不均衡を背景とする米国の苛立ちと日本の対応について、主にマクロ経済面に焦点を絞って詳論した。第 2 期研究成果を纏めた本稿では、日本の金融・資本市場のプレーヤーである銀行の役割を巡る協議後の変化について一層の考察を深めている。

　なお、第 1 期研究報告では日本が戦後復興の過程で敗戦の結果、国富が大きく毀損 [81] した中で早期に経済を成長させ、戦災からいち早く立ち上がる

---

80)　この協定では文字通り広く太平洋を囲む各国が（ⅰ）関税の原則的な撤廃と併せ、これと共に（ⅱ）物流だけではなく、（ⅲ）人の移動、（ⅳ）知的財産権保護、（ⅴ）競争政策、（ⅵ）投資政策等広範に及ぶ分野で関係諸国・地域全体に於ける通商・貿易・経済等各種政策が "共通の土台" に載せるべく検討されている。この協定は元々 2006 年 5 月にシンガポール・ブルネイ・チリ・ニュージーランドの太平洋諸国 4 ヵ国間が発効した。その後、米国・日本等の国際経済に対して大きな影響力を持つ諸国が、現協定に新たに参加を検討する方向での協議が始まり、日本に於いても国民全体の間で当該賛否を巡って大きな議論が沸騰している。

81)　1945 年 8 月敗戦時には、日本国富の約 1/4 が米軍を中心とする戦略爆撃で失われたほか、四面を海に囲まれ、外航船舶による輸出入によってのみ戦略物資は固より、原油・鉄鉱石・食料等国家の安定・存続に必要不可欠である資源を獲得せざるを得ない条件にありながらも、当該貨物を運ぶべき民間商船隊の約 90 ％程度が米潜水艦によって撃沈された。元々、太平洋戦争開戦原因のひとつが所謂 "ABCD 包囲陣" による重要資源の禁輸・途絶の見返り分を東南アジア・南方資源地帯を占領することにより代替することにあった。このことを考えれば、太平洋戦争が誤った政策決定に基づく軍事的冒険主義によって引き起こされた企てであったことが明白に理解できる。

ために採用した傾斜生産方式[82]、政府・日本銀行により実行された低金利
政策[83]・資金割当等、企業活動等に必要となる産業資金について資本市場
を経由して供給する米国の金融方式を構築することなく、間接金融[84]を主

---

82) 1947年〜1948年にかけて実施された、戦災からの早急な復興を目的とする工業生
産方式のことを言う。若干補足すれば、1944年7月サイパン島・テニアン島失陥後
はマリアナ諸島から無着陸での日本・本土往復爆撃が可能となった米空軍戦略爆撃機
が頻繁に大型焼夷弾を含む無差別空襲を実施することになった。この結果、日本は東
京・大阪・名古屋・横浜・川崎・神戸等大都市は固より、地方中小都市を含む大多数
の地域が津々浦々に至るまで灰燼に帰し、工業生産力は徹底的に破壊された。敗戦後、
軍需生産の必要性がなくなったものの、民需品生産を担当すべき工場までもが生産設
備を喪失していたため、日本政府は国内に残存していた無けなしの限られた資金・資
材・労働力を、石炭・鉄鋼・電力・肥料等重点産業に指定された基幹産業分野に投入
することを通じて、国内産業復興の土台を固め、その後に当該効果を徐々に他産業に
も均霑させていく政策決定を行った。
83) 限定された資金で急速な戦災から復興を行い、復興後は実際に日本の戦後経済史で
も明らかになっているように、高度経済成長が継続した事実の背景には、当時の大蔵
省・日本銀行による"資金＝カネの値段"である貸出金利操作政策があった。経済理
論の初歩で説明される通り、貸出金利を含む価格決定メカニズムは、本来は需要と供
給の関係に基づいて決定されることが通例である。上述した通り、「自然の流れ」に
従えば、敗戦後高度経済成長期を含む約30年の間、マクロ経済的に考えれば、企業
資金を中心とする旺盛な資金需要が市中には存在しており、銀行を主体とする対応す
べき資金供給者には潤沢とは言い難い限られた資金しか手許になかった以上、需要が
供給を上回っている訳であるから、本来市中金融市場で自由に形成される金利の水準
は、高めに決定されるべきことになる。しかしながら、筆者が本文で詳細に説明して
いる通り、日米構造問題協議により米国から"日本異質論"が声高に喧伝されるに至
るまでの約50年近くの間、無論時間経過と共に多少の弥縫策は取られたものの、標
記構造は基本的には維持された。2015年の現在も2013年4月以降、デフレ経済から
の脱却を意図して黒田総裁に率いられた日本銀行による過去に類を見ない大胆な低金
利政策と共に、マネタリーベースに着目した中央銀行による巨額の資金供給量に関し
ても、政府・日本銀行等関係当局の協議結果に基づいて積極的な金融政策が実施され
ている。
84) 政府、企業、家計という市場経済社会を構成するそれぞれの経済主体が必要とする
資金について、銀行を主体とする金融機関からの借入で賄う金融方式のことを指す。
名前の通り、銀行が貸し出す資金の源泉は、預金者から預かっている資金であり、借
入を起こす債務者は銀行を通じて、不特定多数・それ自体は無記名である預金者から
の資金を"間接的に"調達していることになる。英米等次注で説明している直接金融
の構成割合が大きい諸国とは異なり、日本ではここで説明されている間接金融が金融
市場全体に占める構成割合が高いところに特徴がある。詳細は本文説明に譲るものの、
日米構造問題協議が成案を見た1990年6月に先立つ1984年、米国政府による日本の
金融・証券市場の閉鎖性、特殊性を改革するため、米国制度に倣って新規導入された
債券格付制度による直接金融方式に基づく資金調達活動のウエイトが高まっている↗

に直接金融⁸⁵⁾ を従としてきた理由・背景等についても若干説明している。本稿では後述 "戦後日本型金融方式" をも説明している。行論の都合上、本稿執筆に際しては必要と筆者が認める範囲内で、已むを得ず当該知見・記述を再度加筆・引用した部分も含まれている。予め、御海容願いたい。

2.　日本の金融制度の特徴

(1) 国際経済の現代的構図と日本が置かれている状況

　教科書風に説明するならば、一国の経済規模を計測する指標としては、個人所得、国民所得、国内総生産、国民総生産等を挙げることが出来る。この中で、日本の国民総生産は自由主義諸国陣営の中では 1968 年に当時の西ドイツを追い抜いて米国に次ぐ世界第 2 位の経済大国の地位を得るまで、敗戦後の廃墟の中から急速な成長を遂げてきたことは、周知の通りである。この地位は 2010 年、中国にその座を明け渡すまで 40 数年間にわたり継続してきたものの、1978 年以降着手された改革開放経済政策、その後の社会主義市場経済政策の下、1980 年代初めから 2010 年代半ばに至る今日に至るまで 30 年以上にわたり、驚異的な速度で国内総生産を拡大させてきた中国に取って

　が、こうした制度を利用出来る事業会社等の債務者は、日本企業の実態が数の上で圧倒的大多数を占めるものの、信用力の点で問題を抱えがちな個人事業者・零細 "企業"・中小企業ではなく、国際的コングロマリットを形成し、国内市場に於いても強靱な競争力、対倒産余力、優れた事業展開能力を持っている大企業に実質的には限られている。従って、この文脈では後注では概略を、本文では詳細に説明する "戦後日本型金融方式" に日米構造問題協議決着後も引き続いて支配されていることには、留意する必要がある。

85)　政府や企業がそれぞれに国債や短期政府証券、株式や社債・CP 等を発行して券面額相当の資金調達を行う方式のことを指す。発行体が必要な資金は、株式市場・短資会社等金融市場を経由して引受者（社）である家計や企業等から得られた資金を入手する。日本の場合、原則としては証券会社が中心となって当該資金調達・運用の仲介が日米構造問題協議決着後一連の金融制度改革（日本版ビッグバン― 1997 年以降―）まで継続した。
　　（例）　銀証分離行政、金利規制緩和に伴う市場実勢金利決定方式重視等

代わられて[86]現在を迎えている。第二次世界大戦終結後の日本は、朝鮮特需を契機に経済復興を果たし、その後は1955年以降1973年秋の第一次石油危機まで20年近く継続した高度経済成長期を経て、資本主義陣営の中で着実にその経済的地位を強化してきたが、戦争終結後70周年を迎えた今日では、日本経済の構造は大きく変化を見せており、本稿を纏めるにあたっては、初めにこのあたりの事情から記述していく必要がある。

　敗戦後の日本は、その復興全過程を通して政府＝当時の通商産業省／現.経済産業省主導による繊維産業等軽工業から重化学工業へと第二次産業構造を進化／深化させて行った。これらの構造変化が推進されて行く中では、基調として（ⅰ）戦災により壊滅した鉱工業部門に国際競争力を育成すること、（ⅱ）加工貿易を主体とする輸出を大きく伸ばすことによる外貨獲得[87]優先を政策判断拠り所とする"経済のパイを拡大することによって1人あたり国民所得を増加させていく"思想[88]を背景とする構造的・長期的な産業政策がその基礎構造を構成してきた。これら政策の束が奏功して（ⅱ）に関しては、漸く1969年版『経済白書』の中でも記述されたように、第二次世界大

---

86)　2001年12月、悲願のWTO加盟後、更に経済成長速度が加速された。"鉄は国家なり"。古諺にある通り、中国粗鋼生産量は今日では約6億トン程度にまで達している。21世紀初頭の粗鋼生産量が1億トン（？）を下回る水準にあったことから判断すれば、驚異的速度で中国経済が成長していることが分かる。しかしながら、1978年鄧小平による社会主義市場経済導入宣言を受けて約40年間近くが経過している今日、中国経済が市場経済≒資本主義経済では過去の歴史から現在に至るまで各国・各地域で普通に見られた（見られる）景気循環、恐慌等をもたらす経済メカニズムが統計データ等によっても解明・説明されているか否かについては、寡聞にして審らかにしない。
87)　GHQはじめ、米国政府によって意図的に設定された1ドル＝@360円という当時の日本円に対する世界基軸通貨たる対米ドル固定外国為替制度に基づく割安な相場水準が、外貨獲得の上で寄与するところも大きかった。
88)　1960年6月、岸信介首相がその強権的姿勢に基づき、日米安全保障条約改定に成功後、責任を取って政権を池田勇人に委譲した。"政治の季節から経済の季節へ"と大蔵官僚出身であり、計数に明るい池田政権は「所得倍増計画」を華々しく表明した。これは、本文で記述している分配の対象である食物を象徴しているパイの大きさが大きくなればなるほど被対象者に分配される@1人あたりパイの大きさも拡大することに直結する、という経済学に必ずしも明るくない国民一般大衆にも分かり易い喩えであった。本文中記述の「思想」とは、この意味である。

戦終結後、外貨準備の乏しさ等から、景気循環の中でせっかく景気が上向き
になっても、毎度毎度 "国際収支の天井"[89] に突き当たることで、金融政策
上の必要性から景気後退に見舞われるという日本経済の宿痾から逃れること
が可能となった。1970 年頃を開始時期とし、次に述べる第一次石油危機に
翻弄されるまでに所謂 "昭和元禄"[90] というネーミング下、順調な経済状況
を現出した背景には、マクロ経済レベルで外貨準備高がそれ相応の水準にま
で積み上がってきたことが大きな要因のひとつを構成している。

　その後の日本経済は、1973 年秋の第一次石油危機による安価かつ供給制
約が略々無いに等しかった石油エネルギーが一挙に約 4 倍の価格にまで跳ね
上がったことに加え、量的確保に関しても不安を禁じ得ない[91] 状況に直面
して高度経済成長時代は終焉を迎えた。以後、日本経済は新たに石油代替エ
ネルギー転換を模索せざるを得ず、構造変更を余儀なくされて低経済成長期
に移行して行く。この過程では法外に高額となった石油価格を主因とする全
世界規模での経済危機の深化、前稿で論じてきた貿易摩擦・経済摩擦、そし

---

89) 国際収支の悪化が経済成長を制約することを指す術語。外貨準備高が不十分であり、
高度経済成長が本格化する以前にあたる 1950 年代前半頃までは、せっかく景気が上
昇して、景気が上向きになったとしても、経済成長に繋がる企業活動活発化に伴う輸
入原料支払が急増する結果、国際収支が赤字となる現象が周期的に観察された。この
ため、政府・日本銀行は外貨準備高を再び適正水準にまで積み増すことを目的とする
金融引締めを余儀なくされることになり、景気拡大はこの時点で一頓挫する、という
ジレンマに襲われた。
90) 第 1 回東京オリンピックが開催された 1964 年に、福田赳夫の造語になるとされる
当時の世相を表現した新語。高度経済成長最盛期前後にかけての日本経済を江戸時代、
天下太平・奢侈安逸が続いた元禄期に準えて表している。1990 年代初頭、バブル経
済崩壊後今日にまで至る約四半世紀の長きにわたる経済低迷が日本の国力の衰えをも
たらしている今日の世相とは懸け離れた状態であることには、意外の念を禁じ得ない。
91) サウジアラビア、クエート、イラン、イラク等中東を中心とする産油諸国の国際カ
ルテル組織であった OPEC/Organization of Petroleum Economic Cooperation: 石油
輸出国機構は、第 4 次中東戦争敵国であったイスラエルを支援する米国、そして米国
に追従する非武装・中立を国是とする日本を含む西側資本主義諸国に対する経済制裁
の一環として、長期契約に基づき安定的数量を供給することになっていた輸出原油供
給数量を大幅に削減した。

て資金精算決済に伴う国際金融市場の混乱が惹起された。この時期の日本経済は、確かに敗戦後新たな資本の原始的蓄積過程で一貫して取られてきた質より量を重視する"数量主義"が、第一次石油危機後も引き続いて産業政策で重視されてきたものの、旁々今日の言葉では"ハイテク産業"に分類される高い国際競争力を有する製品分野[92]に於いては先端技術開発、並びにそれを工業規模で応用する実用化が進んだ。

この過程では、省エネ・省力化に寄与する革新技術を織り込んだ新鋭設備投資が広範に実施された結果として、工場労働者1人あたり労働生産性の向上、生産設備1単位あたり付加価値率の上昇等が計測されたことが知られる。結果として日本経済は、第一次・第二次(1979年〜1980年)石油危機後、この数年後1980年代後半に生起することになる"バブル経済期"[93]にまで

---

92)　SONY、松下電器産業等に代表される白物家電、音響機器等1985年9月、プラザ合意による日本円の対米ドル外国為替相場が大幅な円高基調に転換するまでは、通貨実勢を勘案すると、米ドルに対して相当の安値で人為的管理が行われている今日の中国人民元同様、製品輸出採算の上で有利な立場に置かれていたことが知られている。今日では安くて高性能が売り物の中国製家電製品が、これら日本製家電製品を市場から駆逐しており、今のところではトヨタ、日産、ホンダ、スズキ等の日系企業による自動車等が高い国際競争力を有しているものの、優位性が未来永劫継続することは、20世紀後半以降21世紀が15年経過するまでの経済史を繙くと、まず以てあり得ないであろう。

93)　円安効果を利用した、加工貿易主体・基軸通貨米ドル建て輸出代金円転による売上債権現金化メリットを享受できる1949年4月以降1971年8月、ニクソン・ショックの到来まで続いた1ドル=@360円による固定為替相場水準は、1985年9月、プラザ合意による日本円の対米ドル外国為替相場が大幅円高基調に転換した結果、終焉を迎えた。バブルは泡、直訳すると、"バブル経済"は"泡(のような)経済"である。要すれば、実体経済に見合うだけの実質が伴っていないのにも拘わらず、見掛け上、土地に代表される不動産や株価等の資産価格が釣り上がり、皮相的な景気上昇現象を指している。日本経済の仕組を大きく変えた急激な円高によって大企業だけではなく、系列・下請け、二重構造等の用語で日本経済を支えている中小企業、零細企業、個人事業者のビジネス・モデルに関しても、業績低迷を余儀なくされた。政府・日本銀行は、言うならば"日本企業の底が抜けないよう"量的には大幅な金融緩和、質的には低金利政策を果敢に実行し、翌々年1987年10月、ブラック・マンデーをも乗り切り、倒産被害を最小限に抑えた。しかしながら、金融を引き締めるタイミングを誤ったために、1973年第1次石油危機時に発生した所謂"狂乱物価"を惹起する原因のひとつを構成した過剰流動性を市中に垂れ流し続けてきた結果に繋がった。過剰流動性を適↗

繋がる金融機関の資金余剰状況は、既にこの時期に胚胎[94]していると考えられる。無論、2010 年代半ばの現在、我々が経験してきた事実として "バブル経済" は 1991 年半ば以降、遅くとも 1993 年には崩壊している。爾後 1997 年〜 1998 年を最悪期とする「日本発全世界規模の金融恐慌」こそ辛うじて回避された[95]ものの、15 年以上も継続したデフレ経済を克服出来ない不正常な状態を克服すべく、2012 年 12 月総選挙により政権復帰した現与党政権による "アベノミクス" が成果をあげることが可能か否か、目下世間は固唾をのんでその推移[96]を見守っている状況にある。

  ↘時適切なタイミングで吸収することに失敗した日本銀行は、結果として前述の資産価格の急激かつ異常な原因を図らずも形成したことになる。経済史を繙けば、同種 "バブル経済" は 17 世紀にオランダでの "チューリップ騰貴" に端を発するクラッシュ、18 世紀イギリスでの "南海会社株式投機事件" 等、洋の東西・時代の先後を問わず観察されている。

94) 過剰流動性の存在、投資採算から逸脱した経済行動がもたらした異常事態のことを指す。

95) 山一證券自主廃業（1997 年 11 月）、三洋証券が第 2 次世界大戦後初めてコール市場での債務不履行により倒産（1997 年 11 月）。北海道拓殖銀行倒産・格下の旧．第二地銀北洋銀行に吸収されて消滅（1997 年 11 月）、翌 1998 年には日本長期信用銀行破綻、日本債券信用銀行国有化等、それまでの弱小金融機関を含めた金融機関全体として一隻の落伍者も出すまいとする、護送船団方式に基づく従前から続く日本の伝統的な金融行政慣行下では想像出来ない異常事象が頻発した。その後は、大蔵省・財務省・金融庁等の金融行政監督当局と日本銀行が中心となって、護送船団方式廃止後に資本系列・過去の歴史、営業地盤の違い等、共通性が無い旧都市銀行各行や長期信用銀行である興銀合併・統合によるメガ・バンクの誕生等があった。日本の金融制度を巡ってこの時期に次々と起こった混乱は、1927 年昭和恐慌前夜を思わせる悪夢と評すべき程凄まじいものであった。私事ながら、筆者はこの時期を挟む前後の時期に、前職である日本政策投資銀行（旧日本開発銀行）審査部に籍を置き、この窮状に直接関与する立場にあった。2001 年 4 月、小泉純一郎政権が発足し、竹中平蔵大臣と共に不良債権処理を断行して多くの非難を浴びたものの、数年後の 2008 年秋、リーマン・ショックで世界経済が再度未曾有の大混乱に陥った中で、確かに甚大な被害が生じはしたが、他の諸国が被った状況に比較すれば、その経済的混乱の程度は未だ小さい規模であったことは、結果として不良債権問題を 21 世紀の初頭早々の時期にけりを付けていたことが寄与している。余談ながら、竹中平蔵大臣は筆者開銀時代の先輩である。

96) このところ中国経済低迷に伴う株価低迷で日本市場のみならず、米国・欧州市場に於いても金融市場に混乱が見られている。日経平均株価が 2 万円台から再び 1 万円台後半に下落したものの、株式相場は投機等投資家思惑によって理論値を大きく上回る乱高下状態を呈することを前提にしていることを忘れてはならない。目先の経済指↗

(2) 日本経済と世界経済の相互関係

　ここで、1970 年代〜 1980 年代にかけての世界経済を簡単に振り返る。マクロ経済指標としては現在では一般的になっている国内総生産 /GDP にはよらず、当時一般的であった国民総生産 /GNP を取り上げる。第 1 次石油危機の年である 1973 年時点に於ける日本の GNP は、米ドル換算でアメリカの 31.2 ％、当時の西ドイツの 1.2 倍にしか過ぎなかった。しかし、バブル経済が本格化した 14 年後の 1987 年になると、日本の GNP は同じく米ドル換算でアメリカの 53.22 ％、当時の西ドイツの 2.1 倍にまで増加しており、これらフローの数字に対してストックの数字である @ 1 人あたり日本の国民所得は、アメリカの @18,746 ドル / 人、当時の西ドイツの @18,446 ドル / 人を追い抜いて、世界の最高水準にまで達していた。これ以外のストック・ベースでも、日本は現在では新興の中国にその座を奪われてしまったものの、世界最大外貨準備を持っており、対外投融資に関しても最大の債権残高を有していた。第 1 期研究報告で説明した通り、バブル経済崩壊以前の日本経済は、貿易収支・経常収支共に巨額の黒字を計上しており、歴史的に見ても、当時の日本経済が絶頂期にあったことは事実であり、それは明治期殖産興業政策 [97)] にまでその起源を遡及出来る。

　↘標のほんのちょっとした軽微な変化にも敏感に反応する株式市場ほか商品先物市場等元本保証が存在しない市場一般の特性を鑑みれば、経済のファンダメンタルズは中長期的に考えるべきであり、実際の需給関係に基づいて個別株式の値動き、そして合成指標である平均株式指標の上下動向に含まれる投機的部分を除去して適正理論値を求めることが望ましいことは、言うまでもない。しかしながら、"言うは易く行うは難し。"様々な要因が重層して時々刻々変動して行く経済現象に対し、短期的視点から批評を行うことは避けなければならない。このような文脈で本文で触れている "アベノミクス" の成否については、軽々に判断出来るものではなく、長期的なトレンドを見ながら慎重に判断して行くべき性質を持った経済政策である、と筆者自身は考えている。

97)　1854 年開国後、国内産業が近代化する以前、資本の原始的蓄積期にあった明治政府が採用した政策の背後には、当時の欧米先進諸国に比較すると、彼我の生産性比較の観点は固より、労働条件・賃金水準が極端に低く結果として "安価な労務費コスト" が国際競争にあたって最大の競争力を確保する産業政策を導いた。このことは後年、日本の繊維産業による輸出攻勢の結果、市場占有率低下に直面した 1930 年 social damping として欧米諸国から強く批判されたことにも通底している。

　これらが可能となった理由は、国際競争力の強化こそが無資源国の宿命を負っている日本が世界の中で生き残っていくために必要であって、海外から大量の原材料をできるだけ安く輸入して日本国内で付加価値を付け、高価格で輸出する政策を採ることが国民を養っていく唯一の方法である、とする認識に基づくものであった。このため、1970 年代半ば以降 1980 年代半ばにかけての低成長期を迎えてから以降も、国是として国民経済全般にわたるハイテク化の推進、産業界全体に於ける生産性・生産力水準上昇が見られ、労働分配率向上は見られたものの、一方では循環的景気変動に伴う摩擦的失業の増加、社会福祉・医療等厚生分野での国民給付水準切り下げ等が国民所得の伸びを上回って、日本経済の宿痾とでも言うべき生活の基底に沈殿する "古くからの貧困問題"[98] も、姿形を変えて再生・復活してきていることに留意すべきである。

　このような文脈で、1970 年代〜 1980 年代にかけて国際競争力が強く、経済成長率も相対的に見ると欧米先進諸国より高かった日本[99] は、中央政府

---

98)　"アジア的停滞" という術語が一時期一世を風靡した。この言葉自体は、第 2 次世界大戦後、勢いを増したマルクス主義経済学理論の中で喧伝されてきたが、今日では数理経済学が発展して、近代経済学が学会の主流を構成していることもあって必ずしも適切な使い方ではない。しかしながら、ここでは近代日本が遅れて産業革命を経験し、更に本文中でも詳説している通り、日本の経済社会で特徴的な所謂 "二重構造論" にも見られるように先行研究で指摘されている「中国社会に於ける資本主義の萌芽の有無」が、アジアでは明清期農村木綿工業実態と略々同時期のイギリスを始めとする西ヨーロッパ農村工業の実態との比較研究によって得られた欧米先進資本主義、或いはその発展段階である帝国主義によって "強制された停滞性" という文脈によっても理解される必要がある。すなわち、資本の原始的蓄積過程で、「マルクス主義史学の理解では主として一国ないし一社会の内部経済における資本主義的要素の内的発展に着目し、封建的社会の内部からそれが析出されてくるとする『内部矛盾の弁証法的展開論』＝『内成説』に立っていた。この見地からすれば当然、先進資本主義による後進国への作用あるいは両者の相互作用は『外的要因』として考慮の外におかれざるをえない」という江口朴郎が唱えた修正理論が示す見解に思いを致す必要がある。与えられた紙幅の制約もあり、ここでは詳論を避ける。

99)　1990 年代半ば以降、2015 年今日只今現在にまで続く約 20 年間に、日本経済が辿ったパフォーマンスの低さを考えると、本節で筆者が言及している状況は既に過去のことである。時代の流れの中で、変転著しい経済状況を振り返るとき、マクロ経済の地合が大きく変わり得ることに改めての驚きを禁じ得ない。

が実施する各種政策が企業労働者によって大半が占められている勤労者階級に属する国民大衆を視野に置きながら、個別国民に対する付加価値分配を重視するよりも、寧ろ専ら企業成長を政策的に誘導・重視して、日本製品が技術面・品質面・労働生産性＝生産コスト面での強固な対外優位性を確立し、企業所得拡大を通じて獲得された経済的厚生を均霑[100]させることが選択されていた、と要約できよう。状況を別言するならば、概ね以下の通りとなる。すなわち、（ⅰ）経済成長、そしてそれを可能としてきた生産力増強と生産性の向上に伴い、勤労者が求める生活水準の向上が中央政府当局者に課される重要命題のひとつを構成すること、（ⅱ）近代日本経済史を繙くまでもなく、資本主義＝市場経済社会体制下、対外競争勝利を目的とする低賃金・長時間労働等に象徴される低劣な労働環境を利用した謂わば「武器としての競争政策」は、今次経済法研究班で取り扱われてきた公正競争原理・原則からの逸脱にほかならないこと、（ⅲ）このように（ⅱ）で指摘した事象は、既に欧州では19世紀に、日本でも20世紀初頭には検討が開始された工場法案が現実に法律となり、曲がりなりにも労働者保護が開始されたこと、（ⅳ）このような企業行動パターンは、時としては一部の新興国、或いは日本でも起業直後であり、"take off" 段階[101]に到達するまでに至らない中小・零細・個人企業の中では極く例外的に短期間に限定して事実として許容されることもあり得るかもしれない、ということであろう。しかしながら、典型的にはコングロマリットを構成している国際的大企業のビジネス・モデルに見られるように、既に国際的・国内的市場競争力を兼ね備えた経済的強者が取り得る行動様式としては認められない、と筆者は考える。

　経済法研究班第1期論文で筆者が指摘している通り、日本の経済力はバブル崩壊後の "失われた25年" の間に大幅に衰えてしまい、1990年代初頭バ

100）　目下 "アベノミクス" の名の下で "Trickle down" ―【原義】滴り落ちてくること―が批判されていることに注意。
101）　所謂 "ベンチャー企業" 等、徒手空拳から個人創業者が文字通り裸一貫から事業を立ち上げ、当該新規事業から安定したキャッシュフローを生み出すことに成功するまでの期間を指す。

ブルが崩壊する直前の最盛期を頂点に、遅くとも 1970 年代には定着した"経済大国"として、米国を怒らせた日本 1 国だけが長期にわたり、巨額の貿易収支・経常収支黒字を計上し続けてきた構造は既に失われている[102]。

3. 日米構造問題協議で問われたもの

(1) 第 2 次世界大戦後日本型金融システムの形成と構造概観

　以上、1970 年代〜 1990 年代にかけての日本のマクロ経済状況を概観した。それを受けて、第 3 章では日米構造問題協議で問われた「第 2 次世界大戦後日本型金融システムの形成と構造[103]」について述べる。1868 年明治維新以降 1945 年敗戦に至るまでの日本は、それぞれの時期に応じて精粗の違いこそあれ、基本的には欧米列強諸国に比して約 1 世紀遅れて資本主義化が進め

---

102)　2011 年 3 月 11 日、突如として起こった東日本大震災に伴う津波の来襲で、東京電力福島第 1・第 2 発電所が被災し、放射能汚染を含む重大かつ深刻な被害を周辺地域に巻き起こした。以後、日本に於いては地震発生前まで原子力発電は安全であり、事故は起こらないとする科学的根拠がない"原子力発電安全神話"が崩壊した。
　　このため、福島での甚大な被害が起こるまで原子力発電は、日本の年間総発電量の約30 ％程度を占める電力を供給してきたが、日本国内全原子力発電所原子炉稼働停止の事態を迎え、重要なベース電源としては機能していない。結果として、原子力発電量を代替すべく LNG、石炭火力等化石燃料による火力発電量が急増しており、海外からの化石燃料輸入に伴う貿易赤字が激増しているため、輸出競争力低下とも相俟ち、今日では米国を怒らせた日本 1 国だけが長期にわたり、巨額の貿易収支・経常収支黒字を計上し続けてきた嘗ての構造とは、様変わりの状況が現出している。米国も 2015年の今日に至ると、1980 年代末〜 1990 年代初年にかけてまではあれ程吹き荒れた"日本叩き"が収まった外観を呈している。

103)　1854 年開国後、世界に開放されて開始された日本経済は、実体経済の発展と平仄を合わせてその裏面である金融経済に関しても急速な近代化が進められた。すなわち、日本型近代金融システムは 1880 年代以降に、中央銀行たる日本銀行創設（1882 年）を皮切りに（ i ）兌換通貨制度が確立され、（ ii ）1874 年、米国 national bank 制度に範を採った渋沢栄一による民営銀行である第一国立銀行設立後には、雨後の筍のように各地に民営「国立銀行」が設立された。更に（ iii ）1877 年最後の内戦である西南戦争を経て、戦後は巨額の軍事費支弁に伴い膨張した不換紙幣整理等を目的とする松方デフレにより経済構造に一定の規律が与えられた。国立銀行制度創設後は、それに続く金融機関の発達を見て概ね 20 世紀初頭には、第 2 次世界大戦期までに至る金融システムの原型が略々完成した。

られてきた事実を踏まえると、弱肉強食の帝国主義が当時の世界標準であっ
た時代環境下、如何にして大国に伍して行くかが、近代国家としての日本の
在り方の基本を規定する要素として、大きい時代であった[104]。このような
歴史認識に立って、日本が近代化の道を歩み始めた明治維新以降、資本主義
体制が定着・浸透するまでの状況を以下に一覧する。

　第2次世界大戦敗北に至るまでの約80年間、日本は長期的施策として、
先ずは資本主義黎明期に導入された政府による上からの育成[105]を基調とす
る政策を重視した。歴史的には1641年、長崎出島にオランダ東インド会社
商館移設を以て完成した徳川幕府による鎖国政策は、江戸時代（1603年〜
1867年）全体を通じてごく一部の例外[106]を除き、諸外国との通商活動を限
定的状態に留めた。このため、1853年・1854年と二度にわたるペリー来航
を契機とする幕末期開国まで近代産業が育たず、開国後は18世紀半ば以降
世界で初めて産業革命を経験したイギリスに約100年間遅れて日本は、資本

---

104)　事実、明治初年には大久保利通が明治期を10年毎に区分してそれぞれの時期に達
　　成すべき政策目標を掲げていたことが知られている。大久保は西南戦争で嘗ての盟
　　友・西郷隆盛を敗死させた翌年に非業の死を遂げた。大久保が明治初年に財政家とし
　　て卓越した思想を有していたことは、明治日本が近代化開始直後という時期にあった
　　ため、西郷らが主張した外征よりも先ずは内政を充実させることに集中して、日本の
　　資本主義化を促進するためには絶対的に不足している資本の原始的蓄積を促進するた
　　めに必要と考えられる経済政策・産業政策の定礎を据えたことに伺われる、と筆者は
　　考えている。
105)　土佐藩下級武士階級出身・岩崎弥太郎が1874年、征台の役に際して明治政府から
　　の要請を受け、軍事輸送を一手に引き受け、新興財閥である三菱の海運事業を育成
　　することに政府が助成措置を与えたことは、良く知られている。金融業を濫觴として
　　明治期以降に急速な発展を遂げた安田財閥のほか、徳川時代に起源を有する三井・住
　　友も各財閥が成立していることからも分かるように、この時期に於ける日本の国策は、
　　民間資本の主導に基づく“下からの資本主義化”が指摘される西欧資本主義成立過程
　　とは異なって、官主導になる“上からの資本主義化”であるところに特徴が認められる。
106)　長崎では出島でオランダと、また中国（清）との関係では市内雑居禁止措置後は中
　　国商人を“唐人屋敷”に集住させて貿易に伴う商業活動が長崎代官所が管理するとこ
　　ろになった。李氏朝鮮との関係では、対馬の大名・宗氏が一手に外交関係の窓口を務
　　めた。遠く北方では、南蝦夷地の大名・松前氏が松前に於いて、アイヌ民族との通商
　　交易活動を担当した。日本の徳川時代に於ける外国との関係は、日本本土ではこれら
　　の4箇所と1609年島津氏による琉球王朝制圧後は、薩摩による貿易管理が中国（清）
　　との間に限って行われる等限定的な状態に留まった。

主義に基づく経済システムを受け入れ、近代化の道を歩み始めた、ということがその背景にある。有無を言わせず、開国後の日本は、19世紀半ば時点での de fact -standard であった資本主義体制に取り込まれて行く。経済史が教えるところによると、日本だけに限らず資本主義が根付いて行く際には、社会に資本の原始的蓄積があったことが指摘されている。再説を厭わず、日本の場合に関して述べるならば、明治時代に直接繋がる江戸時代ほとんどの時期を通して鎖国[107]により、徳川幕府による経済政策・通商政策・外交政策が前述一部の例外を除いては、基本的に日本一国内で経済を完結させる体制が長らく継続していたために、イギリス・オランダ・フランス等当時の欧州先進資本主義が市民階級を主たる担い手とする資本家が育っておらず、そのため、欧州先進資本主義諸国とは異なる仕組に基づいた資本の原始的蓄積を急速に推進して行くことが必要になった。これが上からの資本の原始的蓄積政策であり、明治期日本は、大久保利通・松方正義・大隈重信・伊藤博文の系譜に繋がる太政官政府・藩閥政府が主導する三井・三菱・住友・安田四大財閥育成に象徴される国家政策としての"経済近代化"が今日にまで至る約150年間の経済体制の根幹を規定する要因となっている。

このことは、日本資本主義の特徴である"二重構造"[108]、"系列・下請け"[109]という概念で記述される状況が今日に至るも尚、広く日本の経済・企業社会

---

107) 祖法遵守。三代将軍・徳川家光が定めて以来、営々として守られてきた対外政策の特徴を集約する言葉。鎖国という言葉自体は、19世紀初め、蘭学者であった志筑忠雄が17世紀末・長崎出島のオランダ東インド会社商館に勤務していた医師ケンペルが著した翻訳書の中で使用されていた言葉から得られた、とされている。

108) 一国経済に於いて、前近代的領域と近代的領域とが相互補完関係を維持しつつ、同時に存在している状況を指す。日本では圧倒的大多数を占める個人事業者、零細"企業"、中小企業の殆どに前近代的一例えば"所有と経営の一致"に見られる恣意的経営状況一般一要素が濃厚に指摘出来ることに対して、総企業の数と比較するとごく少数に限られる大企業が概ね合理的・合目的的経営を行うことが可能な組織的土壌を有していること等が指摘されている。このほかにも、生業的色彩が殊の外に強い小規模農業者・水産業者・林業者等第一次産業に分類される停滞的労務環境にある産業従事者の階層が、一般的に見て前近代的な遅れた要素を濃厚に残存させている、と指摘する向きも散見される。

109) 前者の「系列」は英語でも、"Keiretsu"とそのままローマ字化されている通り、複数企業が生産・流通・販売等企業活動全般にわたる密接な結合関係のことを指す術語↗

一般に渡って観察され続けている大きな原因となっていることに注目すべきである。

（2）1990 年代以降に於ける日本の経済制度の変容について

　時代は平成に移行して以来、早くも 30 年近い時間が経過してきた。前節では幕末以降、日本に資本主義が定着して行く過程を基調として記述してきた。本節では昭和末年〜平成初年にスポットライトを当てて、日本の経済制度が国際化していく過程について論じる。ストック面とフロー面とに分けて考えることが適切であろう。

ア　ストック面

　まず、ストック面で重要なのは、金融資産の蓄積水準とその構成割合に変化が現れていることである。歴史的に遡れば、この点では第 2 次世界大戦期を挟んで、戦前と戦後で明らかに断絶が生じている。中長期的視点から、明治維新以降敗戦にまで至る約 80 年間を通覧すると、戦前まで
基調としては[110] 上昇傾向にあり、敗戦を契機としてそれまで営々として積み上げ、それなりの高い水準にまで達していた金融資産ストックは、敗戦までに減価していたことに加えて、敗戦後の極度の混乱状態の中で折柄のハイ

　＼である。大企業と前注でも説明した通り個人事業者、零細 "企業"、中小企業の間に於いては、経営所要資金融通・斡旋、原材料購入・供給、技術提供、製品・商品販売、大企業による投融資活動に伴う役員派遣・受入等、両者が "共存共栄" を図ることを目的とする垂直的系列関係が多く観察される。大企業相互間にあっても、スケールメリットを狙った共同販売・共同原燃料調達等を目的とする水平的系列関係が構築されることがある。後者の「下請け」は他企業から発注された業務を請け負ったり、他の企業が請け負った業務の一部乃至全部に自社と関係が深い他企業に請け負わせたりする「孫請け」を含む場合がある。一般的意味では "中小企業が大企業からの注文を受けて、当該大企業の製品・商品、乃至は生産工程そのものの一部を業務委託契約に基づき、安価に請け負う行為" を指すことが通例である。企業体力という側面からは「系列・下請け」関係共に発注元である大企業と受注先である中小企業との間に於いて、一般に支配・服従の関係が形成されることが通例である。
110)　この約 80 年間を通覧すると、日本経済資本主義化が進捗するに連れて、循環的景気変動が観察されるようになったことは固より（最初の恐慌は 1880 年と言われている）、日清・日露・第 1 次世界大戦等 10 年毎に経験した大戦争に伴う国際関係・国内状況は、時期毎にイレギュラーな景気の波に洗われ、乱暴に言い切ることは避けなけ↗

パー・インフレによって極限にまで減価した。また、金融資産ストック保有分布状況も、社会階層構造再編[111] とも平仄を合わせて分散化を見たと共にハイパー・インフレによって低い水準に落ち込んだ。

　一方、国民所得計算では金融資産ストックの相手勘定を構成する政府負債＝専ら国債については、ハイパー・インフレにより名目価格で返済すれば足りるため、実質は政府債務が"棒引き"となる現象が生起した。この現象は、何も第2次世界大戦敗北後の日本だけに限らず、第1次世界大戦後のドイツで、またその他諸国・地域に於いても戦争処理に伴う経済の再調整・再編・復興プロセスとして、時代を超越して観察される実例である。これらの出来事は、第2次世界大戦前の日本で観察された金融資産ストック残高多様性とは対照的な現象現出を意味している。具体的には、戦前期には株式等有価証券による金融資産残高構成割合がある程度までのボリュームを有する構造が見られた中で、戦後は金融資産所有者が自らの行動上、郵便貯金を含む預金に金融資産選択を集中させたことを意味する。反面、手許資金には当然一定の限界があるため、証券市場が萎縮した。この結果、直接金融が退潮を見、銀行が増加した預金を原資とする貸出中心の金融構造である現代にまでも繋がる間接金融が幅を効かせることになった。この文脈に於いて、戦前期最後に到達していた資産家を中核プレーヤーとする個人資本主義的日本の金融構造の特徴が排除された、と言うことができる[112]。

イ　フロー面

　フロー面では、高度経済成長期に日本経済を飛躍させる原動力として大き

　　 ＼ればならないものの、その長期的トレンドとしては右肩上がりで国民所得が増加し、国民所得から消費を控除することによって算出される貯蓄も逓増する傾向にあった。

111)　フランス語で「戦後」を意味する "アプレゲール" という言葉が流行語になったほかにも、華族制度の廃止、日本軍国主義形成の原因となった地主による小作人支配に終止符を打ち、小作人に実質無償に近い金額で地主から所有権を移転する農地改革等が日本社会の民主化を強力かつ短期間で実現させようとする GHQ 初期の急進的政策が社会階層構造を大きく再編することに寄与した。

112)　このことを資産ストックから説明する。戦前期最後に到達していた資産家を中核プレーヤーとする個人資本主義的日本に於ける金融資産・金融負債ストック残高推移を観察すると、明治維新と以降日本経済の資本主義化過程を通じて中長期的に高水準に ↗

く寄与した民間設備投資水準 [113] ＝企業設備投資に着目する必要がある。その結果、政府の各種フロー統計数値変動状況を見れば GNP に代表されるフロー数値増加は、趨勢的には戦時経済体制への移行が本格化した 1930 年代後半から始まり、戦後初期に一旦落ち込みを見せた後は、1950 年代半ば頃

蓄積され金融資産残高と平仄を合わせて、政府負債ストック残高も拡大している。これを政府・企業・家計と市場経済を構成している３つのセクター毎に分割すると、企業と共に家計の中で、個人所得上位層の蓄積が厚いことが指摘出来る。敗戦に伴うハイパー・インフレと経済構造激変の結果、戦前期までに定着していた金融構造も、その根底から覆され、本文記載の戦後金融秩序が新たに形成された。

経済史的にこれらを説明すれば、明治期〜敗戦期にかけて営々と築きあげてきた資本ストックがいったん壊滅したため、復興〜高度経済成長期を通じて可及的速やかに資本の原始的蓄積を再実行せざるを得なかった、という文脈に於ける "特別な緊張状況" にあった時代背景に注目するべきであろう。日本経済壊滅の結果、資本自由化が一応の完成を見た 1964 年までに敗戦後約 20 年近くの時間を要したことにも含意される（ⅰ）基本的には外国資本に依存せず、（ⅱ）実例としては産業構造に関して、典型的には当時の通商産業省による自動車産業育成政策が富士山に喩えられる裾野にあたる諸々の部品メーカーから頂上にあたる完成車組立メーカーまでの新産業 "ワンセット" で組み上げた事象に注目すべきであろう。これらの新産業 "ワンセット組み上げ" に必要な資金に関しては、巨額に及ぶ財政投融資資金を用いた日本開発銀行による長期安定資金供給と相俟って漸く資金力を回復させてきた民間金融機関による長期資金（日本興業銀行・日本長期信用銀行・日本不動産銀行の３長銀等）、都市銀行各行に代表される商業銀行による短期資金があてられた。対外的経済体制が閉鎖環境にある中で、設備投資ブームに支えられた折柄の高度経済成長・低ストック経済、絶対的資金不足状況が生んだ日本経済全体が言うならば "貸越経済" とでも目される状況は、次第に日本経済にも多様化と成熟化をもたらす条件を与える原動力となった。このような巨視的視点の下で、ミクロ的状況を俯瞰すると、本文に於いて詳論している通り、日米構造問題協議に至る 1980 年代末〜 1990 年代初頭、そして合意前後に実施された（ⅰ）自由金利分野領域の拡大、（ⅱ）証券市場の拡大、（ⅲ）銀行預金以外の金融資産残高増加、（ⅳ）金融手段の多様化・開放化進展等が指摘できる。ただし、その際に注意すべきことは、これらの事象の背後に、戦前期に見られた個人主体による本源的・原始的資本蓄積・供給構造が後景に退き、新たに会社主体のストック構造が前景に出てきたことである。1991 年、乃至遅くとも 1992 年には崩壊したバブル経済が日本経済に残した爪痕は極めて深刻なもので、標記経済ストック面に於ける状況も大きく変化している。しかしながら、金融資産・金融負債残高全体に占める法人所有割合が高いことについては、大きな変化は略々見られない。一方、個人金融資産もかかる "機関化" 枠組みの中に位置付けられている点にも大きな変化は略々見られない。

113）　この時期には民間設備投資が大きな伸びを見せたことは勿論、戦後復興を終えた後、鉄道・港湾・空港・高速道路等の政府固定資本形成も、大きく高度化・複雑化する戦後経済構造変容に対応して国全体の固定資産が大きく増加したことが観察されている。

までには単年度経済成長率と並んで、嘗て経験したことがない水準にまで拡大していった。実体経済の成長は、企業部門に増加運転資金・設備投資資金・投融資資金等に対して新たな資金調達ニーズを呼び起こす。すなわち、この時期に於ける企業部門の資金不足規模も拡大して、名実共に銀行が事業金融現場に君臨[114]する時期を迎えた。この時期以降、法人資本主義現場のプレーヤーであった金融機関・事業会社等から構成される機関投資家は、純粋に収益性を追求する米国資本主義本来の DNA が染み着いた期待収益率向上を最優先して有価証券短期売買を繰り返して目先の損益を確定する経営行動のみならず、企業それ自体についても合併・買収や資産・負債ポートフォリオ組み直しに聊かも躊躇することがない企業行動原理を徐々に取り入れて行くことになった[115]。従前は販売・仕入等取引関係、資本系列、銀行取引等で親密関係にあった機関投資家を含む企業相互間に於ける株式相互持合等に象徴される日本特有のこのような企業行動が"異様視される事例"[116]も少なからず指摘されてきたものの、近時特徴としては経済合理性に基づき、当該持合関係を清算して新たな取引関係に移行する事例も特段珍しい事例ではなくなってきている。ただし、その中長期的な見通し等については、銀行等金融機関と事業会社との間に於ける標記企業行動パターン変化後に見られる長

---

114)　事業資金が絶対的に不足していた高度経済成長期、マクロ経済政策面で緩やかなインフレ基調を容認していた政府・日本銀行等関係中央官庁の政策—インフレによる債務利得等—もあり、事業会社に対する金融機関の優位性は揺るがなかった。「床の間を背負う銀行員、それを接待する融資申込者（社）」という構図で、この間の状況を描写する映画等も散見された。

115)　商法が大改正され、旧商法から会社法が切り出されて独立する等伝統的な法体系の変更と共に、静態的・貸借対照表的・ドイツ法の財務諸表観から動態的・損益計算書的・資金運用表的・米国の財務諸表観に、と会計情報を規律する思考方法が大きく変更された。優れて技術的・実践的思考方法に依拠して運用されている商法分野に於けるこのような学問的な変化とも相俟って、短期的な業績評価を是とする米国型の企業統治を是とする法的思考方法から、本文でも詳論している長期的業績評価が正しい、と考えられてきた日本の企業行動様式がこれら一連の法制度改革が断行された 2000 年代の初頭頃から、敵対的企業買収、事業再構築の名の下で実施される分社化等、これまではメジャーではなかった動きを多数見せるようになったことを指摘しておく。

116)　特に米国系企業からこの指摘がなされることが多かった。（出所）　日本経済新聞各紙面

期的関係推移等を注視して判断する必要 [117)] があろう。

ウ　マクロ経済とミクロ経済相互の関係

　以上述べてきたことは、日本全体に及ぶ規模で企業群とそれを取り巻く金融システムに対して次のような構造変化をもたらした。すなわち、

（1）戦前までの金融システムと戦後のそれの間には、断絶 [118)] があることに関しては、既に述べた。企業活動に必要な資金需要と対応する事業資金の供給関係に着目すると、日本の資本主義が高度化する中で、個人企業家や中央・地方有産階級に時間の流れと共に蓄積されてきた個人ベース出資能力では、もはや巨額に及ぶ資金需要を満たせなくなってしまったことがそれである。この現象は 1930 年代末以降に顕在化することになり、1945 年の敗戦に伴う財閥解体以前に、家産として社会全体の中で所有されていた遊休資金程度の規模を以てしては、旺盛な資金需要を賄えなくなったことを意味する。その代わりに、社会全般にわたる規模で預金吸収により資金量を増加させた外部専門機関＝就中、銀行借入に依存する外部資金調達が日本の事業金融システムを規定することになった。このようにして、自己資金力が豊かな大企業とは異なり、恒常的な資金不足状態に置かれがちな中小企業を主体とする事業会社に対して銀行が主導権を握る、という今日にまで至る日本のマクロ経済・ミクロ経済相互間の関係が定着 [119)] することとなった。

（2）このことは、2015 年現在成長余力が乏しくなった日本企業に於いては、もはやなかなか見出し難い企業経営行動に繋がることになった。具体

---

117)　経済史的観点に基づく分析手段としては、（ⅰ）1980 年代後半から 1990 年代前半にかけてのバブルの発生と崩壊、（ⅱ）戦時経済統制の展開と敗戦による終焉、（ⅲ）占領政策とその一環として取られた各種多様な措置、就中、戦後金融行政理念は、それぞれの時期に対応する政治状況と対応させて考察する必要があろう。

118)　社会全体ベースで観察した場合、資金フローが大きく変わったこと。

119)　資本財の相対価格低下と経済成長率低下にも拘わらず、特定の成長商品・成長分野に関しては、企業行動としては引き続き "拡大競争パターン" が展開されている。このような企業行動の連続性は、post 高度経済成長期にあっても、所管する行政の在り方に影響を与えている。経済成長のパイの拡大率が低下する一方で、生き残りを賭けた技術進歩競争が熾烈に展開される結果、設備水準はそれなりに高度である必要があ↗

的には今後の企業活動発展可能性を考慮すれば、（ⅰ）自己資金の範囲
内で手堅くビジネス活動を展開するよりも、将来得られるであろう収
益を前倒しで獲得することに経済合理性を見出して、（ⅱ）金利負担増
加等の多少の資本費増加等には目を瞑り、寧ろ売上高増大や自社が属
する業界内市場占有率上昇を強く指向する、（ⅲ）借入依存型一種攻撃
的な経営拡大行動を是とする企業行動パターンが業界標準であったこ
とと平仄が合っている。要すれば、このようなミクロベース企業行動
パターンと標記個人企業家、有産階級に依存した“未熟な初期資本主
義時代”の資金調達・運用パターンがマクロベースにも相互に影響を
与えた、ということになる。

(3) 日米構造問題協議過程で、米国がしばしば援用した「日本のマクロ経済
構造閉鎖性」は、歴史を遡って見れば、このような背景・事情に胚胎す
るものである。1990 年 6 月、日米構造問題協議成立後、1990 年代後半
以降に於いて改められた“日本的行政指導”ですらも、このような借入

る。労働分配率に関しても、労働組合も政治的要求を重視しなくなり、基本的には労
使協調的対応に移行したため、高度経済成長期に見られた右肩上がりの状況は期待で
きなくなった。他方で戦後日本の企業社会に定着した長期雇用慣行は、1990 年代後
半以降、非正規雇用形態が一般化し、変質して行く中にあっても、法外に高い転職コ
ストが残存していることは基本的には、何も変わっていない。労働者個人・個人にと
っては、長期雇用継続と現在並びに近い将来を見越した上での経済的損得勘定の結果
としての退職選択も、不平・不満に抗議する意味での退職選択も困難な状況が継続し
ている。このような意味でも、日本のマクロ経済・ミクロ経済相互間の関係は、資金面
で企業の生殺与奪の権を握っている銀行の強い立場を維持し続けていることが分かる。
要参照：1990 年 6 月 28 日「日本構造協議最終報告」が纏まるに至った。その後も、「最
終報告」で呈示された構造改善策について、日米両国相互による進展状況の点検を目
的とするフォローアップ会合が 1990 年 10 月～ 1992 年 7 月にかけて 4 回にわたって
実施されている。本稿ではこれら合意内容のうち、（ⅵ）彼我間貯蓄／投資性向の差
違に着目して、米国側の不満とそれに対する日本側の抗弁とを追いながら、時間経過
を経て変質した現時点での日本のマクロ金融経済構造について記述する。これに先立
ち、1970 年代以降日米間で繰り返された数次にわたる経済紛争について説明し、最
終的には 1990 年代初頭に合意を見た日米構造協議結果とその後の日本マクロ金融経
済構造改革の実態を明らかにすることが本稿の目的である。（出所）「第 1 期報告書」
本文 3 頁

依存型一種攻撃的経営拡大行動を是とする企業行動パターン＝拡大指向
企業活動成長資金供給監督当局自身が抑制を図っていた、と評すること
が可能であろう。管見では、敗戦後絶対的不足状態にあった企業活動に
不可欠な成長資金をマクロベースで掻き集め、ミクロベースでは得られ
た"虎の子"とも言うべき貴重な資金を銀行主体の間接金融方式を通じ
て、資金不足状態に置かれていた借入依存型一種攻撃的な経営拡大行動
を是とする個別の企業に配給することを可能としていた。再説を畏れず、
標記「特殊日本型経済制度」形成過程、並びに戦後日本経済史の現実を
踏まえ、これが含意するところを述べれば、この時期果たされた機能は、
単なるミクロ経済分野だけに限定して考える論題に留まるのではなく、
広い意味でマクロ経済分野との間で経済成長を最大限効率的に促進する
1990年6月、日米構造問題協議の成立まで銀行監督当局と資金供給を
受ける両当事者の間で考え抜かれた諸政策を結晶させたものである。別
言すると、"経済成長最優先"という当時の時代背景に裏打ちされた"best
mix"とも評される政策であった。日本の考え方によれば、マクロベー
ス景気変動に伴い、企業業績はミクロ的にも浮動する要素は否めず、そ
の弊害から免れるためにも「中長期的視野を持って業績を評価すること
が本道」とする経営者が大方を占めていた時代の方が長かった。

　翻って四半期決算を当然として、短期的成果を重視する米国流経営成
果評価思想と、日本のそれとの間には大きな溝が存在していることは間
違いない。しかしながら、1990年6月日米構造問題協議成立後、既に
四半世紀が経過した今日、平成大不況、小泉構造改革、政権交代・政権
再々交代等この間の日本の政治・経済基本構造には大きな変化が生じて
いる。直近の日米関係ではこの種の重要問題が再度蒸し返されたことが
みられない現況[120]に鑑みれば、（ⅰ）株式公開大企業に於ける社外監

120）　管見では、2015年時点で日米間で1980年代末〜1990年代初頭に、それぞれが国
　　益を賭けて激越に議論した日米構造問題協議と同程度、乃至それ以上の震度で真っ向↗

査役・取締役制度の導入・普及、（ⅱ）格付制度定着等による米国型経営評価原理が日本に定着していること等からも、日米双方共にマクロ経済とミクロ経済相互関係の類似性が高まってきているように筆者は判断している。

　一方、1990年代初頭頃までは一般日本国民大方の間で広く共有されていた（ⅰ）"一億総中流意識"、（ⅱ）"失業が少ない安定した年功序列社会"、そして（ⅲ）低成長ながらも潜在経済成長率が2％～3％程度の長期安定を前提要件にしていた。この状況は四半世紀の間に一変し、格差社会の到来が喧伝されている今日、このような社会階層構造変化、所有形態、企業や個人の価値観、選好・行動様式の変容、産業組織構造等ミクロ的側面がマクロ的条件を生み出していた、という相互関係についても改めて注目しなければならないであろう。

4．日米構造問題協議後に行われた金融制度改革

(1)　日本経済高度成長時代終了後、銀行監督当局行政基本理念について

　このような経過を経て、初めて抜本的制度改革の可能性を含む審議が開始されたのが1984年であった。この時期以降（ⅰ）日本国内国債流通市場の急拡大、（ⅱ）国際資金取引急膨張、（ⅲ）各金融市場間裁定取引関係拡大等金融構造に変化が生じた。また、情報・通信技術発展が新しい金融商品、サービス供給を可能にして、業務分野の境界線を技術的に緩和した。こうして、一面では従前の金融業務分解と共に、他面では新たな統合化の誘因が増加した。具体的には、この時期に当時の都市銀行が信託業務・急速に拡大する証券業務に新たなビジネス・チャンスを求めて、長期金融債発行等への進

　から対立している経済案件は見られないように思われる。もっとも、本件管見は、受け止め方・問題意識如何により相対的性質を持つものであり、管見を金科玉条にして第三者に強制するものではないことを当然自認していることを明確にしておく。

出要求を強めたことである。1985 年以降の改革論議については、審議の経
過に関して当事者である金融制度調査会委員の 1 人が簡潔に整理している。
それは「かなり広い問題提起から始まり、最後には銀行業界と証券業界との
利害関係、銀行業界内の各業態（都市銀行、地方銀行、第二地方銀行、第二
地銀以下の中小金融機関、農業協同組合、労働金庫）の利害関係、証券業界
（四大証券と中小証券会社）の利害関係が対立する中で調整された」と総括
されている（貝塚啓明 [1992]）。

　その意味するところは、金融制度改革理論上の論点を略々網羅した問題提
起であった。そこでは、ホールセールとリテールという業務分類 [121] が明確
化された。その前提を構成する第 2 次世界大戦敗戦後、戦前期との断絶 [122]
を経て概ね 1950 年代前半期までに形成された日本の金融制度改革のうち、
主要なものを例示列挙すれば、骨子は以下の通りである。

（1）業務分野規制制度を巡る議論

（2）金融サービスの本質を巡る議論

（3）貨幣の本質・決済機能を巡る議論

「1. はじめに」部分で述べた通り、日米構造問題協議後「日本の金融・資
本市場のプレーヤーである銀行の役割を巡る変化」を説明する本稿では、
（1）・（2）及び（3）項目のそれぞれに包含されている総ての各種論点全体を
満遍なく、本質的議論を詰めて行うために必要なだけの十分な紙幅が与えら
れていないことを予めお断りしておく。標記に関する管見を整理することで
御寛恕頂きたい。第 2 次世界大戦敗戦後、日本の銀行監督当局＝狭義には大
蔵省銀行局、広義には金融政策を実際に主管している中央銀行たる日本銀行
を含む．は、大方のところでは下記に記述する考え方・思想に収斂されてい
る。すなわち、

121）　ホールセールの世界では自己責任原則が略々全面的に妥当する。
122）　「3 -（2）1990 年代以降に於ける日本の経済制度の変容について」を参照。

記

1．銀行は確かに株式会社組織を中心とする私的営利企業[123]であるものの、形式的法人格を離れて、銀行は実質的・実体的には高度貨幣経済社会である現代に於いて、「公共性」という特別に重要な機能を担っている。これが金融行政の中核を占める根拠を示している[124]。その根拠とは「預金者保護」である。すなわち、小口預金残高等金額でこそ法人大企業に代表される預金者に比較して劣位にあるものの、数の上では一般大衆が大宗を占める銀行預金者のうち、圧倒的大多数を占める階層に属する預金者は、通例では自身が預金者として"虎の子"とも言うべき現金資産を預けている個々の銀行が個別具体的に負担している様々な金融リスク＝預金の安全性[125]等に対する十分な判断を期待することはまず以て困難である。別の見方をすれば、銀行預金者は自己が株式、投資信託、国債、事業債、デリバティブ取引等金融商品知識に疎いことを自覚しているが故に、敢えて銀行預金[126]という金融資産商品選択を余儀なくされている可能性さえ否定できない、ということであるのかもしれない。こ

---

123)　ただし、この定義規定は形式上は、政府金融機関を除く。2007年3月末日まで筆者が永年勤続した日本政策投資銀行（旧．開銀／日本開発銀行。2008年10月1日以降は現．株式会社日本政策投資銀行）、国際協力銀行（旧．輸銀／日本輸出入銀行）等政府全額出資からなり、役職員は刑法その他罰則の適用に関して「法令に基づき公務に従事する者とみなされる。小泉内閣時代の2006年、実施された政策金融制度改革に基づいて両行を始めとする日本政策金融公庫・商工組合中央金庫等は今日では株式会社化されている。

124)　福田久男『現下の金融行政』　全国地方銀行協会1953年、橋口収『日本の銀行』有斐閣1966年、佐竹浩・橋口収　『銀行行政と銀行法』　有斐閣　1967年ほか

125)　1971年預金保険制度創設、2005年までペイオフ解禁が遅れた理由等を参照されたい。金融秩序維持を目的とする一般大衆に対する金融庁の配慮による部分も大きいことにも注意を要する。

126)　本文で記述した銀行預金以外にも、郵便貯金等庶民による零細貯蓄受払─預入限度額＠10百万円─を迅速・確実に身近に担当する金融制度が郵政省廃止・日本郵政移行後も、日本国中津津浦浦に所在する約20千局程度までに浸透している郵便局に残されている。この事実は、複雑な金融知識に乏しい一般大衆向けに貨幣経済社会的インフラとして、銀行預金と同様の機能が採算上、銀行支店・ATM等設置が困難である過疎地を含む地域に於いても、文字通り地域社会全体にとって無くてはならない機関として金融機関が位置付けられている証左のひとつでもあろう。

のような文脈からも、国民一般大衆から銀行が受けている“盲目的信用”
を裏切らないためにも、銀行監督当局行政基本理念の根幹に関わる概念
として、預金者保護機能が 21 世紀初頭・つい最近のペイオフ実施に至る
まで長い期間にわたって声高に叫ばれてきた事情にも思いを致すべきで
ある。このことは民法契約理論から考えると、弱者保護を巡る議論と通
底しており、日本の銀行監督当局が日米構造問題協議終了まで伝統的に
採用してきた預金者保護行政は、以上の 2 点から考えるべき事項である。

2. 同じく 「公共性」概念からは、1997 年〜 1998 年に掛けての非常事態
とも言うべき、一歩間違えば「日本発世界金融恐慌」にまでも繋がりか
ねなかった銀行等一部破綻懸念金融機関に対する政府による資本注入を
導出した「信用秩序維持」機能を指摘しなければならない。この背景に
は預金者保護を説明した際に、言及した「預金者保護」に繋がる要
素 127) がある。今日のように、グローバル現象の下で、国内だけに留ま
ることなく国境を越えてビジネス活動が地球規模で迅速かつ大規模に営
まれている状況は、国内・国際取引決済資金源泉である銀行預金を始め
とする “銀行ビジネス system 全体” に対する国内・国際を問わない、
広範かつ不特定多数者から構成される資金取引当事者による信任関係に
依存していることを知らなければならない。このことを別の言葉で説明
すると、自己が取引している個々の銀行が財務的にも安全であり、まか
り間違っても銀行自体が債務不履行に陥る危険性がないことが前提であ
る。更に、当該銀行単独ではなく、当該銀行が同業他社と共通に加盟す

---

127) 資金運用—預金、債券、先物取引等多数の金融商品運用が典型例である—時、満期・転売・手仕舞等、精算決済時点で、運用開始時点に預金者・投資家が想定していた将来の運用成果＝リターンが必ずしも得られない蓋然性、乃至危険性を指す。リスクとリターンとは相反する性質を持つもので、金融商品の場合、高い運用成果を得るためには、元本保証と得られるであろう利息・配当金との関係は逆相関関係にあることに注意しなければならない。一般論として書けば、国債＞地方債＞預金保険が掛けられた預貯金＞社債＞投資信託＞個別株式＞…の順番で安全性が高いことになる。このほかに、システム・リスク等監査論等で取り上げられるリスクもあるが、ここでは詳しく説明しない。

る決済システム全体も、また同時に取引資金決済不能に決して陥らないことを自明の原理[128]としていないと、社会的な制度インフラとして極めて重要である決済システムが安全に運営されることはあり得ない。1件毎に処理されている個別取引、或いは決済の不能が、個別銀行の信任崩壊、或いは銀行相互間資金決済が不能となることを通じて徐々に、或いは連鎖的に決済システム全体にまで波及して共通に加盟するシステム全体を破綻させるリスクを回避しなければならないことは、指摘した通りである。

(2) 米国からの要求を反映した金融制度改革の概要について

標記を一表に纏めると、概ね下記の通りである。

記

金融制度調査会・証券取引審議会・保険審議会報告・答申主要事項一覧

1985 年 9 月	金融制度調査会、制度問題研究会設置
1987 年 12 月	「専門金融機関制度のあり方について」報告
1988 年 6 月	「相互銀行制度のあり方について」答申
1988 年 9 月	証券取引審議会に、基本問題研究会設置
1989 年 4 月	保険審議会、総合部会設置

128)　例として、ドイツで営業中のA社が日本のB社から輸入した自動車購入代金を日本円建にて支払う金融取引を取引があるドイツのC銀行に委託した場合を考える。A社はC銀行に開設している自社ユーロ建ての当座預金口座からユーロを日本のB社が日本で取引しているD銀行に開設されている当座預金口座へ日本円建てにて送金して、当該送金が決済完了を待って本件の商業取引は完了することになる。ところが、A社は確かに自動車輸入代金を支払ったにも拘わらず、ドイツC銀行の資金不足、或いは日本D銀行の資金不足は固より、C銀行D銀行が共通して加盟している国際資金取引決済機関Eが資金不足となった場合には、本件商業取引は完了しない。もし契約条項の中に、本件国際資金取引に伴う危険負担を、日本法・ドイツ法何れかに準拠する明示的約定がなされていない場合には、A社はいったん決済資金を支払っているにも拘わらず、再度送金しない限り、本件商業取引は完了しないことになる。商業取引は迅速かつ確実であることが必須であり、もしこの種の事案がたとえ1件であっても発生した場合、取引安全原則は維持・機能しないことは明確である。

1989 年 5 月	「協同組織形態の金融機関のあり方について」中間報告	
同　上	「新しい金融制度について」　中間報告	
同　上	「金融の証券化に対応した資本市場のあり方について」中間報告	
1990 年 6 月	「保険事業の役割について」　報告	
同　上	「金融の証券化に対応した法制の整備について」　報告	
同　上	「国際的な資本市場の構築をめざして」　報告	
1990 年 7 月	「地域金融のありかたについて」　中間報告	
同　上	「新しい金融制度について」　中間報告	
1991 年 4 月	「保険会社の業務範囲のあり方について」　経過報告	
1991 年 6 月	「新しい金融制度について」　答申	
同　上	「証券取引に関する基本的制度のあり方について」報告	
1992 年 6 月	金融制度改革関連法成立	
同　上	「新しい保険事業のあり方」　答申	

出所：　大蔵省

　標記の通り、この時期に於ける金融制度改革は、1945 年 8 月の敗戦以降、営々として築かれてきた金融行政が復興・高度経済成長・2 度にわたる石油危機・低成長経済の定着・プラザ合意と円高対応・バブル経済の発生と終焉、そして"失われた 20 年(1995 年～ 2015 年？)をカバーする 70 年間"を通覧すると、日米構造問題協議前後に於いて不可逆的に構造変化が生じたことを示している。米国型金融行政は、（ⅰ）監督当局によって金融機関が従うべき準則・ルール・基準等を事前に明確に提示する、（ⅱ）当該準則・ルール・基準等の範囲内に留まっている、と監督されるべき金融機関は、原則としてはそれぞれの経営方針に基づく自己責任原則の下で自由に行動する、（ⅲ）監督当局は事前予告しているターム毎・定期的に（ⅰ）に従った経営行動が監督対象金融機関に於いて実施されているか否か、また、その水準はどの程度であるか等を臨店して実地に検査する、（ⅳ）実地検査の上、もしも（ⅰ）によって事前提示・許容されている経営行動規範に照らして逸脱・

違反等非議すべき状況が確認されれば、最悪の場合、免許取消をも含む罰則を実際に発動する内容を両者が合意して回す仕組みである。そこには日本の銀行監督行政に於いて嘗て見られた護送船団方式、軽微な事項[129]までも包摂する事細かな、俗には"箸の上げ下げ"に至るまで指導する2015年今日の感覚からすれば、行き過ぎた印象が強い"事前相談型行政"とは大きく異なる思想が貫かれていた。1998年、旧大蔵省から金融検査・監督部門を分離・独立させて発足した金融監督庁は、2000年に旧大蔵省金融企画局を統合・改組後に金融庁となっている。これにより、日本に於いても金融・財政の機能分離が完了し、金融機関監督・検査と併せて金融制度全般にわたる企画・立案を担う金融制度に移行した。日米構造問題協議で重要論点となっていた（ⅰ）流通、（ⅱ）政府調達、（ⅲ）公共投資、（ⅳ）土地税制、（ⅴ）系列関係、（ⅵ）日米彼我間貯蓄／投資性向差違等の論点の中で、（ⅵ）日米彼我間貯蓄／投資性向差違を是正する仕組を担保する金融制度改革の根幹は、日本版ビッグバン[130]実施とその後の金融行政、それに従う銀行等個々の金融機関経営行動全体を米国が総括して行く中で、通信技術等の飛躍的・革新的進歩に支えられた国際経済全体グローバル化の波が日本にも打ち寄せるこ

---

129)　例えば年末に店頭配布する翌年のカレンダーは、1枚紙に印刷された軽易な様式によることが望ましい。また、預金者に御礼として店頭配布する景品も、タオル・洗剤・ティッシュペーパー・手帳等質素な日用品の範囲内に留めるべきであるとする等の指導がなされていた。

130)　本文中、詳説した従前の厳しかった金融制度を一挙に自由化した一大改革のことを指す。国会に於いて金融システム改革法が成立し、それに基づいて1998年、橋本内閣時代以降に一連新政策が実行された。主要内容としては、（ⅰ）銀行・証券・保険といった主要金融商品分野に対する新規参入促進、既存金融機関相互間に於ける他業態相互参入認可、（ⅲ）金融派生商品=derivative自由化等、米国等諸外国では既に普及していた金融商品の導入認可、（ⅳ）証券分野に於ける株式取引手数料自由化、（ⅴ）外国為替業務原則自由化等が挙げられる。この結果、"free, fair, global"の掛け声の下、実施された金融政策転換が実施され、以後米国からこの分野・領域に関する1980年代後半観察された事象に類似する深刻な要求は、管見によれば見られない。日本版金融ビッグバンの用語は、元々は1986年前後、先行して実施されたイギリスに於ける金融・証券制度改革を指す言葉である。宇宙の起源に関して、悠久の昔に大爆発が起こり、以後今日に至るまでの数十億年間、宇宙は猛烈な速度で拡大し続けている、とする学説がある。この言葉自体は、この学説に由来するものである。

とに日本の金融機関が適応していく過程を通じて、時間経過と共により一層
米国基準に親和的となっていった。

　グローバル化が進展して行く時代背景を反映しつつ、“資金配分の媒体と
しての公共性” を担う金融機能全体が「国民経済的立場」から見た上で、自
由な市場経済制度原理を基調にして運営されている今日の社会全体にとっ
て、望ましい、乃至必要と思料される分野に向けての適正資金配分が行われ
る重要性は、嘗て無い程高くなっている。このような文脈で、日本に於ける
米国からの要求を反映した本件一連の制度改革以前の監督行政で採用され、
特別に重要視されていた（ⅰ）過当競争防止、（ⅱ）（銀行等金融機関の）健
全経営原則の２点を骨子とする「公共性に対応する過当競争防止」は、今日
では時代遅れの思想であることは否めまい。旧銀行法等関係法令等中に明示
的に規定されていた監督当局権原に基づく営業免許、店舗設置認可基準等各
種規制に基づき、嘗ては確かに有効性が認められていた「法三章」[131]的な監
督当局に極めて広範な自由裁量余地を与えていた当時の手法は、競争政策に
関する基本的思想が従前よりも米国基準により一層近似してきた[132]現在で
は通らない。（ⅰ）過当競争防止に関する従前の思想も、当研究班内でも議
論されてきた日本の競争法政策一般を巡る諸論点に照らしても旧態依然の行
政手法の有効性を今日となっては強弁するものであり、正しくない、と考え
る。

　（ⅱ）（銀行等金融機関の）健全経営原則も、個別監督被対象銀行による個
別具体的金融行動それ自体に着目するものであり、米国からの要求を反映し
た一連本件金融制度改革実施以前に監督当局が行政指導の根拠にしていたと
指摘されている今日では情報公開対象となっている旧大蔵省内部文書にある

---

131)　関中に入った漢の高祖が，秦の苛酷な法を廃して制定した殺人・傷害・窃盗のみを
　　　罰するという三条の法律。転じて，法令を非常に簡単にすること。三章の法。（出所）
　　　『大辞泉』
132)　違反事案摘発・審査等に於ける司法取引類似事案、談合・カルテル等事案に於ける
　　　被疑者（社）自己申告に基づく刑事告発処分裁量取引導入等。詳細は各研究員諸公の
　　　論文を参照されたい。

「銀行法等監督根拠権原となる強制は、あくまで最後の手段」であって、「ど
こまでも忍耐強く説得を継続することを通じて、行政指導の段階で（銀行監
督当局の）目的を達成することが望ましい」とするパターナリスティック /
家父長的な運用は、旧銀行法が改正されてからも久しい今日では無論通らな
い。

5.　欧州金融制度改革概観

(1)　経済共同体としての欧州連合 [133]

　EU 統合 [134] は政治的に見れば、欧州全体が "ひとつの組織体" へと集約
されることであった。"ひとつの組織体" の中で政治統合が進んで行けば、
同時に経済統合が進んで行く。否、これまで詳述してきた通り、EU 統合は
寧ろ政治統合に先行して経済統合が進捗し、最初は鉄鋼石、石炭、そして農
産物等域内商品共通市場が形成されて行く過程に於いて欧州議会、欧州理事
会等政治統合に必要な諸組織が整備されて行く流れを観察することができ
る。経済統合が進捗して行くと、域内貿易・ビジネス等に伴う域内人的交流
が活発化し、次なるステップとして経済統合の究極と形態として通貨統合に
繋がる流れが生まれてくることになる。

　長期にわたるこのような EU 統合過程では、"欧州再び戦わず" の信念を
貫き通せた能力と気概のある優れた政治的リーダーシップを発揮した多数の
政治家達の存在と共に、妥協点を模索する既得権擁護に奔走する諸勢力のう
ちに初めはそれに抗いつつも、交渉進展過程で現実が先行し、もはや不可逆
的変化が起こっていることを敏感に察知する能力を有する現実主義者との間

---

133)　この部分は原田輝彦［2015］『商学論集』から必要な範囲で引用・加筆したもの
　　である。
134)　"欧州統合の父"、モネ、シューマンが独仏不戦共同体構築を目指して欧州石炭鉄鋼
　　共同体 /ECSC 設立に尽力、ドイツ首相シュミットとフランス大統領ジスカール＝デ
　　スタンが共同して欧州通貨制度 /EMS を創設した。その歩みを継承したドロールが最
　　終的な通貨統合に繋がる政策を推進したことを想起されたい。

で虚々実々様々に展開される駆け引きが見られたことは、多くの史家が指摘している。このような政治統合過程で見られた駆け引きが、それぞれの国益増進を巡る思惑や国内事情調整の文脈で欧州域内の英独仏という大国と超二大大国米ソ間で縦横無尽に繰り返された、と考えられる。すなわち、EU統合は外見のみを観察すればECを発展的に解消した形態ではあるものの、域内諸国関税同盟と農産物等共同市場が徐々に形成されて行く過程全体を通して域内商品自由流通そのものに、併せて従来の国境概念を超えて"現実に存在することになった"各種共同市場を規律する法秩序を形成する現象を内包していた、と考えられる。文字通り、このことは欧州共同体=ECから欧州連合=EUへの移行現象の中に、ECレベルを超えて域内経済が同化・一層緊密化して行く現実を丹念に追跡して行くことによっても証明される。

　EU統合をこのような観点から分析するならば、EU統合は前述したそれぞれの国益増進を巡る思惑や国内事情調整から更に一歩進み、欧州域内各国それぞれの国益が共通市場成立・発展過程の中で独自の展開を進め、それぞれの現実に対して融通無碍の適応をしてきた、と言える。欧州はアジアと比較すれば、狭い国土に多くの国家が集中立地していることもあって、言語境界線、同じキリスト教を共に信仰する際にもカトリックとプロテスタント、ゲルマン民族とラテン民族が入り交じって社会を構成している。このような多様性を前提とする社会にあっては、それぞれの国家、地域が長期的視点に立脚した経済統合過程全体を通して、それぞれの局面、局面で最も適切と判断される統合の在り方[135]を蓄積してきた、と言える。結果として、近世以降これまでに類例を見ることができない程の規模で、欧州全域を略々網羅する規模を持った高度な地域統合を成し遂げている。EU統合は、それまでに至る第2次世界大戦直後から始まった経済的統合を先行させつつ、欧州全域にわたる政治的統合と共に、最終の姿として地域通貨統合にまで発展した。

---

135)　原田輝彦　[2015]　『商学論集』該当部分参照。

(2) 法共同体としての欧州連合

標記経済共同体としての欧州連合が深化し、加盟 28 ヵ国がお互いに不可分一体化していく事態と平仄を合わせて法共同体としての欧州連合も政治・法律等の観点からも今日では統合が進んでいる。欧州連合は、17 世紀半ば国際法の父・グロチウス以来、国際法理論の発祥、発展してきた地域であり、主権・国民・領土等の近代国家概念が検討され、重厚な学問業績が蓄積されている地域である。このため、一口に"法共同体としての欧州連合"と言ったとしても、実際は加盟各国間での法定立がそれぞれ規則や指令等の形式を取り、実施される場合があり得る[136]。

前節で述べた通り、欧州連合は最初に経済統合、そしてその後に通貨統合を推進することを通して欧州域内を米国にも匹敵する"ひとつの巨大経済市場"[137]に育てあげ、米国の風下には立たないことを意識してきた経緯がある。そのため、マーストリヒト条約 (1992 年) でも前身[138]の欧州共同体設立条約で定められていた欧州連合域内市場に於ける「4 つの基本的自由」が機能する上で必要な立法措置が執られている。「4 つの基本的自由」とは (i) 商品移動の自由、(ii) 人の移動の自由[139]、(iii) 役務の移動の自由、そして (iv) 資本の移動の自由である。マーストリヒト条約には"欧州経済・通貨連合移行関係諸規定"も含まれている[140]。実際には、1993 年 EU/ 欧州連合発足以来今日で 22 年間が経過する中で、1999 年 1 月 1 日と 2002 年 1

---

136)　委員会が提案を行い、欧州議会で検討。原則としては理事会が多数決により、法として公布する仕組である。
137)　EU 域内 28 ヵ国総人口 5.0 億人、GDP16.3 兆ドル、貿易額 10.4 兆ドル。NAFTA 域内 3 ヵ国総人口 4.5 億人、GDP17.2 兆ドル、貿易額 4.6 兆ドル。AU 域内 54 ヵ国総人口 9.3 億人、GDP1.6 兆ドル、貿易額 0.9 兆ドル。
　MERCOSUR 域内 5 ヵ国総人口 2.7 億人、GDP2.8 兆ドル、貿易額 0.5 兆ドル。ASEAN 域内 10 ヵ国総人口 5.9 億人、GDP1.8 兆ドル、貿易額 2.0 兆ドル。
138)　1967 年 7 月 ECSC,EEC, 及び Euratom 3 共同体併合。EEC は欧州共同体 / EC=European Community に改組。
139)　シェンゲン協定。
140)　欧州委員会によるカルテル統制、及び補助金統制についての規定も見られる。今後の検討課題としたい。

月 1 日にかけて二段構えで発効した域内共通通貨ユーロを巡る詳細な "欧州
経済・通貨連合関係諸規定" が整備されている。このように、28 ヵ国の主
権を持った独立国家から構成される超国家的国際組織である欧州連合は、近
代国家理論成立後、初めて成立した組織であるため、金融行政の観点から見
ても、前章までの部分で詳述した日本の金融制度・金融行政と同様、各国そ
れぞれが固有に抱えるビジネス慣行、法制度等の面でも多様性に富んでいる。
今回与えられている紙幅の関係上、今次経済法班研究期間中、ドイツ国内で
の実査、ヒアリング、先行研究実績を通じて得られた成果についてその要点
のみを以下に纏める。

【金融制度概要】

1. 日本の金融制度に類似した銀行・証券・生損保が分離した制度となって
   いる。日本政策投資銀行の前身たる復興金融金庫・日本開発銀行と概ね
   類似した設立目的、沿革、経営状況が観察できる KfW/Kredit Anstalt
   fuer Wiederaufbau [141] など公的政策金融機関のほか、民間金融機関と
   して、ドイツ銀行・コメルツ銀行・ドレスナー銀行等の日本ではメガバ
   ンクに位置付けられる巨大銀行が経済界を牛耳っている [142]。日本と異
   なり、これら巨大銀行の潜在的顧客となり得る株式公開大企業がドイツ
   経済に占める割合は低く、閉鎖会社の割合が高いところにドイツ経済社
   会の特徴がある。このようなドイツ国内金融制度のあらましは、日本同
   様にドイツがこれまでに辿ってきた経済社会の歴史と密接に関わってい
   る。筆者ヒアリングに応じて頂いたドイツ人学者のお一人 [143] が語って
   下さったところを以下に要約する。
   ドイツの金融制度は 1871 年、プロイセン国王 Willhelm 一世がドイツ帝

---

141) https://www.kfw-entwicklungsbank.de/International-financing/KfW-
    Entwicklungsbank/　　　　　　　　　　　　　　　　　2015.08.30 閲覧
142) Urqellen: Schematische Darstellung der kreditwirtschaftlich wichtigen Vorhaben
    in derEuropaeischen Gemeinschaft　Die Bankensysteme der EG-Laender S.9
143) http://www.jura.uni-frankfurt.de/42780753/professurinhaber　2015.08.15 閲覧

国皇帝就任後、従前の領邦国家から帝都ベルリンを中心とする中央集権化と資本主義の本格導入による近代国家化の歩みと共に急速な近代化が始まった。そこでは中央銀行制度導入と各種民間銀行を主体とする体系的金融機関整備がドイツ経済発展と平仄を合わせ、徐々に体制整備が整えられていった。

↓

【筆者応答】

1868 年、明治維新後、日本が殖産興業、富国強兵、文明開化を旗印にして経済近代化を果たしていったが、その中でも前二者政策が中心的役割を担っている。中央銀行である日本銀行創立は 1882 年。民間資本に基づく銀行設立は、渋沢栄一らによる第一国立銀行を嚆矢として 1873 年、以後明治期半ばまで、各地に商業銀行が設立されて行く時代が続く。「国立」と名前が付いていたとしても、各「国立」銀行は政府資本による銀行ではないことに要注意。根拠法となる米国銀行制度に倣って作られた銀行条例に基づく銀行であって、米国で「国法銀行」と名付けられていた銀行を明治政府が近代化モデルとして採用したところに基づく。

日清戦争終了後、日本資本主義が発展していく過程の中で、「国立銀行」新規設立終了後、日本勧業銀行・農工銀行・北海道拓殖銀行・日本興業銀行等特殊銀行が新たに日本の銀行制度の中に組み入れられて行く中で、金融史的観点から見ると、日本の銀行は極めて多数に及ぶ中小・零細金融機関が秩禄公債運用を目的とする旧支配階層に属する地方名望家等による手許資金の投資対象のひとつとしても認識されていた。

2. 金融機関各業態については、日本同様にそれぞれを規律する"業法"がある。例として銀行法、証券業法、保険業法等を挙げることが出来る。その中でも、日本の金融制度とは聊か色彩が異なるのではないか…と考えられる業態に Kreditgenossenschaft/ 地域共同金融機関がある。Spaarkasse or Volksbank 等の名称で小口金融機能を担い、農村・都市

等を地盤にするさほど広く大きくはない一定範囲の地域を営業基盤とし
ている金融機関がそれである。ドイツ銀行、コメルツ銀行、ドレスナー
銀行等の巨大銀行が与信、外国・内国為替等固有の意味での銀行業を中
核とする業務を行っていることに比較するならば、Spaarkasse は日常
資金決済に伴う送金業務、零細小口預金の受払等主体の"銀行類似"金
融機関にも注目すべきであろう。そのほか、政府信用を背景とする小口
金融業務を担当する Postbank も、日本の郵便貯金制度との比較で研究
すると裨益する所が大きいのではないか。

↓

【筆者応答】

英米で見られる金融制度とドイツの金融制度とは異なっている。指摘は
もっともで、指示して頂いた参考文献、通達文書・その他資料等 [144] を用
いて帰国後更に調査を継続する。

以上の事柄を踏まえると、（ⅰ）欧州連合は欧州域内 28 に及ぶ主権国家に
よる超国家的集合体であり、通貨主権を既に欧州中央銀行に譲与しているこ
と、（ⅱ）その流れから、域内各国の中央銀行が実施してきた金融政策は、
基本的には既に欧州中央銀行が専管していること、（ⅲ）しかしながら、
2009 年以降燻り続けているギリシャ危機 [145] 対応状況に見られる通り、（ⅲ）
財政政策に関しては、既に 1999 年 1 月 1 日ユーロ導入後 16 年が経過 [146] し
ているものの、共通財政政策未採択という事情から、欧州連合域内がひとつ

---

144) http://www.europarl.europa.eu/RegData/etudes/etudes/join/2014/518770/IPOL-
ECON_ET
145) http://www.meti.go.jp/report/tsuhaku2012/2012honbun/html/i1230000.html ＞ユ
ーロ導入で為替リスクが消滅することによる域内貿易・投資の活性化や企業間の競争
の進展などで経済成長が促進されること、また共通のルールに基づき財政面での相互
監視が進むことなどにより参加国間の経済格差は収斂することが期待されていたが、
ここまでで紹介したように、実際にはユーロ導入以降、経済不均衡はむしろ拡大する
傾向にある。… 経済産業省 URL 2015.08.31 閲覧
146) ユーロ現金流通開始は、3 年後の 2002 年 1 月 1 日以降である。

の通貨同盟として導入当時の理想を実現していないことが再確認された。このことは、法共同体としての欧州連合が抱える悩ましい問題である。法理論からは、欧州連合成立（1993 年 11 月）、マーストリヒト条約（1992 年 2 月）が共同体派生法を発布するための権限を各共同体機関に授権しているに過ぎない。その権限が、この間に広範囲にわたって用いられてきた、ということは周知の通りである。

　マーストリヒト条約は、域内加盟諸国が主権の一部を EC/ 欧州共同体後継組織に譲与することに同意し、その範囲内で新しい国際機関設立に際して必要な決定、乃至調整事項に規範性を持たせている。すなわち、マーストリヒト条約の大部分は、条約それ自体が域内加盟諸国によって保有されている国際法の伝統的な解釈から帰納される主権を放棄することなく、"共同体としての欧州連合" 加盟諸国がそれぞれ協調し合う限りに於いて相互にとっての便益増進を図る範囲内に於いてのみ従前の統治原理を修正する建て付けになっている。従って、この共同体は、一面では伝統的な三権分立思想に基づいて（ⅰ）共同法定立＝立法機能、（ⅱ）共同政策実行＝行政機能、（ⅲ）共同法に基づいた利害相反、紛争処理、法的正義実現＝裁判機能を有しているほか、他の一面では当該新システムの全体を整合的に創出し、当該システムに依拠しながら、持続して生起する諸々の現実を含む地域経済統合とそれに続いて行く政治統合、そしてこれら事象に対して、確乎たる合法性を与える "法共同体としての欧州連合" を欧州議会・欧州理事会・欧州裁判所がそれぞれ分担する機能を改革して行く機能を発揮することが期待されている。

　従って、結論としては本項目全体を通じて詳論したように、金融政策は原則として共通化されたものの、財政政策に関しては域内各国それぞれの思惑が異なること等を理由として共通化がなされていない状況にあるため、欧州金融制度改革は、概観として未だ従前に於いて域内の各国が歴史的に培ってきた固有事情を引き摺った状況に留まっている、と筆者は考えている。そろそろ与えられた紙幅を超えることもあり、各論に関しては別稿で改めて検討することにしたい。

6．おわりに

　第2次世界大戦後、日本の金融行政―就中、銀行行政―が「信用秩序」[147]
維持という切り口から日本経済全体が当時の"喫緊の課題"と認識していた
企業経営に不可欠である成長資金不足と、このことに起因する実体経済と金
融経済を調和させるために有効な働きをもたらしていたことは確かな事実で
ある。この政策により、敗戦後10年目で戦前経済規模に復帰[148]した後も、
1973年秋第1次石油危機による高度経済成長の終焉、その後の安定成長、
バブルの発生と破綻、そして"失われた20年"を経て今日を迎えている。
以下は、日本の経済成長を機能させてきた制度を支えてきた基本思想である。

(1)　当局による銀行行政の基本が競争制限的規制―例えば新規支店・出張
　　　所等銀行本体の量的経営拡大に直結する企業行動を抑制したこと―を主
　　　な内容とする思想に基づいていたこと

(2)　(1)でも掲げた店舗行政が、銀行法等監督当局が所管する業法に基づ
　　　いた強制力を有する法令・政令・省令・申し合わせ等によって作用した
　　　ことに伴い、自ずから銀行等金融機関全般を横断する業界行動、そして
　　　銀行から金融的支配を受けざるを得なかった中小企業・零細企業・個人
　　　事業者等から構成される日本の産業組織全体に対して、重要かつ決定
　　　的・実効的影響を及ぼしたこと

(3)　銀行法・相互銀行法・長期信用銀行法・信託銀行法等、銀行組織に於
　　　ける個別業態を　肌理細かく規定する「業務範囲」が略々[149]遵守され
　　　たこと。

　これら銀行監督当局が所管する業界に対して、法令上の根拠に基づいた行

---

147)　決済 System の安定及び成長資金の潤沢な供給等。
148)　"もはや戦後ではない…"。有名なこの言葉は『昭和31年版経済白書』の中で書か
　　　れている。
149)　信託兼営を営んでいた旧．大和銀行は、本件例外の典型例である。

政措置として実施してきた事項に加えて、監督されるべき当事者である銀行経営者達にとっても、自行が置かれている経営状況の現実を鑑みる際には、標記「信用秩序」維持という“お題目”に含まれている競争制限的な思考方法を逆手に取って、“お題目”そのものが「大蔵省銀行局による決済機能保全、経済成長に伴う通貨供給を担うためには、信用力に乏しい弱小限界金融機関が業界へ新規参入することを原則禁止するカルテル的な体質を容認していること」を見越して、強かに振る舞っていたことも指摘することができるのではないであろうか。すなわち、公共の利益を標榜する大蔵省銀行局による標記行政指導方針に準拠して、わが国の中央銀行たる日本銀行が既存金融機関経営安定性を保証するためにも、不良債権・問題債権とならない限りに於いては、先発既存金融機関＝就中銀行がある一定水準の業務純益確保を可能ならしめる利鞘確保を保証するに足るだけの低金利・潤沢な日銀信用供与を当時は実施していたことに思いを致すべきであろう。超過利潤を許容することを監督当局者自身が示唆している過去の記録 [150] を遡って見るとき、このような「銀行業界全体の保護が日本経済全体の成長に繋がる」とする当局の思考が日本的意味に於ける銀行＝金融機関主導の経済成長システム構築の基底を構成していたことが伺われる。

　以上に鑑みれば、日米構造問題協議で米国から指摘された“日本の異質性”は、前稿で指摘したように「『米国の価値観』に照らす限りでは、非関税障

---

[150]　1954 年 8 月 30 日付各財務局長宛本省銀行課長発私信：俗称「谷村書翰」と呼ばれている「銀行員の給与引き上げについて」　下線部は筆者による。… （銀行）経理上の余裕は、<u>あくまでも預金者のために銀行内部に蓄積されるべきか</u>、しからざれば、<u>貸出金利の引き下げか、預金金利の引き下げに向けられるべきものである</u>。…」
　この記述によれば、政府・日銀による銀行業界全体に対する優遇政策の結果、個別の銀行各行が上げることができた超過利潤は、銀行本体内部に抱え込むことが本則であり、その上で蓄積されてきた当該内部留保の中から銀行員給与を引き上げるべし、とすることになる。この事柄自体、監督官庁当局が銀行経営者による銀行労働組合対策について一定の行政指導をした、と捉えられなくもない当時の状態を彷彿とさせるものである。

壁¹⁵¹⁾に象徴される『日本の産業構造＝経済構造それ自体が unfair である。』」とするものであった。しかしながら、事柄は独立国家である日本と米国がそれぞれ固有に抱えている経済事情・行政事情・政治事情等が複合的に絡み合うものであり、戦後 70 年間にわたり、外交交渉を通して妥協の産物として生み出されてきたものであることに注目しなければならない。日本の競争政策が敗戦後、米国からもたらされ、戦後 70 年の歴史の中で独自の発展を遂げたように、金融政策を構造的に規定している欧州金融制度改革を論じる際にも、同様の歴史的視点に基づいたアプローチが必要であろう。日米構造協議終結後四半世紀が経過した現在、2012 年 12 月政権交代までは「分配平等」を重視する政策が取られ、金融的に足許が揺らいでしまった日本は、再度経済成長を指向する政策を取るほかに選択肢は無い。嘗ての日本は米国財政の窮状に資金的に貢献していた。しかしながら、俗諺にもある通り、"金の切れ目が縁の切れ目"である。金融機能が弱体化したままであると、米国から引き続き当事者能力を有する共通の価値観を共有する適格なパートナーである、と認識され続ける保証はない。このような視点は、欧州連合が実施している対米外交の基本にも包含されている。日本も本稿で論じた金融制度改革を含めて、現実を冷静に見極めた実効性がある政策を実現しなければならない。

以上

参考文献

【和書】

伊藤修 『日本型金融の歴史的構造』 東京大学出版会 1995 年

伊東岱吉 『経済構造変動と中小企業』 中央経済社 1987 年

井村喜代子 『現代日本経済論 新版』 有斐閣 2000 年

楫西光速編 『現代日本資本主義体系 II 中小企業』 弘文堂 1957 年

今井賢一・小宮隆太郎編 『日本の企業』 東京大学出版会 1989 年

---

151)（ⅰ）輸入数量制限（ⅱ）課徴金賦課、（ⅲ）輸入時検査、煩雑手続等が代表例である。このほか、対特定品目（新造船等）国内生産時利子補給等による保護等を指す。

補 遺

今井賢一・伊丹敬之・小池和男『内部組織の経済学』 東洋経済新報社 1982 年
日本比較法研究所翻訳叢書 45『ドイツ資本市場法の諸問題』 中央大学出版部 2001 年
日本比較法研究所翻訳叢書 47 『ヨーロッパ法への道』中央大学出版部 2002 年
植田浩史『現代日本の中小企業』 岩波書店 2004 年
同　　上 『戦時期日本の下請工業―中小企業と "下請＝協力工業政策" ―』
ミネルヴァ書房 2004 年
現代企業研究会編 『日本の企業間関係―その理論と実態―』中央経済社 1994 年
篠原三代平 『日本経済の成長と循環』 創文社 　1961 年
正田彬ほか編 『現代経済法講座』（全 10 巻）三省堂 1990 年
下谷政弘 『日本の系列と企業グループ』 有斐閣 1993 年
鈴木多加史 『日本の産業構造』 中央経済社 1995 年
通商産業省・通商産業政策史編纂委員会編『通商政策史 第 7 巻』通商産業調査会 1991 年
鶴田俊正 『戦後日本の産業政策』 日本経済新聞社 1982 年
前川恭一・吉田敬一 『西ドイツの中小企業』新評論 1980 年
三井逸友 『欧州連合と中小企業政策』白桃書房 1995 年
渡辺利夫編 『東アジア経済連携の時代』 東洋経済新報社 2004 年

【洋書】

(*Ed*). Masahiko Aoki, Hyung-Kim, EDI DEVELOPMENT STUDIES "Corporate
　　Governance in Transtitonal Economies *Insider Control and the Role of Banks*" World
　　Bank 1995

(*Ed*). Aoki and Patrik "The Japan Main Bank System" Oxford University Press 1994

Manfred Berger, Luitpold Uhlmann "Auslandsinvestionen kleinerundmittelere
　　Unternehmen/Eine Untersuchung ueber das Auslandsinvestionspotentialkleinerund
　　mittelerer Unternehmen" Duncker& Humbolt Berlin-Muenchen 1985

Horst Bockelmann "Die Deutsche Bundesbank" Fritz Knapp Verlag Frankfurt am Main
　　1996

Hrg. Hubert Bonin usw. "Europaeische Bankgeschichte" Fritz Knapp Verlag Frankfurt
　　am Main 1993

Ulrich Goessl "Die Satzung der Europaeischen Aktiengesellschaft(SE) mit Sitz in
　　Deutschland" Max-Plank-Institut fuer auslaendischen Privatrechtund internationalen
　　Privatrecht 239 Mihr Siebeck Tuebingen 2010

Waltehr Hadding und Klaus J.Hopt, Hrsg. "Verbraucherkreditrecht, AGB-Gesetz und
　　Kreditwirtschaft Bankrechtstag 1990"

Wertpapier-Mitteilunen, Frankfurt am Main 1991

Hrg. Hans von der Groeben und Hans Moeller "Die Europaeische Union als Waehrungsunion? -Moeglichkeit und Grenzen einer Europaeische Union" Nomos Verlaggesellschaft Baden-Baden 1979

"The Law of European Central Bank" Hart Publishing 2001

Dietmar K.R.Klein "Die Bnakensysteme der EG-Laender" Verlag Fritz Knapp Frankfurt am Main 1991

Dr.Friedrich Meisser "Das Recht der Europaeischen Wirtschaftsgemeinschaft im Verhaeltniszur Rheinschiffahrtsakte von Mannheim/ Ein Beitrag zur Voelkervertragsrechtlichen Bedeutung des Artikels 234 EWGW" Duncker& Humbolt Berlin-Muenchen 1973

Hans Roeper, Wolfram Wimer "DIE D -MARK Eine deutsche Wirtschaftsgeschichte" SocietesVerlag Frankfurt, 1996

Joschen Taupitz "Europaeische Privatrechtsvereinheitlichung heute und morgen" J.C.B Mohr (Paul Siebeck) Tuebingen 1993

Herbert Wolf "Studienzur Entwicklung der deutschen Kreditwirtschaft, Band 1, 30 Jahre Nachkriegesentwicklung im deutschen Bankwesen" v. Hase& Koehlier Verlag Mainz 1980

Nobert Reich "Markt und Recht -Theorie und Praxis des Wirtschaftsrechts In der Bundesrepublik Deutschland" Hermann Luchterhand Verlag, Neuwied und Darmstadt 1977

Hanspeter K.Scheller "Die Europaische Zentralbank" Fritz Knapp Verlag Frankfurt am Main 2000

Arno Scherzberg, Il Dogan,Osman Can (Hg.) "Staatliche Finanzmarketregulierung und Eigetunusschtz" LIT Verlag, Berlin 2010

(2) 『経済開発とベトナム中小企業育成政策の関係 (法文化の視点を入れて)』

目　次

2009 年 10 月

「経済開発とベトナム中小企業育成政策の関係—法文化の視点を入れて—」

関西大学法学研究所研究叢書第 40 冊『アジアの法文化の諸相』

pp.73 — 122

1．はじめに

　本稿では民間企業部門発展がベトナム経済社会前進のために有効で、それ
を資金面で支える金融分野機能促進を図るべきである、という前提に立ち、
ベトナム社会主義市場経済における中小企業金融促進のための制度構築を定
性的に論じる。その問題意識の根底には、社会主義市場経済を運営中のベト
ナムで経済成長を更に促進するためには、勃興過程にある中小企業をどのよ
うに成長させていけば良いか、また、戦後長く中小企業向け政策金融を提供
してきた日本の経験を踏まえながら、同国経済成長に有益な政策提言の可能
性は探れないか、という問題が含まれている。ベトナム中小企業政策を実行
する上では、単なる理論領域だけに留まらず、市場経済先進国である日本の
経験を参考にする比較制度研究のアプローチに有益なヒントが含まれてい
る、と思われるからである。

　この文脈から、本稿が取り上げるベトナムの中小企業をめぐる制度研究を
試みるという趣旨は、社会主義市場経済において存在する国有企業（計画統
制的経済主体）とは対極の経済的民主主義を典型的に代表する中小企業の存
在に着眼し、その育成動向と課題を探ることを通じ、社会主義市場経済下の
ミクロ的現実を解明する点にある。こうした社会主義市場経済における中小
企業研究は、社会主義を放棄したロシア・東欧地域については先行研究も多
いが、アジアにおいては先行研究成果が限られており、本制度研究による貢
献の余地は大きいものと考える。

　本稿で筆者は、同国に中小企業金融に重点を置いた政策提言を模索するこ
とを引き続き今後の検討課題にすることを表明している。また、同時に法文
化の視点を入れ、経済開発を担う当事者であるベトナム国民に擦り込まれて
いる儒教道徳・大乗仏教に由来する重畳的価値観と先行成功事例である日本
国民の法文化とを比較して、なにがしか同国中小企業育成政策に有益な論点
を探り出す、という困難な課題に関しては、方法論をも含めて未だ検討過程
にあることを最初にお断りしておく。　　　　　　　　　　　　　　　以上

ベトナム経済改革関連年表

年　　月	事　　項
1979.　9	共産党第 4 期第 6 回中央総会（国営企業改革の主張など新経済政策決定）
1981.　1	農産物請負方式の導入、国営企業に 3 部計画システム導入
1982.　3	ベトナム共産党第 5 回全国大会
1984.　7	共産党第 5 期第 6 回中央総会決議（管理体制の改革）
1986.　12	ベトナム共産党第 6 回全国大会
1987.　11	国営企業に大幅な自主権の付与、計画目標が上納金のみ
1987.　12	外資導入法制定
1988.　4	農業に関する政治局 10 号決議（土地使用権）
1989.　3	総合改革プログラム（為替レートなどの価格自由化）
1990	会社法制定（有限会社設立の法的基礎）、市営企業の貿易業務規制緩和
1990.　5	国営銀行法令、商業銀行法令の公布
1991.　6	ベトナム共産党第 7 回全国大会
1991.　11	国営企業の廃止統合に繋がる法的基礎の点検（338-HDBT 決定）
1992.　4	新憲法の採択（所有形態の多様化など経済改革内容の明記）
1992.　6	国営企業の実験的株式化推進の決定
1992.　9	政府組織法令の公布（証券取引所設立検討の決定）
1993	民営貿易専門会社設立の許可
1993.　6	農地使用法制定
1993.　8	国営企業株式化の実験的開始
1993.　11	ベトナム支援国会議第 1 回開催（以降毎年開催）
1993.　12	経済裁判法、破産法の制定
1994.　1	貿易認可制から報告制への移行（一部の品目を除く）
1994.　2	国営企業の主管制度廃止決定（党中間全国大会）
1994.　3	首相決定 91 号（企業集団成立の決定）
1994.　4	個人の銀行口座開設の許可
1994・6	国内投資法、労働法の制定
1994.　7	銀行間取引市場の設立
1994.　10	銀行間外為市場の設立
1994.　12	中央銀行発行、商業銀行買取りの金融債の誕生、企業の社債発行も許可
1995.　4	国営企業法制定
1995.　6	証券市場設立準備委員会の設置
1995.　10	民法の制定
1996.　3	予算法、合作社法の制定

1996.　6	ベトナム共産党第 8 回全国大会
1996.　11	新しい外貨導入法の制定
1997.　4	付加価値税法の制定（1999 年 1 月から施行）
1997.　8	国家証券委員会発足

（出所）　トラン（1996）、その他より作成

2．ドイモイ政策採用後のベトナム経済開発

2－1　ベトナム産業・経済環境の現状

　1986 年 12 月に開催された第 6 回ベトナム共産党大会で、広範な市場経済機能の導入、並びに対外経済開放政策を主な柱とするドイモイ政策[152] が採用されて以来、同国を取り巻く産業・経済環境は、急速な変貌を遂げてきている。ベトナムは、タイ・フィリピン・マレーシア・シンガポール等近隣東南アジア諸国に比較しても、現状では一層安価な労働コストに留まっていること等から、多国籍企業にとってのベトナムは、上海・広州・香港・汕頭・天津・大連等沿海部賃金水準向上等を背景に、「中国＋ 1 」と価格競争力ある有望な海外直接投資先として位置付けられている。また、今日の世界は、"グローバリゼーション"という言葉に象徴されるように、以前とは比較にならない規模及び速度でヒト（労働力）・モノ（商品）・カネ（資金）の流れ

---

152) 「刷新」を意味するベトナム語 DoiMoi "ドイモイ"は、政治・経済・思想・文化等広範な領域を対象にしている。しかしながら、本稿で取り扱う「刷新」は、本文記述の通り、対外経済開放政策並びに価格裁定機能が働く市場経済導入による経済活性化を意図した、主として開発政策に着目した文脈での「刷新」に留まる。広義の "ドイモイ" とは、ひとり開発政策のみに留まるのではない。それは、激論の末路線転換したベトナム共産党中央の反省に立っている。すなわち、1975 年 4 月末の南北ベトナム武力統一後に、戦勝の余勢を駆って急速かつ拙速に強行された旧北ベトナム政府による社会主義実現に向けての教条主義的諸政策が、統一後のベトナム社会主義共和国人民に結果として、内戦終結後 10 年余を経ても絶対的貧困からの脱出を阻んだ、という事実認識を没却してはならない。この文脈で、広義の "ドイモイ" とは、政治・経済・思想・文化等複眼的視点にまで及んでいることに留意する必要がある。ドイモイ政策切替前の教条主義的・中央計画経済体制の下では、華僑系ベトナム人が担ってきた南部商品流通機能の有無を言わせない廃止、北部耕作地の機械的な交換等個別経済実情を無視した非民主的な政治決定が横行していた。

が国境を越えて広範に観察[153]されている。これらの流れを支える情報を処理するコンピュータも、IC集積度の高度化・制御技術高度化等の結果、既に大型電子計算機（メインフレーム）は時代遅れとなり、1990年代後半以降、今日では個人も高性能小型コンピュータ[154]（ダウンサイジング）を保有していることは、何ら特別ではなく普通の事態になった。

このような"グローバリゼーション"の波は、夙に社会主義市場経済国であるベトナムにも押し寄せており、地元若者は米国ブランドGAP社のTシャツを羽織り、リーバイス社のジーンズを着用し、足許をと見ればナイキ社の靴を履いている[155]。彼らは、この格好で街に繰り出す。強い購買力を持つ外貨を持った外国人旅行者は、煩雑な再両替手続を嫌って、現地通貨ベトナムドンではなく、公式には市中での使用を禁止されている筈である米ドル札を使い[156]、ベトナム製バドワイザービールを飲む。疲れたら、ベトナム国営旅行社が経営している高級ホテルの角に店開きしている、その名も"バクダン"というアイスクリームスタンドで、米国ブランド・サーティワンソフトクリームを舐めながら、多数のホンダ[157]で溢れかえる街路を眺める。

---

153) "グローバリゼーション"は字義通りには"世界化"を表す言葉であり、富・進歩・魅力ある商品等が世界的規模で均一化する現象と捉えることが出来よう。実際には、その多くが米国文化に由来している。また、本稿執筆時点で足許騒ぎが拡大している"新型豚インフルエンザ・ウイルス"も、見方を変えれば標記"グローバリゼーション"が齎したものである、とも言えよう。

154) 今日のパーソナルコンピュータ性能の高度化には、瞠目すべきものがある。有人宇宙船月面着陸を成し遂げた1969年当時、米国連邦航空宇宙局（NASA）が使用していた複数メインフレームを連接して処理していた運用能力よりも、たった1台の小型ラップトップコンピュータの情報処理能力の方が高度であることは、情報処理技術関係者の間ではよく知られていることである。

155) 廉価な製造コストを享受すべく、ブランドのみが米国製であり、生産はベトナム・中国等アジア諸国が担当していることが殆どである。これらは、"グローバリゼーション"の典型例といえる。

156) ドイモイ政策が導入される理由のひとつを構成している1980年代前半にかけてのハイパー・インフレに伴う自国法貨ベトナムドンは、国民一般からも信用されていない。勿論、法貨であるベトナムドンは、ベトナム国内で無制限に強制通用する建前ではあるものの、外国人のみならず、ベトナム国民自身が日常取引でごく普通に米ドルを使用している。

157) ベトナム現地で、「ホンダ」は固有名詞ではなく、普通名詞である原動機付自動二輪車一般を指す。

補　遺

このような風景がホーチミン市だけではなく、ハノイ・ダナン等全国各地の都市で見られる。「北の大国」中国と国境を接し、その歴史の中で長期にわたり中華文明の直接的影響を受けているベトナムで、このような現象が見られるのである。すなわち、ベトナムは、れっきとした社会主義国でありながらも、その伝統文化の基層に儒教道徳・大乗仏教に由来する重畳的な価値観が擦り込まれている一方で、100年近いフランス植民地支配（1858年〜1954年）と抗米救国戦争（ベトナム戦争1961年〜1975年）を経る中で、証明された勤勉・几帳面・忍耐強い国民性等が西側

ドナーに評価され、多国籍企業が担う積極的海外直接投資[158]を梃子にライフスタイルを変えつつある結果である。多国籍企業は、計画投資省等誘致当局各種インセンティブに誘掖されて、当地に工場進出した。今日のベトナムでは労働集約型産業[159]が次々と興されている。この背景には、嘗てドイモイ政策以前に蔓延した教条主義的一元的国家経済統制の相次ぐ撤廃等が大きく寄与している。すなわち、具体的には多国籍企業の工場進出に代表される（海外）出資者は、ベトナム等政治制度を異にする社会主義諸国に於ける企業経営に際して、自らの企業所有形態に重大な関心を抱いていることは、言うまでもない。この点でも、現行1992年ベトナム憲法[160]は、土地等一部の公共財を除く財産一般に対して私的所有権を保障している。この文脈で、進出国政府の一方的宣言による接収等、経営リスクがベトナムでは軽減されているため、嘗て投下資本回収にあたり不測の事態を危惧した西側諸国企業

---

158)　開発経済学には「市場重視型輸出指向型工業化論」に基づき、安価かつ良質労働力を前面に押し出し、急拡大する世界需要を捕捉すべく、自国を消費財輸出基地と位置付け、海外直接投資を積極的に受容したアジアNIEs諸国経済成長に関する豊富な研究蓄積が存在している。ASEAN諸国に属するベトナムも、1980年代に目覚ましい経済成長を遂げた韓国・マレーシア・シンガポール・台湾等NIEs諸国成功例に着目、1986年12月、第6回ベトナム共産党大会以後、国際経済の現実を直視した政策転換を果たした。
159)　計画投資省等ベトナム政策当局は、現在のところ、主として縫製業、水産加工業、石油化学（ただし、ナフサに由来する石油化学製品原料生産ラインは、ベトナムには存在しない)、工業製品加工業、金属加工業等労働集約型産業を積極的に誘致している。
160)　1992年4月18日公布施行。前文及び147条から構成されている。

を主体とする外国投資家も、ドイモイ政策導入後安心して資本投下[161]するようになった。この間に、同国企業経営現場では、国有・合弁・民間・集団・個人等による多種多様な企業所有形態が現れるようになった。

　一方、各種法制度に関しても、貿易・海外直接投資促進等に関する一連の立法措置[162]が行われてきており、産業別ベトナム国内経済対外開放進展という切り口からは、濃淡の差こそ認められるものの、先述したタイ・フィリピン・マレーシア・シンガポール等先行経済開放諸国と比較しても遜色ない水準にある。このことに関し、これまで筆者は「資本・金融自由化の状況」「市場経済移行過程に於けるベトナム私法制度整備状況」を内容とする論攷を発表してきた[163]。これら論攷は、ベトナム近現代史に即してフランス植民地体制の枠内に留まりつつも、（ⅰ）同国民法（就中、財産法）立法過程を概観するもの、（ⅱ）日系企業の同国向け海外直接投資の現状を説明するものであった。

　本稿では脚注を含め、必要に応じてこれらの論点を補足すると共に、ベト

---

161)　このうち、ベトナムに多額の資金を固定している日本の事情について述べる。民間海外直接投資も、高水準にあるが、ここでは、フローベース直近2007年度ODA（政府開発援助）の状況を概説する。ベトナムは、日本の主要国向け円借款供与先中第1位の547.71百万ドルを受領している。円借款の定義は、以下の通りである。【定義】発展途上国に対し、長期低利の円建開発資金を融資する制度のこと。
　　外務・財務・経済産業3省が国際協力機構を経由して実行する。一般に円借款は電力・ガス、運輸・通信施設、農業等インフラ案件整備を対象工事とする大規模資金需要に対応している。無償資金供与方式を取らず、返済義務を課しているのは、発展途上国に対し元利返済自助努力を促進させるためである。相手国別に日本の円借款供与先上位10ヵ国を見ると、本件①ベトナム、②マレーシア（196.98百万ドル）、③フィリピン（164.39百万ドル）、④中国（156.56百万ドル）、⑤アルメニア（83.68百万ドル）、⑥トルコ（78.66百万ドル）、⑦インド（68.07百万ドル）、⑧モロッコ（49.71百万ドル）、⑨ウズベキスタン（41.32百万ドル）、⑩カザフスタン（35.05百万ドル）とアジア地域が約8割を占めている。また、グランドエレメント（数値が小さい程、無償資金割合が多い）では、日本は他の支援国に比べて有償資金割合が高い。
162)　概要を冒頭「ベトナム経済改革関連年表」に記載している。
163)　原田a（2006）「ベトナム私法整備の経緯と日本支援の役割—社会的共通資本としての法学の視点から—」日本政策投資銀行設備投資研究所『経済経営研究 Volume26 Number 5』／原田b（2007）「ドイモイ（刷新）政策導入後のベトナムに於ける資本・金融自由化政策概観」同上『経済経営研究 Volume27 Number 4』

ナム経済開発政策の変遷状況を跡づけ、ベトナムが中央計画経済体制を放棄
して、社会主義市場経済に移行した理由について述べている。

2－2　農業政策に見るドイモイ政策効果

　ベトナムは本稿冒頭で指摘したように工業化が進みつつあるものの、現在
でも GDP の約 25 ％、全就業者人口の約 60 ％が農業に従事している等[164]、
依然として農業国の域から脱していない。従って、現代ベトナム経済開発政
策を述べるに際し、最初に農業政策に見るドイモイ政策効果[165]について述
べる。

　開発経済学教科書[166]は、農業生産は以下のように工業生産と異なる、と
説いている。

　第1に、農業は生産活動が文字通り農地を「地盤」として営まれるもので、
生産要素である土地が死活的に重要な役割を占めていること。地上に存在す
る土地が有限である以上、農業適地も有限であることは自明で、土地の広狭
が農業発展絶対制約になっていること。

　第2に、農業が人間生存上不可欠な食物生産を内容とする最も古い経済活
動であるため、産業構造高度化に伴い日本や英国等先進工業国で見られるよ
うに、たとえ農業の対全産業構成比が低下しても、重要性は決して消滅しな
いこと（国家食料安全保障政策上の観点）。すなわち、産業構造高度化に伴
う所得水準上昇で、第一次産業に属する農産物需要が増加しないとしても、
猶保護が最低限与えられること。

　第3に、農業生産活動は内在する特殊性[167]に徴して生産管理技術が発達
し、自然現象の影響を蒙り難い工業生産活動と比較すると、現段階では自給

---

164)　農業生産額の推移は、順調に増加している（1990 年 60 兆ドン→ 1995 年 80 兆ドン
　　→ 2000 年 110 兆ドン→ 2003 年 124 兆ドン）。
165)　Bui Duc Tuyen(1992) "Economic Sectors in Vietnam-Situation Tendency and
　　Solutions" Statistical Publishing House に詳細な記述がある。
166)　ジェトロ・アジア経済研究所編『テキストブック開発経済学』有斐閣　2004 年
167)　作柄が天候に左右されること、各作物の予想需要が工業製品に比較して難しいこと等。

自足的要素が強いベトナム農村田植稲刈時の近郷近在労働力動員等、工業生産活動と異なる要素があること。

　東南アジア大陸部インドシナ半島東岸に位置して、気候的には亜熱帯（北部）から熱帯（中部～南部）に属するベトナムは、古来より稲作を中核とする農業国である。統一後、ハノイ政府がこの分野で最初に実施したのは、土地改革であった。すなわち、ベトナム戦争（第2次抗米救国戦争1961年～1975年）終結後、ドイモイ政策実施までの約10年間にお膝元・北部紅河デルタ地帯で既に実施済みの農地所有権集団化・国有化という社会主義特有の政策を、解放後は中部～南部[168]でも悉皆レベルで実施した。この結果、特権地主は固より、零細な個々農民に至るまで純然たる私有財産権者の立場にあった生産者は、耕作意欲を喪失した。この結果、世界の主要穀倉地帯のひとつを構成するメコン・デルタを国土南部に擁し、隣国タイ同様に世界有数の米輸出国であったベトナムの米収穫量が急激に減少して、同国は食料純輸入国に転落した。このように、統一直後採用された中央計画経済期（1975年～1986年）、農業国ベトナム産業を支える米生産力低下に見舞われたが、事態を深刻に憂慮した[169]ベトナム共産党は、遂にドイモイ政策実施に踏み切り、1987年以降、生産量は急速に回復した。

　ベトナム農業の中心地は、南部メコンデルタと北部紅河デルタ周辺にある。総生産額に占める稲作畑作構成割合は、概ね8：2の割合で推移しており、ドイモイ以前と比較して大きな変動は見られない。近年、増産中のコーヒーは国際商品で相場変動はあるものの、利幅が大きいため、各地で生産が奨励されている。また、胡椒・天然ゴム等工芸作物も、中部高原地帯で生産され

---

168)　内戦期に少数の特権的地主支配下にあった中部・南部耕作地帯でも土地改革を実施した。

169)　The Gioi Publishers(2005) "75YEARS OF THE COMMUNISIT PARTY OF VIETNAM(1930-2005) A selection of documents from nine Party Congresses" pp.864 - 872。同政治文書には、1988年政治局第10号決議「農業経済管理に関する刷新について」等、本文中次章で述べる工業政策分野に関する同一視点に立脚した議論が展開されている。

補　遺

ている。このほか、ホーチミン市（南部）・ハノイ市（北部）等大消費地を
後背地に持つ大都市周辺農村地帯では、野菜果樹栽培も行われており、この
点では千葉・神奈川、和歌山・滋賀等東京・大阪大都市圏を出荷先とする日
本の大都市近郊農村地帯と共通する要素も見られる。

　ドイモイ後、生産量が多い収穫物は、米、砂糖黍、キャッサバ、玉蜀黍、
甘藷、ココナツ、コーヒー、落花生、天然ゴム、緑豆、カシューナッツ等で
ある。このほか、経済成長に伴う食生活向上により、牛乳・バター・チーズ
等酪農製品や牛肉需要が増加しており、農業生産量増加と共に、生産価格上
昇が予想されている。このほか、南シナ海の長大な海岸線を擁する沿海部で
は、近海漁業や輸出用海老養殖等が盛んになり、ベトナムはドイモイ政策実
施後僅か20年弱の間に、米・コーヒー豆・各種水産物等一次産品分野で、
世界有数の輸出国へと劇的な変貌を遂げた。この変貌は、貴重な外貨獲得に
即効力を有する商品作物作付面積拡大政策にベトナム農業省当局が舵取りを
行った結果であるが、一方で①標記ドイモイ政策が農業・水産業等の分野に
於いても家族経営・個人経営が許された結果、効率的労働力集中が可能とな
り、増産が図られたこと、また、確かに市場経済体制下では変動極まりない
国際市況に曝されること等のマイナス要素もあるものの、②品質向上努力次
第では獲得可能な利潤絶対額が拡大することを、共産党中央が容認した結果
である。別言すると、市場経済下で経営行動の基本となる利潤追求行動が教
条社会主義イデオロギーの呪縛から解放され、「当事者が営業努力や商売上
の工夫を通じ、経済取引各当事者の才覚が直ちに金銭的にも報われる市場原
理」にドイモイ政策採用以前の「勤勉に働いても怠けても経済的な報酬に差
が付かない教条社会主義的・集団主義的な誤った『経営指導方針』」から大
きく転換したことによる部分[170] が大きい。

　このように農業政策に見るドイモイ政策効果は、西側資本主義社会で当然

---

170)　この論点に関しては、以下の文献を参照。村野（1996）『ベトナム農業の刷新 - 成
　　果と課題 -』、竹内（1999）『ドイモイ下のベトナムの農村・農村開発問題に関する総
　　論的覚書』、長憲次（2005）『市場経済下ベトナムの農業と農村』。

156

視される利潤動機に裏打ちされた経営主体個々の行動が、農業・水産業等の
分野でも近代経営感覚を持つことにより齎されたものと言える。

2－3　工業政策に見るドイモイ政策効果

　前出開発経済学教科書によると、嘗て発展途上国を特徴付ける産業が農業
であったことから、一般に工業は農村労働力を吸収する都市部で発展する産
業と認識されてきた。また、「工業化」概念それ自体についても、工業が一
国の経済を発展させる政策に有効なインパクトを与えている諸々の事実に着
目して、工業化を促進することは、発展途上国が先進国の仲間入りをするた
めに重要である、と規定する。ベトナムもこの文脈で、2020年を目標に置き、
農業国から工業国へ移行する発展過程で各種マクロ経済指標により表現され
る経済発展の「絶対値」[171]を増加させることを重要な政策目標に置いている。
工業化政策の成功が急速な経済成長に繋がった作用機序解析を通じて、洛陽
の紙価を高めた『東アジアの奇跡：経済成長と政府の役割』(1994)[172] が指
摘する通り、1990年代半ばまでに NIEs 諸国で達成された著しくかつ継続的
経済発展を可能ならしめた工業の持続的発展を見逃してはならない。この間、
東アジア域内に留まらず、近隣の東南アジア諸国経済産業政策研究を継続し
ていたベトナム政府当局は、国政の基本方針であるドイモイ政策を促進する
ためにも、経済発展度（＝「絶対値」）向上が必須という判断の下で経済政
策を運営してきた。前項「2－2　農業政策に見るドイモイ政策効果」で、
見た通りである。

　結論を先に述べれば、工業化を通じて農業中心のベトナム産業構造を高度
化することにより、同国の経済的厚生総量も増加する。つまり、手段として
の工業化は一国がより豊かになるための有効な処方箋を提供する。「工業化
は安定経済成長を齎す」のである。同時に、経済成長の結果、所得水準上昇

---

171)　代表的な指標としては GDP、国民所得、貿易収支、外貨準備高等が想定される。
172)　世界銀行著；海外経済協力基金開発問題研究会訳（1994）『東アジアの奇跡：経済成
　　　長と政府の役割』

が誘導される。

　このような論理展開の下、ベトナム政府は戦後日本における工業化政策を研究してきた。戦後日本には、経済成長過程で発生した公害、多発した交通事故、過密過疎に象徴される

国土の不均衡な発展状況等ネガティブ面も多数あるが、ベトナムは標記日本の経験を取捨選択して、自国に適合した経済開発政策を採用しようとしている。次章3. では戦後日本の工業化政策で重要な役割を果たした中小企業育成政策は、ベトナムの経済開発にも裨益するという視点から、同国の中小企業をめぐる制度分析を行う趣旨等について述べる。

3．研究課題と方法の提起

3－1　問題意識：市場経済における民主主義

　本稿でベトナム中小企業をめぐる制度分析を行う趣旨は、社会主義市場経済において、計画統制的な経済主体である国有企業という存在の対極に位置する中小企業の存在に着眼して、経済的民主主義を典型的に代表する中小企業を対象とするベトナム政府による育成政策とその課題を探ることを通じて、同国市場経済化のミクロ的現実を解明する点にある。社会主義市場経済におけるかかる中小企業研究は、ロシア・東欧地域については先行研究も多いが、アジアにおいては猶その研究成果は限られており、本研究による貢献余地は大きいと考える。特に、本研究では中小企業金融に重点を置いた観察を旨とする。ベトナムの場合、1992 年憲法 §15 §16 による経済運営が行われているが、殊に §15 が掲げる [173]「社会主義市場経済」の実態を解明する

---

173)　On major directions in economic policy (Report of the 6 th Central committee on the documents of the 7th Congress 1991)pp.787-794 "75 YEARS OF THE COMMUNIST PARTY OF VIENTNAM Selection of documents from nine Party Congress" (2005), THE GIOI PUBLISHERS に 1992 年ベトナム憲法財産権規定立法に関する党公式見解が示されている。このほか、この書物にはインドシナ共産党結党（1930 年）以来の重要文書が体系的に納められている。現行 1992 年憲法社会主義〵

ことが重要と思われる。1986 年 12 月第 6 回ベトナム共産党大会でドイモイ路線が採択[174]されて以来、ベトナムは経済政策運営に関する国家理念である社会主義市場経済と共に経済民主主義の定着を進めつつあり、中小企業促進のための制度面の特色並びに改革課題を日本の経験の対比から引き出すことを本稿で論証したい。

ところで、一国の市場経済の特色を理解するために有効な方法として 2 つの視点がある、と考えられる。ひとつは制度論的アプローチであり、もうひとつは理論経済的なアプローチである。先行研究（花輪［1995］pp.1 ～ 3、pp.7-13）によれば、第 1 の視点は分析対象国で営まれている市場経済の実態を歴史的にかつ国際比較的な立場に立ち、事実そのものを忠実に素描することで論点を抽出しようとする制度論的方法である。通常、市場経済は金融政策、法政策、産業政策等各国が採用している制度に影響され、存在の態様が大きく異なる場合が多いが、事実を積み重ねる所作を丹念に継続することにより、個別分析対象国で採用されている標記各種制度の根底に存在する共通要素を抽出することが可能である、と考えられる（個別分析対象国の統治機構に内在する国家運営理念を念頭に置いている。ベトナムの場合、それは

＼市場経済に関する条文は、以下の通りである。

Article15 The State promotes a multi-component commodity economy functioning in accordance with market mechanism under the management of the State and following the socialist orientation.

The multi-component economic structure with various forms of organization of production and trading is based a system of ownership by the entire people, by collectives, and by private individuals, of which ownership by the entire people and by collectives constitutes the foundation.

Article16 The aim of the State's economic policy is to make the people rich and the country strong, satisfy to an ever grater extent the people's material and spiritual life by releasing all productive potential, developing all latent possibilities of all components of the economy - the State sector, the collective sector, and the State capitalist sector in various forms-pushing on with the construction of material and technical bases, broadening economic, scientific, technical, cooperation and expanding intercourse with world markets.

174) ドイモイ路線切替前には旧ソ連型中央計画経済体制下で、経済実情を無視した非民主的な政治決定が横行していた。

社会主義市場経済と民主主義)。一方、この視点による分析では、世界中で
見られる市場経済自体の内側で共通に存在する諸要素を統一的に包括する分
析視点から把握しようと試みる場合には不便が残る。

　第2の視点は理論経済学のアプローチである。諸対象国全体を一括りにし、
ひとつの塊と捉え、個別差異を捨象しながら共通理論を確立しようとする視
点である。例えば、日本と米国市場経済の間には、①雇用形態[175] ②金融慣
行[176] ③市場慣行[177] 等多くの相違が存在しているものの、以下の共通要素

---

175)　バブル崩壊後日本経済は、ピーク時1998年前後には5％を超える失業者を出し（実
　　数では350万人）、3つの過剰（雇用・設備・負債）を解消するために、第2次世界
　　大戦後長らく社会の共通理解となっていた完全雇用に近い状況からの転換を迫られ
　　た。本来は積極的意味も含んでいる筈だった「リストラ（構造改革）」の名の下に、
　　社会的規模で解雇が実施され、年功序列・終身雇用・企業内労働組合を基調に形成さ
　　れてきた正規労働者主体の日本的雇用形態は、10年後の今日、派遣社員・パート従
　　業員等非正規労働者の構成比が上昇している。人件費は本来固定費であるが、基幹労
　　働者にとっても年俸制導入が一般的となったことから、企業業績改善と処遇改善がこ
　　れまで程にはパラレルに機能しなくなったほか（労働分配率低下）、同一労働・同一
　　賃金原則貫徹についても、身分形態が異なる労働者が同一職場に在籍することが不思
　　議でなくなり、業務の繁閑度に応じて雇い止めが可能な準固定費、乃至変動費的原価
　　要素に変貌しつつある。米国は日本と大きく異なり、一般労働者は厚遇を求めて転職
　　を繰り返す「ジョブホッピング」が当然で、ひとつの企業に永年勤続していることは
　　逆に「無能の証明」と見なされる風潮もある。企業年金等福利厚生についても、「持
　　ち運び可能な（ポータブル）」制度設計が行われており、在籍年数が長期に及べば及
　　ぶ程労働者にとって経済的に有利となる日本型制度設計と異なる。しかしながら、米
　　国でも基幹労働者は一般労働者と異なり、日本同様に平均勤続年数が長期に及ぶ者が
　　多いことは、意外に知られていない。
176)　間接金融優位が戦後経済復興過程以後長らく続いてきた日本の金融慣行にも、1980
　　年代後半以降大きな転機が訪れた。日米構造協議（1984年）を受けて日本にも債券
　　格付制度が導入（1985年）され、米国同様に資本市場を通じて一般投資家から直接
　　資金調達を行う太いパイプが敷設された。後述するように、社債、CP等証券発行を
　　通じてマーケットから無担保・無保証で巨額資金（しかも満期一括償還）を調達する
　　道が開かれた信用力が強い大企業は、担保・保証人を要求され、常時事業内容をモニタ
　　リングされる煩を嫌悪して銀行離れ現象が広く見られた。一方、中小企業は相変わら
　　ず信用力に乏しく、銀行借入に頼る以外経常資金調達を行える道はなかった。銀行は
　　金余りの結果、審査規律を緩め、大企業向け余剰資金を信用力が「認められる」中手
　　企業（中小企業）宛貸付けたが、日本銀行による「バブル退治」を受けて担保価額評
　　価が激減。民間銀行を中心に、自己資本毀損現象が遍く生起して平成大不況（失われ
　　た10年）に繋がった。
177)　日本では所謂「系列取引」が一国経済の中に近代的産業と前近代的産業が併存して
　　いる二重構造の中で、広範に行われている。系列取引は、公開市場取引を前提に企業↗

が抽出されることを以て共通理論演繹が可能であると見なす視点である。つまり「市場経済社会では資本を投下した企業は、常時高い収益率を求めている。投資案件パフォーマンス比較は、当該投資決定の可否を決裁する時点で実施されることは勿論だが、資本運用期間中も常時行われ、市場裁定行動を通じて利回りの高低が厳密に計測される。潜在損失可能性（流動性リスク、信用リスク、市場リスク、オペレーションリスク、カントリーリスク等）に関するレビューも定期的に行われるほか、市場金利水準の乱高下・為替レート大幅変動等投資期間中に異常事態が発生した場合には、直ちに臨時レビューが行われる等、計算結果如何によっては、その時点で投資を打ち切り、資本回収或いは鞘取を目的とした追加投資を敢えて実行する等多様な資本戦略が機能している。市場経済制度下にある日米両国は、この点で共通している。故に両国を一括りにしてひとつの塊と捉え、個別差異を捨象。両国の市場経済を理解する共通理論が確立できる筈だ」等とするものである。この視点(理論経済学の手法）からの市場経済理解も乗り越えるべき理論的なハードルは高いものの、かなりの部分が解析可能と考えられる。日米両国間で取扱を巡って、屢々大きな政治問題にまで発展する市場経済運営を巡る個別的な差異（例えば、市場開放政策を巡る農業問題、知的財産権問題等枚挙に暇がない）

＼活動が営まれている米国には理解し難い経済行動で、日本では資本的・人的・資金的関係を有する企業相互間で広く観察される。確かにある取引（例えば、自動車企業の鋼材調達）を公開市場乃至入札で実施すれば、最安値で交渉成立となるが、ⅰ品質保証、ⅱアフターサービス、ⅲ当該物品以外の関連物品調達に伴う便利、ⅳ次回調達以降も同一手続を機械的に繰り返さざるを得ない煩雑さ等々の諸点で、日本企業の多くがこれまで商売上の長期的便宜供与に関する思惑をも含めて主に系列取引を行っていた。経済学的に考えると、系列取引は短期的には公開市場乃至入札を行わないことに伴う機会損失を構成するが、長期的には必ずしも非効率取引とは言えないのではないか、という説がある。これについては Lincoln, R, James et al [2004] Japan's Network Economy,Structural Analysis in the Social Sciences 24 Cambridge University Press、David Russell et al [1994] Keiretsu inside the hidden Japanese Conglomerates, McGraw-Hill、T.W.Kang [1990] GAISHI TheForeign company in Japan, Charles E. Tuttle が外国人の立場から観察した分析がある。
日本語文献に関しては、日本中小企業学会編 [1985] 『下請・流通系列化と中小企業』同友館、同左 [1992] 『企業間関係と中小企業』、高田亮爾 [1989] 『現代中小企業の構造分析－雇用変動と新たな二重構造－』新評論等に経済学的説明が展開されている。

は、大した問題の裡には入らないことになるが、強ち暴論とは言えないであろう。

このように、理論経済学はその名の通り、分析対象たる経済現実を理論的に抽象化して数量的に捉えることを考察の客体として位置付ける結果、相対論ではあるものの、歴史的制度的に記述する要素は必ずしも多くはないのではないか。中央計画経済を放棄し、「社会主義市場経済を採用したベトナムにおける中小企業政策の形成過程」を明らかにするためには、理論的に抽象化、数量的に捉えていくよりも同国の歴史的制度的分析を行い、実態解明を試みる方が一層適切な回答が得られるよう、筆者には思われる。また、ベトナムの場合には、理論経済学上精緻な計算に必要である各種統計が、日本や米国・欧州先進国に比較して得難い[178]技術的問題があり、理論経済学に基づく第2の視点は取らない。

3－2 研究課題：ベトナム中小企業政策の特色と課題の検証
第1節 市場経済化における中小企業の役割

制度派経済学者ウエブレン［1904］は、著書『営利企業の理論』（*The Theory of Business Enterprise*）の中で「現代は営利企業の時代である。産業活動の主要な部分については、利潤追求が経済活動の目的であることは疑うべくもない。この利潤追求に基づく経済活動を組織化するのが営利企業、就中法人企業であり、近代資本主義制度を形づくる物質的骨格は、マシーン

---

178) 例えば、筆者手許ベースでは "Vietnam's Economy in 2004" 等 CIEM（CENTRAL INSTITUTE FOR ECONOMIC MANAGEMENT）各年版、Science and techniques Publishing House（2006）, "The Impacts of Foreign Direct Investment On the Economic Growth in Vietnam" をはじめ、マクロ経済分析作業実施に必要な各種統計が掲載されている資料が数点ある。このほか、ベトナム現地で容易に入手可能なレベルの統計書については、現地調査時に公共図書館レベルを含めて英語版資料収集を目的に時間が許す限り入手を心掛けたが、インターネット経由で取得出来るベトナム中央銀行金融統計、財務省統計等を見る限り、OECD 加盟先進諸国が公表している各種基本的統計資料の種類・開示精度と比較して貧相な印象があることは否めない。今後、筆者はベトナム現地大学図書館を含め、統計資料収集を再度試みる。

プロセス[179]を具現化した産業であり、この骨格に生命を与え、活性化するのが利潤追求を目的とする営利企業であるが、産業と営利企業との間には厳しい対立関係が存在し、（中略）それら相互関係を規律するのが民主主義である」（ibd.p256）と述べている[180]。このほか、市場経済化が経済発展に及ぼす影響については、先行研究[181]によれば、例えば寺西［2007］p.86、奥

---

179) 「近代文明を支える物質的な枠組は産業体制であり、この枠組に生命を吹き込んでいるのが営利企業である」とする思想の中で、「近代産業の規模と方法は、機械によって規定される。近代的工業社会は、このような機械装置と生産工程なくしては存立し得ない。機械を中心とした産業が（世の中の）支配的な地位を占め、産業社会のペースを決定してゆく。このことにより、現代社会は他の時代から画然と区別される」という文脈から、この著作出版後（1910年頃）に登場したベルトコンベアシステムに代表される大量生産システムにより稼働する製造業がウエブレンの念頭に置かれている、と読める。

180) 18世紀半ば頃の経済と政治制度の相互依存関係に関する言説として政治学的立場に立った以下の議論があることを参考にされたい。「民主主義は貧困を齎すものであり、経済的発展は貴族政治や独裁専制政治により齎される」として、経済発展と（今日で言う）民主主義とは相容れない存在であり、両者はトレードオフの関係にある、とする説が唱えられたことがあった。政治学的な意味で、経済発展と民主主義の関係を論じたこの言説によれば「民主主義社会では貴族政治や独裁専制政治が行われている社会に比べて、所得を豊かな人たち（階級）から貧しい人たち（同左）に分配しようとする圧力が働くので、経済成長に必要な貯蓄移転が行われる。従って、貯蓄率の低下が起こり、経済成長は抑制される」ということになり、歴史的な事実から判定すればこれは誤りである。例えば、韓国が1980年代後半になって漸く軍事政権から文民政権へ移行後、高度経済成長を成し遂げ、1996年12月、OECDに加盟。1997年～1998年にかけてのアジア通貨危機に巻き込まれ、大きな経済混乱に苛まされた時期が確かに存在したものの、各種困難を乗り越えて先進国の仲間入りした歴史的事実に注目。同じ朝鮮半島内では、未だに金正日独裁政権体制下にある北朝鮮は紛れもない発展途上国であるし、東南アジアに目を転じると、先のサイクロンにより国民生活（多数の人命を含む）に大規模被害を被ったミャンマーは、軍事独裁政権が継続している。ミャンマーの悲惨な経済現状を勘案すれば事実は逆で、経済運営に関しても国民一般の合意形成手続が民主的に進められている国の方が高い経済成長率を享受している事例が多いことが分かる。

181) 花輪俊也［1995］「わが国の金融経済の理解のために」『日本の金融経済』有斐閣。このほか寺西重郎・福田慎一・奥田英信・三重野文晴編［2007］『アジアの経済発展と金融システム（東北アジア編）』東洋経済新報社、奥田英信・三重野文晴・生島靖久編［2006］『開発金融論』日本評論社、高橋基樹・福井清一編［2008］『経済開発論』［2008］、伊東和久・山田俊一編［1993］『経済発展と金融自由化』アジア経済研究所などを参考にしている。

田［2006］pp.23-25、高橋［2008］pp.131-134、伊東［1993］pp.71-73 等も
中央計画経済から脱却後、市場経済に移行した状態で、経済活動から得られ
るパイを縮小させず、企業組織を効率良く経営していく上で、経営者の個人
利益が必ずしも企業全体利益とは一致しないことに鑑み、健全な競争環境を
提供するシステム構築が必要である、としている [182]。政治的民主化を主な
内容とした敗戦後日本の経験 [183] は、ベトナム社会主義市場経済環境下で、
経済成長加速の担い手として中小企業が果たそうとしている役割を検討する
この節における文脈とは、必ずしも整合するものではないことに注意する必
要があろう。

　中小企業は大企業が成立する以前の発展途上国にあって、主たる経済活動
を担っており [184]、中小企業の円滑な成長を通じて国民経済に雇用と所得を

---

182)　旧ソ連・東欧が社会主義を放棄して、市場経済に移行した大きな理由のひとつには、
中央計画経済を担う官僚機構が特権化（ノーメンクラーツ）し、末端消費現場商品ニ
ーズ等経済を現実に動かす情報収集努力を怠ったことや、価格メカニズムが機能しな
い社会機構の下では、効率的資源配分を実現する市場による需給均衡が行われなかっ
たことに伴う社会混乱・沈滞が見られたことを指摘出来る。また、市場は社会におけ
る財の交換に纏わる一つのメカニズムであり、市場において自由な生産や取引のネッ
トワークが形成され、共通指標（例えば、売上高、経常利益、売上総利益率、使用総
資本回転率,負債比率等諸財務指標)に収斂される財の自己調整的な分配が行われている。
183)　占領軍総司令部（GHQ）は、特権的大企業（財閥企業）と日本軍部の癒着を問題視
しており、この癒着関係が 15 年戦争を引き起こした、と解釈していた。財閥解体、
持株会社禁止等第 2 次大戦後の日本の市場経済制度を巡る民主化は、政治的文脈から
の民主主義を意味するものである。財閥解体、持株会社禁止等第 2 次大戦後に実施さ
れた市場経済制度を巡る民主化は、1960 年代以降の日本経済の高度成長に繋がるも
のであったが、本文で述べられている民主主義は、健全な企業競争環境を整備するた
めに必要な制度設計を含意するものである。長谷川晃（1994）「〈公正な市場〉の法」『法
哲学年報』参照。
184)　社会主義思想は本来、資本主義が隆盛を極めていく過程で拡大した資本家・労働者
階級間の経済格差を均需するためにはどうしたら良いか、を考察することから始まっ
た。思想史を遡れば、生産手段の社会的所有を通じて、人間の自由・平等を実現しよ
うとする思想が出発点（空想的社会主義）にあり、サン＝シモン、ロバート・オーウ
ェン、シャルル・フーリエらの名前を挙げることができる。空想的社会主義は、その
後、科学的社会主義思想に発展し、『資本論』において剰余価値学説を元に壮大な思
想体系を築き上げたマルクスが、搾取・革命論等を論じた。マルクスの死後、エンゲ
ルスやレーニンは更に思想を深め、資本主義から社会主義へと歴史は発展的に展開す
るのであり、移行する歴史の中で過渡的に通過する社会を社会主義社会と規定する↗

齎している¹⁸⁵⁾。ベトナム経済は、アジア通貨危機（1997年〜1998年）の
影響を受け一時停滞したものの、ベトナム共産党一党独裁政治体制下、その
経済規模は順調に拡大している¹⁸⁶⁾。また、ベトナム政府が現在進めつつあ
る中小企業育成政策は、達成した国民所得向上という観点に立つと漸く後発
開発国から脱却して、中進国への移行を目標に設定する政策実現の上で時宜
に適った政策である、と考えられる。中小企業セクターに、潤沢な資金循環
を可能にする金融制度創設が望まれる所以である。

　更に、社会主義市場経済においても、夙に資本主義経済で出現している状
況と類似する状況で「中小企業間自由競争環境が整えられるならば、中小企
業育成政策を効果的に促進することに繋がる」という視点からはプラス評価
材料になる。ここで、二つの視点が想定される。すなわち、「（中小企業育成

　＼通説的理解がある。ベトナムはホーチミンにより、フランス植民地支配からの解放が
　宣言され、対フランス勝利後も更に米国から直接に侵略を受けた経緯があることは、
　周知の歴史的事実である。この文脈で、ドイモイ政策導入に先立ち、ベトナム共産党
　内部にも思想・路線対立があったが、結果論から言うと「社会主義は、生産手段私有
　を認める資本主義社会が必然的に齎した貧富の差、資本家と労働者の対立に由来する
　階級的対立を解消して、人民大衆（労農ソビエト）が主人公である社会を形成しよう
　とする思想」であった筈であるが、ベトナムでは社会主義市場経済進展と路線変更が
　行われた。労働者・農民大衆の国家であるベトナム社会主義共和国で、市場経済進展
　に伴って発生する労働者・農民大衆間貧富の差拡大は、社会主義伝統思想の中でどの
　ように整理したら良いか筆者は判断に迷っている。
185)　日本の中小企業については、明治維新以後の殖産興業・富国強兵政策下、急速に産
　業を発達させるために三井・三菱・住友・安田等財閥を中心とする企業群の下に、中
　小企業が存在する二重構造体制が形成されている。明確な姿で中小企業が問題化した
　のは、第1次世界大戦〜昭和恐慌（1927年）に至る時期である。この時期に日本の
　産業革命は一応の完成を見たが、これら財閥企業は元々特権的地位を占めており、特
　にこの時期に鉄鋼・造船、化学・繊維、食料品工業等各主要産業部門において資本蓄
　積を著しく高め、重化学工業基盤を充実強化した。大企業は第1次世界大戦後の恐慌、
　及びその後の金融恐慌過程を通じて、カルテル行為・産業合理化等により生産・資本
　集中を一層推し進め、特に金融恐慌下では銀行資本集中過程を通じて、その他の産業
　特に多数の中小企業群の再編整理を進め、自己系列化する等今日にまで至る二重構造、
　系列等の言葉で象徴される日本の産業構造が形成されている。
186)　1998年〜2003年のGDP対前年比伸び率は、以下の通り。1998 +15.1%　1999
　+10.8%　2000 +10.4%　2001 +9.0%　2002 +13.2%　2003 +13.2%

が促進されることは）速やかに雇用と所得を齎して、ベトナム国民経済発展に貢献する」ことを政策課題に掲げ、ベトナム政府が具体的な各種政策を模索しつつある現段階では、「特別の支援政策を導入→その結果として市場競争が促進される→中小企業育成が効果的に行われる」というシナリオと、「市場競争基盤を整備する→中小企業育成（例．ADB等その他ドナーが推進中である中小企業政策）が自然発生的に進む」というもうひとつのシナリオがそれである。即効性の観点からは、前者が望ましいと思われるが、介入主義的手法に見られる要素が含まれているため、中央計画経済から脱して久しい現在のベトナム政府部内で、経済自由競争派と守旧派間の政治論争を惹起する蓋然性もあるところから、どちらのシナリオを採用すべきかは、悩ましい問題である。

第2節　市場経済化における金融の役割

　金融の本質的機能は、資金決済機能と金融仲介機能である。資金決済機能の例を挙げると、銀行間オンライン資金ネットワーク等インターネット経由電子情報を用いた即時・確実な決済手段整備によるファイナリティ（決済完了性）を社会的に保障する機能を通じ、企業・個人・行政間相互の日常的経済活動を円滑に促進する機能がある。効率的な資金決済機能整備が不十分であれば、典型的には有償双務契約で見られる債権債務決済確認後の履行遅延等、経済活動効率性や安定度の面で、著しく制約されることが明白である。グローバリゼーションにより、市場経済化が進んでいる今日、国内経済取引のみならず国際経済取引にも必要不可欠である効率的かつ安定した資金決済機能整備が、国家主導で進められるべきことは、国益増進と経済生活向上面で有益であることに異を唱える人は少ないであろう。

　一方、金融仲介機能は、資金運用手段（貯蓄運用手段）提供を通じ、資金を必要とする分野に円滑に融通する（資金供給《仲介》）ことにより、新規事業起ち上げや、既存事業増強・合理化等経済活動促進に直結する。金融仲介時、必然的に信用リスク（貸金返済が受けられなくなるリスク）を初め、

様々なリスク[187]が発生するが、これら諸リスクを適切に評価・分析・管理するところに金融仲介の本質的機能が存在している[188]。例えば、間接金融に於ける金融機関の審査能力がそれである。すなわち、一見したところでは信用供与が困難と思われる投資案件が持ち込まれたとしても、金融機関に十分な審査能力（精緻なキャッシュフロー分析等深い洞察力に基づいた高度な情報生産能力）が備わっているならば、信用リスクを適切に管理出来る。この結果として、金融機関は、資金余剰主体（個々の預《貯》金者、金融債購入者等が貯蓄源泉を供給）から事業会社等資金需要者に適時適切な信用を供与し、資金面で当該プロジェクトを支援することが可能となる。第2次世界大戦後、経済復興過程にあった日本やドイツの実例から示唆される通り、一国の経済や産業が成長するためには、成長過程での原始的資本蓄積面で頼り

187) リスクには①信用リスクのほか、②金利リスク（調達金利よりも貸出金利が低い場合、損失を被る危険）、③流動性リスク（調達資金返済期限が貸出金返済期限よりも早く到来し、資金不足に陥る危険）等がある。
188) 例えば奥田（2006）pp.20-25。金融部門の発展に障害となった事柄として、以下事項が原因と考えられる。ⅰ所得絶対水準が低いため、貯蓄水準や資産蓄積水準自体が低くならざるを得ないこと、ⅱ零細資産保有者（その日暮らしのストリートベンダーが多い経済を想像）が多いため、リスク回避指向が高く、長期に資金を拘束されることを嫌う傾向が大きい。このため、長期資金供給原資を構成する金融商品（例えば民営化前の日本の郵便局における定額貯金制度）を構築する社会的仕組みが成立していないこと、ⅲ発展途上国産業構造が植民地支配の結果、発展途上国産品は、モノカルチャー的な農業から生産される農産物及び鉱業資源等一次産品に偏っており、自然環境や世界市況変化によって一律にかつ大幅な影響を受け易いこと、ⅳ家族経営企業が大半であり、法人としての企業利益よりも、オーナー家族の利益計上を優先され、法人が家族個人利益の犠牲になる傾向が強いこと、ⅴ法律や会計制度に著しい不備があり、情報開示も都合の悪いことは全くディスクロージャーしない等、利害関係者間情報の非対称性が極めて大きいこと等である。金融部門と実物経済、並びに経済制度は、本来それぞれは相互に関連し合い、資金的にも政府・企業・家計3経済主体間を円滑に循環して、一国全体としての経済に（＋）の働きを齎すように機能することが可能である。発展途上国の場合、初期条件としての「低水準均衡の罠」に陥り易い悪条件が存在しており、市民意識レベルで既に社会主義の悪影響が薄まりつつある今日のベトナムの場合は、政府が進める工業化政策の下で、雇用機会の拡大、産業連関分析表から優位性が確認出来る輸送機械製造業（二輪車・四輪車製造業）、電気電子機器製造業等加工組立型の製造業分野において、裾野産業分野を構成する部品産業をターゲットにした中小企業振興政策が有効であろう。

になる金融機能（厳密には金融仲介機能）の存在が重要である[189]。

　つまり、金融セクターの信用度が高まるならば、預（貯）金集中を通じて経済・産業発展に活用出来る資金が増加することに繋がる。この意味で一国の経済や産業を構成する実体経済分野（実物セクター）と金融分野（金融セクター）相互の関係は、あたかも硬貨の裏表に喩えられ、一国経済発展の程度と金融機能充実との間には、密接な相関関係がある。　固よりベトナム政府も、①金融経済取引を円滑に進めることが市場経済化促進に繋がること、②経済成長促進のためには取引費用を低下させることが有効であることを中国改革開放政策[190]の研究を通して学んでいた形跡がある。また、ベトナムは日本を初め、西側先進資本主義国（市場主義諸国と略同義）の経済政策を研究しており、効率的で公平な市場経済制度を国内に創設するためには、所有権や契約・経済取引等に関する各種ルールの束である法律基盤整備と共

---

189)　日本の経験では、急速かつ比較的に安定していた高度経済成長時代（1960年頃〜1973年頃）を金融が支えた事項として以下が挙げられる。ⅰ非金融部門投資案件を間接金融機関である銀行が客観的に審査出来たこと、ⅱ投資案件内在リスクマネジメントを、希少資源を効率的に配分する銀行が行うことに対する社会的な合意が成立していたこと、ⅲ資金需要者である非金融部門セクター経済行動を、債権者の立場から監視することを通じ、資金の非効率運用回避・不公正使用等機会主義的行動を抑止したこと。同種の機能は、本質的には証券会社等直接金融メカニズムの活用によっても発揮し得る筈であるが、日本の経験では歴史的に大蔵省・日本銀行による間接金融優先政策があり、直接金融については実証力に欠ける憾みがある。Horiuchi Akiyoshi "Information Properties of the Japanese Financial System" "*Japan and the World Economy*" 第1巻第3号 pp.255-278 に詳しい議論が掲載されている。

190)　1949年〜1978年の中国経済（建国〜改革開放政策導入前年）は、基本的には単純な形態を維持し続けてきた。マルクスが『資本論』の中で描いた理想社会（共産主義社会）では、市場での財交換を前提にした商品の存在、及び交換を媒介する貨幣を最終的には社会から消滅させるシナリオが提示されている。
マルクス・レーニン主義の原理原則に強く依拠して国共内戦に勝利した毛沢東は、統一中国たる中華人民共和国建国理念として原理主義的に標記共産主義社会の実現を国家目標に措定した。「社会主義は、資本主義から最終的には共産主義へと至るまでの歴史的通過地点である」と説明される古典常識が、その後の歴史事実（1989年11月ベルリンの壁崩壊。1990年10月東西ドイツ統一。1991年12月ソビエト連邦崩壊）の積み重ねにより実際には起こらなかったことが証明された。改革開放政策を中国が採用したことについては、この文脈も考え合わせる必要がある。

に、強制力を賦与し法律上の救済を国家機関が担う[191]司法機能を通じて権利者に与えることが有効であることを学んだ。つまり、ベトナムでは判決に基づき、国家が強制執行力を行使して法律上の権利者に満足を得させる、という市場経済が発達した諸国では当然と見なされる行為さえ不十分なまま放置されてきた経緯がある[192]ことを指す。ベトナムはこれら法制度改革と併せて、現実経済を構成する企業セクターに関する改革についても、検討俎上に載せることとなったのである。

　以上、金融は先進国のみならず、発展途上国においても重要な機能を果たしていることを説明した。殊に自国通貨が信用されていないベトナムの場合、マクロ経済的に見て経済成長に必要な蓄積された貯蓄が十分な水準に達しておらず、本格化しつつある国営企業の民営化プロセス[193]に際し、放出される政府株式の受け皿となる家計部門がどの程度まで引き受け出来るか、という適切な見極めが政策成功の鍵を握る、と言える。高度経済成長過程にある今日のベトナムでは、マクロ経済運営上も家計に退蔵されている現金通貨（ベトナムドンの場合もあるだろうし、法律の規定にも拘わらず[194]）、米ドルの

---

191)　ベトナムには「王法も、村の垣根の外まで」という俚諺があり、農民社会であったベトナムではフエ阮王朝（1802年～1945年）による政治支配と農村集落内自治が共存していた。近代司法制度は、統一国民国家成立後、三権分立の国法体系下、裁判過程を経由して国家意思が国民に適用されることを前提に組立てられている。ベトナムの場合、社（ディエン）と呼ばれる村の施設（民俗学的理解では、権威が必要とされる事項処理が行われる場所で、宗教施設も兼ねる）で、各種の紛争は長老合議により自治的に解決された。集落内での出来事には、阮王朝役人と雖も原則として干渉は出来なかった。この論点については、後述第4章　法文化の視点から見たベトナム人法意識本文参照。

192)　75 YEARS OF THE COMMUNIST PARTY OF VIENTNAM" pp.943-958

193)　詳細は "Vietnam's Economy in 2004" pp.77-84

194)　ベトナム法貨は当然のことながら、ベトナムドンである。しかしながら、ドイモイ以前破綻状態にあった同国の経済環境下では、ハイパーインフレにより日毎に価値が下がるベトナムドンよりも、サイゴン政府（旧南ベトナム）時代から広く流通していた米ドルの方が遙かに信認が高く、1976年7月南北統一以後もこの状態に変わりはない。ベトナム中央銀行は自国法貨であり、中央銀行券であるベトナムドンを国内すべての決済に使用するよう国民に呼び掛けているものの、国民は自国通貨を必ずしも無条件には信用しておらず、ベトナムドンと同様に（地域によっては、寧ろベトナムドンよりも米ドルの方を喜んで受け取るところも多い）外国通貨である米ドルが殆ど／

補　遺

場合もある）を銀行に預金させ、自国通貨建て金融市場の厚みを増すことが急務である。

第3節　ベトナムにおける中小企業政策の検証課題

（1）中小企業セクターの特色

　ドイモイ政策開始後、既に20数年が経過している。日系等外資系企業集積が進んだ今日、ベトナム中小企業並びに外資系企業現地生産活動を補完するパートナーとして裾野産業（サポーティングインダストリー）育成が急務であることについては、ベトナム政策当局も認識していることが明らかになった。各種統計から見て、中小企業主体のベトナム民間セクターが同国経済活性化に多大の貢献をしてきたことは、明らかである。振り返れば、東欧のビロード革命（1989年）・旧ソ連崩壊（1991年）に伴うコメコン諸国からの援助停止や財政再建に伴う国家補助金廃止の結果、1988年〜1991年にかけてベトナム国営企業は深刻な打撃を受けたが、経済全体の落ち込みを緩和する役割を果たしたのは、中小企業を主体とする民間セクターだった。しかしながら、社会主義市場経済化がもはや（嘗ての中央計画経済に）後戻りが出来ない状態にまで到達しているものの、中小企業を主体とするベトナム民間セクターは、依然として貧弱な状態に留まっている。

　ベトナム政府の中小企業振興政策に関する纏まったアンケート調査については、1997年3月時点のものが最新である。爾後、既に10数年が経過している。今となっては、変転著しい経済成長を計数的に反映したものとは言え

　何の支障もなく通用していることは、日本人にとっては奇異である。2007年12月5日ハノイで行ったVietnam-Japan Joint Initiative to improve business environment with view to strengthen the competitiveness seminar の際に、ベトナム国家銀行（中央銀行）関係者（JICA Advisor古川氏）ヒアリングによれば、「ベトナムのインターバンク市場（短期）でベトナムドンを対象とするコール・手形各市場は成立していない。債券現先もCD,CP,TB,FB、レポ共に米ドルベースマーケットは立っているが、ベトナムドン市場は成立していない。固定金利から変動金利へのスワップ（逆の場合も当然あり）についても、ベースとなる通貨はやはり米ドルであり、ベトナムドンベースでの市場育成が急務」とのこと。

170

ない難点はあるものの、調査時点で企業が置かれていた状況を正確に認識出来るため、以下に記述する。

業種別分類は、以下の通りである。

	国営企業	民間企業	外資系企業	計
【商業・修理業】	1,511	7,927	30	9,468
【製造業】	2,122	6,073	382	8,577
【建設業】	948	1,375	32	2,355
【ホテル・レストラン業】	294	697	103	1,094
【輸送・通信業】	304	528	38	870
【その他】	694	543	107	1,344
計	5,873	17,143	692	23,708

何れも事業所数ベース。原資料は Ket Qua,Kinh Te Hanh Chinh Su Nghiep, Nam 1995, Nha Xuat Ban Thong Ke, Hanoi 1996 年 10 ページである。

アンケート調査[195] 実施対象となったベトナム企業（法人ベース。自営業者等個人事業者を除く）総数は 23,708 社である。内訳は国営企業 5,873 社（24.8 %）、集団合作会社を含む民間企業 17,143 社（72.3 %）、外資系企業 692 社（2.9 %）から構成されている。

このうち、全体の 72.3 %を占める民間企業 17,143 社の売上高は、全体売上高の 16 %程度を占めるに留まっており、5,873 社、24.8 %と数で劣る国営企業が大半を占めている（原資料によれば、外資系企業 692 社《2.9 %》売

---

195)　本件に関するオリジナル統計は、ベトナム事業所センサス（1995 年 7 月時点）。Statistical Year Book of Vietnam 等手持統計資料による限り、ベトナム全土を網羅する本件類似統計は、本文調査時点以降見当たらない。このほか、ベトナム中小企業経営実態及び形成課題・支援策策定ニーズを探ることを目的とした公表統計として、以下参照。アンケート概要は以下の通り。集計・分析は日越双方で共同実施。
　　調査対象時期：1997 年 2 月〜 3 月上旬
　　調査対象企業：輸出実施または輸出意向を有する中小企業 251 社
　　調査対象地域：ハノイ、ハイフォン、ダナン、ビンジャン、ホーチミンシティ、カントー
　　調査票設計：日本側（石川プロジェクト）
　　調査対象企業選定：ベトナム側（The Development Strategy Institute）
　　調査票配布・回収：ベトナム側（日本側は 251 社中 16 社に対し詳細インタビューを実施している）

上高不明)。民間企業雇用数も、全体の 21 ％程度を占めているに過ぎず、少なくとも 1995 年 7 月時点でベトナム市場経済化を担う民間企業セクターが経済全体に占める地位は、国営企業に比べて相当小さかったことが分かる。また、同時期上記調査と同じく国営企業・民間企業及び外資系企業別にベトナム及び社会主義市場経済化の先輩格にあたる中国を比較して工業生産額推移を調査した資料[196] がある。それによれば、中国では 1992 年南巡講話による改革開放速度の上昇もあり、国営企業生産額構成比は後 2 者に追い上げられ、大きく減少（1990 年 54.6 ％→ 1995 年 34.0 ％）しているのに対し、ベトナムは 1990 年 58.6 ％→ 1995 年 51.9 ％と僅かな減少を示しているに留まる。一方、外資系企業については、中国では 1990 年 4.2 ％→ 1995 年 16.6 ％と 4 倍増となり、顕著に上昇しているのに対しベトナムも 1990 年 11.0 ％→ 1995 年 23.6 ％と構成比は確かに上昇しているものの、中国ほどには工業総生産額に占める外資系企業の寄与度が高まっていないことが分かる。

　この原因については、中国では既に 1950 年代末頃からの①「社隊工業」と呼ばれる当時の人民公社或いは生産団体等集団で工業生産ノルマに責任を持って従事する歴史があったことに加え、②民公社解体後も、郷鎮企業経営者等社会の広範な階層に営利集団経営経験を有する指導者が存在していたこと、及び③国土の広大さ（ベトナム国土面積の約 30 倍）から輸送・流通網整備の遅れから齎される市場統合が不十分で、小規模民間企業（工業セクター）であったとしても地方毎に存在出来る余地があったことによるものと考えられる。なお、ベトナム労働省によれば、中小企業の定義は 1995 年 7 月時点で資本総額 100 億ベトナムドン（参考：変動為替レート 15,610VDN=@ 1 US=@JP102.88）、または従業員 300 人未満の法人企業を中小企業としている。業種により異なるが、日本の中小企業基本法によれば、製造業の場合

---

196)　上海復旦大学唐教授作成「中国民営経済の発展と政策課題」2008 年 5 月 24 日、日本経済政策学会第 65 回全国大会配布資料。Bui Duc Tuyen(1992) "Economic Sectors in Vietnam-Situation Tendency and Solutions" Statistical Publishing House pp.103-186 にかけて、マクロ経済指標統計が整理されている。

で資本金3億円、または従業員数300人未満の企業を中小企業としており、ベトナム実定法上の中小企業は、日本の中小企業と比較してやや大ぶりの企業ということになる。ベトナム基準に従うと、全製造業8,577社中96.7％（以下原資料は、会社の実数を開示していない）に相当する8,294社が中小企業に該当する。従業員人数規模で見ると、全製造業8,577社中の約32％にあたる2,745社が従業員1人〜10人までの零細企業、11人〜50人までの企業が約39％（3,345社）、以上1人〜50人までの企業が計6,090社と全体の71％を占めている。

　この数字を見る限り、ベトナムの中小企業全体状況は、日本の中小企業の状況（事業所数で99.3％、従業者数で80.4％、製造業出荷額で51.6％（何れも当該最終改正直前1996年時点）と多少相前後する数字ではあるものの、傾向値としてはさほど大きな偏りはないことが分かる。なお、ベトナム製造業を語る場合、標記企業形態を取る事業者に加え、約53万箇所に及ぶ自営業者が存在していることになっており、自営業者が経営者層を含めて約123万人の雇用を支えていることに注目する必要がある。また、生産額寄与度ベースでは、これら自営業者が民間企業工業総生産額24兆4,340億ドンの約77％にあたる18兆8,142億ドンを生産しており、国営企業・外資系企業を含む全工業総生産額96兆6,210億ドンの約21％に相当する20兆2,274億ドンを自営業者が生産していることを示している（何れも1995年7月時点）。法人成りすると適用法人税率、損金経理の対象となる経費範囲拡大を通じ、税法上各種優遇措置が受けられる日本と異なり、ベトナム中小企業の定義限度を超える500人以上従業員を抱える自営業者であっても、法人組織に移行しない事例も多数見られるところに特徴がある。法人成りしない理由として、以下の事情を指摘する声があった。

> ① 法人設立手続が煩瑣であること
> ② 税務当局による恣意的な推計課税が頻繁になされることから、たとえ法人登記して多少の優遇措置が受けられたとしても、税務調査時点で賄賂に類する"お土産"を渡さざるを得ないという、ベトナムのみならず東南アジア各国で広く観察される特殊事情があること

(2) 中小企業政策の特色

　目下のベトナムには、中小企業政策に関して、日本の中小企業基本法を頂点として各種政・省令ベースにまで落とし込み展開されている精緻な体系は存在しない。また、体系的対応策も実施されていない。体系的対応策を検討するため必要な事前作業等についても、昨年度現地フィールド調査時実査した計画投資省及び通商産業省ヒアリング内容による限り、中小企業政策に関連する以下の総花的関心表明があったに留まっている。今後、纏まった時間を取ってモデル案検討に着手する模様である（聴取内容の要点）。

> ① 簿記会計制度の近代化・標準化を図る
> ② 日本の「青色申告制度」を模範とする信頼出来る税務申告制度創設を構想している
> ③ 源泉法人所得把握が容易な外資系企業現地事務所等から、兎角評判が悪い税務当局による推計課税回避に向けての検討を開始する
> ④ 北部タンロン、ハイフォン、中部ダナン、ホアカム、ホアカン、南部ロテコ、ビエンホア、等ベトナム全土にわたる工業団地は既に約150ヶ所以上に達している（2007年7月現在）。計画投資省は、今後これ以外の地方（標記既存工業団地は、何れも北部・中部・南部経済中核都市並びに近接エリアに立地）、道路等インフラ整備進捗状況に合わせ、工業団地新設及び輸出加工区、経済特区拡張を進める（例えば南部ロンドウック《2009年春着工予定》
> ⑤ 計画投資省及び通商産業省は、日本の高度経済成長時代の成功体験

に学び、工業団地内立地外資系企業生産活動にコミットしていく。優れた生産性を挙げる外資系企業とベトナム企業が出資関係強化し、（ⅰ）親会社子会社関係に入り、仕事量を確保すると共に先進技術供与を受けること、（ⅱ）自国中小企業が外資系企業の裾野産業（サポーティングインダストリー）に成り得るよう指導する

（3）中小企業金融の課題

　ベトナムを含む発展途上国にとっては、第1に経済成長を図ること、第2に成長の果実（具体的には、国民所得水準の向上）を享受することにより貧困削減を進め、人間の安全保障を確保する基本的人権尊重に配慮した政策を実行することが、喫緊の課題である。これら観点からも、金融分野の発展を促すことは重要である。つまり、前述したように金融分野の発展は、経済や産業の発展を下支えすることに直結している。一般に、資金供給が潤沢に行われ、一国或いはひとつの纏まった地域における経済成長が促されるならば、貧困層を含む国民（地域住民）全体の所得水準引き上げも期待される[197]。或いは、発展途上国でよく見られる（あるにはあるが、看板倒れ）、不十分な金融サービス（例えば単純な預金・送金サービス、高度なものとして融資が典型）機能が必ずしも広範には提供されていないことが齎す不便を考慮すれば分かることである。

　ベトナムの例を挙げるまでもなく、発展途上国の国民は銀行を信用しておらず、不動産売買、商権取得等多額の資金決済が必要な場合であっても現金決済が一般的である。一方で、資金決済機能が高度に発達している日本・米国等先進諸国では、標記のような大金が動く資金決済に現金を使用することは、稀である。多額の現金を持ち歩く危険を回避するという誘因と共に、これら諸国では市場経済運営において確実・低廉な取引コスト等実績から、銀

---

197)　例えば、寺西［2007］pp.3- 5。このほか、藪下［2001］『金融と経済発展』東京大学出版会、堀内・花崎［2000］pp.55-82「日本の金融危機から何を学ぶか－金融システムと企業経営統治－」宇沢・花崎『金融システムの経済学』東京大学出版会

行に対する信用が篤いからである。この点、発展途上国は金融分野において
も遅れた発展段階にある。

　ベトナム中小企業金融に欠けている要素とは、何であろうか。それは①資
金決済が常時現金によるため、たとえ小商売であったとしても発生する売
掛・買掛等企業間信用を利用しようにも不可能であること、また②増加運転
資金需要発生時に、業況拡大に容易に寄与すると考えられる銀行信用を利用
しようとする場合にも、与信上必要な審査が受けられないこと（現金決済は
信用情報を蓄積しないため、銀行はその場限りの一見客に対して与信限度判
断を行うことは不可能である）等これら要因により貧困層が貧困から脱出す
ることを困難にしている面がある。第2次大戦敗戦後、原始的資本蓄積が不
十分であった時代、日本には小額資本金で営業する生業者に対して、大蔵省
（税務署）が進めた青色申告制度が丼勘定から適切な仕訳を行い、複式簿記
に基づく記帳を習慣化させ、信頼出来る会計帳簿作成に誘導した事例がある。
このことは、損益計算書・貸借対照表等基本的財務諸表が作成出来れば、税
務署からのお墨付きを得、租税特別措置法に基づく固定資産増加減価償却容
認や交際費損金算入等脱税リスクを冒すよりも、堂々と生業経営に必要なア
メを享受する方が合理的である、と生業的事業者に判断させる効果があった。
ベトナムでも、このような体系的経営指導を社会的規模で行うことが資金決
済機能及び金融仲介機能を発展させる土台造りに寄与する、と思われる。中
小企業金融政策振興に際しては、同じく2007年12月時点ヒアリングでベト
ナム政府 [198] は、標記制度の導入に向けて調査中であることと共に、以下の
現状認識を示している。

---

198)　2007 年 12 月 6 日、ベトナム計画投資省 Agency for SME development, Nguyen
　　Trong Hieu Manger, 12 月 7 日 Ministry of Trade and Industry（Department for
　　local industry development）Hoang Quoc Vuong Director General

---

① 貸し渋りが広範に見られ、日本以上に中小企業が銀行借入を行うことは困難である
② 借入可能な場合でも、貸付実行時点で厳しく担保・保証を要求される。銀行は質屋ではないのであるから、融資対象中小企業が将来稼得するキャッシュフローから元利回収を図るべきところ、申込時に銀行が十分と判断出来る資産を所有している企業でなければ、ニューマネーを取り入れられないことは、不合理である
③ 政府は、マクロ経済成長を支えるミクロの中小企業成長を重視している。運転資金供給初め、中長期設備資金調達円滑化が喫緊の政策課題である

　標記政策課題を達成するためには、（ⅰ）中小企業対銀行等与信金融機関間情報非対称性軽減に資する試み、及び（ⅱ）金融機能向上に不可欠な体系的企業審査手法整備を政策優先課題に掲げている、日本の技術的支援を期待している。このように金融分野の発展が進めば、貧困層も金融サービスを利用するにあたり障碍となっている事態が徐々に改善されることが期待出来よう。貧困層は生活の基盤が脆弱であり、最近では1997〜1998年にアジアを襲った金融・通貨危機時に見られた生活苦の昂進等経済的打撃が発生した場合、最も大きく悪影響を受け易い。再説するが、社会的安全網整備を含め金融分野を成長させることを通じて経済変動に対する抵抗力を高めていけば、貧困層が被る悪影響の軽減に繋がっていくものと考えられる。

(4) 中小企業金融促進の法制度
　このほか、市場経済化における中小企業政策の形成過程を巡る（金融経済）取引に関するルール造りについても考察対象にする必要がある。強制執行制度を含む法律基盤整備は、経済取引を円滑化するために不可欠なインフラストラクチャーであり、純粋公共財或いは社会的共通資本のひとつを構成していることに留意する必要がある。驚くべきことに、ベトナム政府が本腰を入れ、所有権を巡る制度整備に一応の成果が示されたのは、ドイモイ政策導入

から漸く約 10 年が経過した時点であった（ベトナム民法典の施行は 1996 年 7 月 1 日）。民法典施行前のベトナムでは、公共財である法律を用いて、全国規模で一元的にルールを適用した方がスケール・メリットを発揮させ、経済効率を向上させることが可能になるにも拘わらず、特定集団間或いは個人間で自然発生的に形成された非公式ルール下で実物経済、金融経済両分野を問わず取引が行われていたため、円滑な経済発展にブレーキをかける結果を齎していた[199]。

　これは執行段階でも同様である。これについても、全国規模で一元的ルールを適用した方が規模の利益を享受することが出来ることは、贅言を要しないであろう。また、所有権を保護し、取引ルールを遵守させるためには強制執行手続整備が必要である。これを実効あらしめるために、執行費用予納制度が導入される[200]。グローバリゼーションの波に晒され、変転著しい市場経済社会環境下、実用に耐える司法制度をベトナム政府が確立し、日本同様

---

199)　例えば「所有権に関する争いがあり、誰が正当な所有権者であるかを確定する」という事案を考える。民法典施行前ベトナムの場合、個々の事案毎に準拠基準を変えて処理せざるを得ず、経済行為が円滑に行われるために必要な予見可能性（予測可能性）「ある法律行為が発生すれば、特定結果を招来する」が社会的に確保されていなかった。これは商品流通及びその反対給付である金銭の流れ（決済）を円滑化する上で障害となるばかりではなく、民商事行為等（金融）経済取引に適用されるべき正義概念（取引規範）形成上も問題を含むものであった。
　ナポレオン民法（1804 年）が近世自由主義立法の魁となり、自由対等な人間観の下で産業革命後フランスで勃興しつつあったブルジョア階級が求める商品取引等に纏わる法的安全性（例えば、売買当事者間目的物特定時における動産占有者を以て適法な所有者と推定する規定が、無権限による特定物売買契約の無効、或いは取消事由を排除することによって、商品転々流通による経済的厚生向上に繋がること等）を保護することに繋がっていることに注意。現代ベトナムにおいても、保護に値する法益に関して経済社会全体で妥当すべき基準を予め設定しておくならば、事案処理にはⅰ証拠の整理及び法廷に対する提示→ⅱ裁判所の要件事実認定→ⅲ該当法条適用→ⅳ判決→ⅴ強制執行による権利者保護に関する一連の流れが予測される。このように「カクアル時ハカクナルベシ」と一定の法律効果が予見されるならば、たとえ初見の取引相手であったとしても、代金回収リスク等関連する商売上の危険に対して、合理的予想が可能となることから、担保の把握、損害保険制度を含むリスク回避の方途も、また事前に打てることに繋がり、ビジネス周り一連の流れが円滑に進むことになる。
200)　The 2004 Civil Procedure Code §127 ～ §145 Chapter Ⅸ Court fees, charges and Other judicial expenses.

法律ルールに則り強制執行を実施する場合に必要な費用は、ルールの数（適用法条数を含む）や利害関係者数が増加しても、さほど敏感には変化しないことが望ましい。双務有償契約（例えば売買）を巡る債務不履行に纏わる強制執行ひとつを捉えても、執行形態は債務名義取得前であれば間接強制であるかもしれないし、取得後であれば執行官による強制処分形態での執行かもしれない。

　要は、ある特定法益侵害が発生したと当事者が認識した時点で、立法者(ベトナム政府）が意図した司法による法益均霑を行う際、執行ルールを政府が提供するという国家作用が公共財的性質を有していることを根拠に、全国規模で一元的にルールを適用した方が個々具体的事案に即してその都度適用ルールを決める、という過去から行われてきた泥縄式のやり方よりも効用が高いことをベトナム国民の法意識に定着させることが重要であろう。この文脈からも、社会主義市場経済化におけるベトナム中小企業政策の形成過程では関係省庁が個別に政策決定を行うのではなく、金融経済機能促進上の観点から、ベトナム政府が計画投資省や通商産業省等関連政府組織を横断・連携した一連の立法活動を行うならば、末端行政現場でも全国規模で一元的ルールを適用した方が、現状の「個々の具体的事案に即して、その都度都度適用ルールを決める」というこの国特有の泥縄式のやり方[201]と比較すると、経済的効用が高いことを体験的にも知るという法治主義国家で一般に取られている解決方法へ誘導することに繋がる。

　また、ベトナム中小企業法政策を検討するに際して、実体経済分野を構成する中小企業が拡大するためには、家計部門に退蔵されている資金を表に出すことが必要である。以下は、ベトナムにおける中小企業金融の検討課題を集約したものである。ベトナムも日本同様に、実体経済と金融分野は不離不可分の関係にある。現状では、ベトナム家計部門が銀行セクターを中心とす

---

201)　法文化の観点から、この国特有の立法方法については、宮沢千尋（2003）「ベトナム北部における"新郷約"『文化のむら建設規約』制定過程と国家法の関係」が貴重な先行研究成果を提示している。

る金融市場、乃至資本市場に対する潤沢な資金の出し手として機能していることを裏付ける証左は見当たらず[202]、原始的蓄積が乏しい企業セクターが中小企業レベルから始まり、投資→生産→販売→再投資からなる経済活動サイクルを通して発展して行くことが必要と思われる。以下、要検討事項を示す。

① 　内容面の幅広さ

金融分野がカバーする領域は広範である。内容的には、(ⅰ)金利水準誘導、貨幣流通量管理を典型とする狭義の金融政策、(ⅱ) 為替通貨政策・資本移動規制政策、(ⅲ) 政府・中央銀行間の役割分担及び金融機関経営モデルの策定を内容とする金融制度設計、(ⅳ) 株式・債券市場等金融資本市場育成政策を内容とし、一国の金融システムの骨格を構成するマクロ的（広義の）金融政策等を守備範囲とする。標記機能のほかにも、(ⅴ) 金融機関、金融資本市場の運営・管理に関連する諸制度整備、(ⅵ) 金融機関の情報生産活動のひとつである審査能力維持強化等組織能力に関する事項、(ⅶ) 金融取

---

202)　福井龍 et al［2003］Workshop on Rural Finance and Credit Infrastructure in China 13-14 October 2003, Session Ⅳ :Micro-credit institutions and arrangement for rural areas 発表論文 pp.5-6,p8 にベトナム農村部家計から、金融市場宛資金誘導を担うマイクロファイナンス担当金融機関設立に関する以下のフィージビリティスタディ等がある。

　　In Vietnam, 75% of the population and 90% of the poor currently live in rural areas. Agricultural activities account for 70% of the income of rural dwellers. Hence, in spite of vigorous industrial　growth and economic structural transformation throughout the 1990s, the rural economy is yet dominant in Vietnam. Since its establishment in 1988, the Vietnam Bank for Agriculture and Rural Development (VBARD) has been the major source of credit and savings in rural Vietnam. It had total outstanding loans of USD　4　billion and deposits of USD 1.8 billion as of 2001. The Vietnamese government established the Vietnam Bank for the Poor (VBP) in 1995 to serve poor households that could not be reached by VBARD, whose major task was to provide subsidized credit through a joint liability group. It had no separate staff members and was not involved in any savings activity.

　　このほか、日本政策投資銀行市場経済移行諸国向け開発金融研修時、State Bank of Vietnam Working Paper "Outline of banking supervision and prudential regulation in Vietnam" 及び" Risk management at Development Assistant Fund(現. ベトナム開発銀行)" Working Paper にも同趣旨の記載がある（何れも 2005 年 7 月時点）。

引に関連する法制度や会計制度・監査制度に関する企画機能，及び（viii）金
融関連情報や統計整備に係る事項等、日本の実例を見るだけでも、カバーす
る領域は相当幅広いことが分かる。

② 海外との関係

　一国のマクロ経済政策は、財政政策及び金融政策の２種類に大きく分類出
来る。両者は単独で存在するのではなく相互に密接な関係にある。一例を挙
げると、国債発行規模は一国の財政規模を左右するが、同時にその国の資金
需給バランス、つまり金融環境にも大きな影響を与えることになる。具体的
に言うと、大量の国債発行は、一国全体の資金需要が逼迫し、金利が上昇し
易い。国家の債務管理問題は財政政策の重要事項であると同時に金融的なイ
ンプリケーションを持つことになる。特に発展途上国の場合には、一般的に、
国内に資本が乏しく、海外資本依存度が大きいため、海外からのODA等資
本流入は、国内財政事情を直接左右すると共に、金融事情それ自体を規定す
る。故に、資本移動規制策・為替管理等資本流出入に対して直接影響を与え
る政策の重要性が金融分野にあっても高い。また、海外金融動向の影響、外
資に対する自国金融市場開放度等のほか、国際機関、特に世界銀行（世銀）・
国際通貨基金（IMF）に代表される国際開発金融機関、及び欧米ドナー諸国
の影響力が極めて大きいことに留意すべきである。

③ 関係する主体が広範であること

　金融分野の制度設計、金融サービス供給主体に着目すると、財務省等中央
政府、中央銀行、公的金融機関、民間金融機関、証券会社、ノンバンク、
NPO（マイクロファイナンス等）、証券取引所、監査法人、格付機関等に至
るまで幅広い領域をカバーする各種機関が複合関係にあることが分かる。ま
た、金融分野で重要な資金の流れに関与するこれら金融セクターの行動は、
事業セクターの動きと表裏一体の関係にあり、ベトナム経済社会実体面を対
象とする各種開発課題（本稿では中小企業法政策の形成過程）検討にも、金
融分野に関する開発課題が背後で常時関係していることに留意すべきであ
る。ベトナムを含む発展途上国マクロ経済政策は、海外関係から大きな影響

を受けつつ、財政政策及び金融政策は、相互不可分に関連し合っている。こ
の点で、金融と財政は、産業政策、社会開発政策等ミクロ政策と共にあらゆ
る産業や企業、個人（家計）経済活動や生活に影響を与えることになる。ま
た、企業活動や市民生活等経済社会活動の実体面（実物セクター）には、経
済開発、社会開発、農村開発、人間開発等の観点から、それぞれの課題を抱
えている。金融分野は、直接的には金融政策や金融業界、金融市場等を対象
にするものであるが、実物セクターと金融セクターは表裏一体の関係にある
ため、金融分野で解決すべき各課題は、実物セクターで解決すべき各課題に
も影響を及ぼしている。

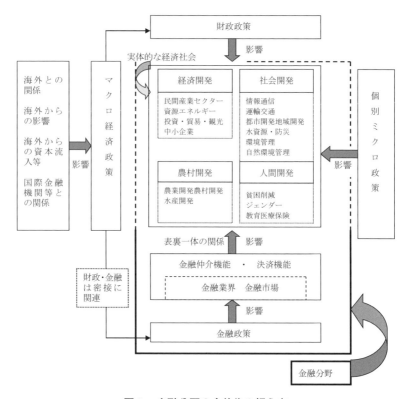

図1　金融分野の全体像の捉え方

3－3　方法：日本の中小企業政策との対比

第1節　先行研究の概観

　市場が不完全な経済において銀行貸付と経済変動の関係に関する理論を説明するとき、借り手が大企業であるのか、中小企業であるのか、それとも個人生業的な零細企業の段階に留まるのか、という属性分析毎に対象集団を段階分けしながら、個別企業財務分析のレベルにまで遡る実証分析をしたい、と考えている。中小企業研究における金融論の先行研究を概観すると、花輪俊也［1995］「わが国の金融経済の理解のために」『日本の金融経済』有斐閣があるほかに、寺西重郎・福田慎一・奥田英信・三重野文晴編［2007］『アジアの経済発展と金融システム（東北アジア編）』東洋経済新報社、奥田英信・三重野文晴・生島靖久編［2006］『開発金融論』日本評論社、高橋基樹・福井清一編［2008］『経済開発論』［2008］、伊東和久・山田俊一編［1993］『経済発展と金融自由化』アジア経済研究所などがあげられる。また、藤田敬三・藤井茂編［1973］『発展途上国の工業化と中小企業』有斐閣は、発展途上国が農業経済から工業経済へと移行する過程で先進国から受け取る援助・借款等が果たす役割について業種別（例えば電子工業、自転車・部品工業、作業工具製造業等）、国（地域）別（日本・台湾・韓国）の分析があり、このほかにも（末尾）参考文献に列挙する研究書がある。中小企業研究における金融論、或いはその逆に金融論における中小企業論についても、マクロレベルでの分析を中心とする論点はさほど多く見られないように思われる。ここでベトナム経済統計の現状について付言する。ベトナムは目覚ましい経済発展を遂げているが、これを可能ならしめた経済政策立案及び実行、事後評価に経済統計情報は不可欠である。過去統計情報は厳しい状況[203]にあったが、ドイモイ以降状況は改善[204]しつつある。それと同時に、ベトナム経済発展

203）　ベトナムの統計制度・組織や統計の生成過程に関する研究は少ない。先行研究（高橋塁［2008］「ベトナムにおける統計機構の成立と発展 -1946年以降を中心に-」『Hitotsubashi University Research Unit for Statistical Analysis in Social Sciences A21st-Century COE Program』）によれば、Bassino, Giacometti and Okada［2000］↗

の大きな原動力を構成している海外直接投資を提供している各国企業、政府が政策決定を行うためにも、また本研究にとっても統計情報の質及び量が分析に耐え得るものであることが担保されることが重要であることは言うまでもない。

↘Giacometti［2001］等がフランス植民地期を中心にした数量経済史研究の中で言及したものや、南北分断期の南ベトナムの統計機構を解説したもの、現代（統一）ベトナム農業統計機構に関するもの等部分的なものに限定されており、どのようにしてベトナムの統計制度が成立し、発展してきたかに関する体系的研究は皆無に等しいことが指摘されている。この事実の背景には、得られる統計情報それ自体が元々潤沢でなく、まして統計制度・組織に関する資料等が未発見であることや、たとえ仮に過去に存在していたとしても、長い戦禍の中で混乱に紛れ、滅失してしまった等已むを得ない事情があることを指摘せざるを得ない。

204）　ベトナム戦争が終結（1975 年 4 月）し、1976 年に南北統一を果たしたベトナムでは、それまで南ベトナムに属していた各省に北ベトナムの統計機構が持ち込まれることになった。すなわち、北ベトナム国会で公布された政府議定 72 号「統計総局の活動と組織に関する条例公布」（1974 年 4 月）に基づいて、南北統一後の統計総務局所管業務が規定され、この議定が南ベトナムにも持ち込まれた。殊に、ドイモイ以降の経済改革路線を推進する上で、ベトナム政府は統計情報の重要性を認識し、日本同様に集中型統計機構が整備されている。例えば本稿に直接関係する工業関係統計を所管する統計総局官制は、以下の通り。
1）国家財政部、2）統計制度方法部、3）総合統計部、4）建設・工業統計部、5）農林水産統計部、6）物価・サービス・貿易統計部、7）労働・人口統計部、8）環境社会統計部、9）国際協力部、10）人事部、11）財政計画部、12）検察班、13）事務室。また、直属機関として、14）統計研究所、15）統計情報センター、16）統計資料センター、17）定期刊行物出版センターがある。
2003 年、首相指令第 13 号により、初めて統計法が公布され、政府議定第 40 号により実施された。
統計法によれば、禁止事項として以下の項目が挙げられているが、ⅰ匿名性の保証が考慮されていること、ⅱ虚偽事項記載禁止等データ利用や質確保という統計精度を維持向上させて行く上で、重要な事柄が法定されていることは、社会主義市場経済推進中のベトナムでも、統計が本来果たす意味が理解されているという点で意義深い。
【統計法が定める禁止事項一覧】
ⅰ統計調査と統計制度に関する業務を妨害すること、ⅱ虚偽報告、ⅲ国家機密事項を公開すること、ⅳ各組織と個人名、住所等個人情報を本人の同意なしに公開すること、ⅴ法律で規定されていない事項に関する調査を実施すること、ⅵその他本法（統計法）に違反する行為を行うこと

第2節　日本との比較分析の方法

　今後の研究では属性分析毎に対象集団を段階分けしながら、個別企業財務分析レベルにまで遡る実証分析ミクロの探求を試みる。具体的分析手法としては、第一に、日本の戦後経済開発過程における中小企業セクターの実態を比較軸として、ベトナムの中小企業セクターの特色を捉える。第二に日本の戦後中小企業政策を比較軸として、ベトナムの中小企業政策の制度面の特徴を解明する。第三に、日本の戦後の中小企業金融の現実・制度の特徴を解明する。第四に、以上のベトナムの中小企業セクター・法政策・金融制度の特色を踏まえて、その政策志向の特色及び弱点として懸念される克服課題について仮説を準備し、これをミクロの事例研究を通じた実証分析により検証する。

4．法文化の視点から見たベトナム人の法意識

4－1　ベトナム人の法的感覚の一面

　2及び3で筆者は「経済開発とベトナム中小企業育成政策」について述べてきた。本稿を締め括るにあたり、この章では「法文化の視点から見たベトナム人の法意識」について、後述する先行業績を敷衍しながら論を進める。

　今日、先進諸国では法的評価が必要となる事項に関しては、当該事項の主管官庁が（議員立法の場合もあるが）全国規模一元ルールを適用して、体系的国家統治が行われている。その方が「個々の具体的事案に即して、その都度都度適用ルールを決める」ベトナム特有の"泥縄式ルール"よりも、特定事項を実施した場合（不作為を含む）に予想される法的評価が事前に得られる方が高い経済的効用が得られる[205]からである。しかし、一般ベトナム人

---

205)　成文法（或いは不文法）によって、特定事項に対する法的評価が事前に得られる場合、理性ある利害関係人等の当事者は費用対効果算定等当該事項に関する法的評価を考慮して、自らの行動を律する。

の法意識に基づくと、このような行為結果が事前に予想可能である "体系的ルール" は、必ずしも全面的には受け容れ難い場合もある模様である[206]。このような文脈を踏まえ、本稿最終章では1980年代後半以降、1945年革命以前の内容を基にして村がイニシアティブを取って始まり、その後地方政府や国家政府の検閲を経、村毎に再編を許され、国家法の補助的役割を担うようになった "新郷約"[207] の制定過程、及び当該 "新郷約" が省全体で通用する「法規範」になるまでの過程を追いながら、ベトナム人の法意識について法文化の視点から考える。本章は、採り上げられている実例を含めて、宮沢千尋（2003）「ベトナム北部における "新郷約"『文化のむら建設規約』制定の過程と国家法との関係」ベトナム社会文化研究会編『ベトナムの社会と文化』第4号掲載論文に全面的に依拠している。

4－2　郷約とは何か

　ベトナム村落内に自然発生的・伝統的に存在した規約（以下、郷約）については、日本では「俗例」として山本達郎により紹介されていたほか、フランス極東学院から東洋文庫に招来されたマイクロフィルムに『周史彙編』（嶋尾1992）が存在していたものの、嶋尾が取り上げるまで本格的研究がなさ

206）　ベトナムにおける法規範公布方式は、総てを一元的に決めつけることは不適切であるものの、実定法レベル（ただし、刑事法を除く）でも、法本則を取り敢えず国民一般に示し、当然予想される不都合は、通達（decree）、運用内規（必ずしも明示される訳ではない）等法適用現場裁量に委ねる場合が屡々観察される模様である。契約上の権利・義務関係を誠実に相互が履行することによって経済効果が達せられるビジネス現場では、「所変われば品変わる」では済まされない事態が頻発していることも、或いはこのような一般ベトナム人独自の法意識が為せる技であるのかもしれない。何れにしても、判断材料に乏しい現時点で、即断することは避けたい。

207）　「文化の村建設規約」等と称される場合が多いようである。なお、宮沢自身「ベトナム人類学研究においても、研究者は法律や法令、指示などを発布する機関とは関係が密でなく、また、ベトナムに於いては、外国人人類学者がこうした機関にアクセスすることは、手続上困難であるため、網羅的にこれらを収集することは出来ず、公刊分文献等の間接情報に大幅に依拠しなければならないことをお断りしなければならない」（ibid.p.244）と述べており、本資料を以て郷約全体像を一般化することは危険である。

れることはなかった。ベトナムでも 1980 年代になって、ブイ・スアン・ディンやブー・ズイ・メンらの概説書（1985）や漢文ベース研究業績（1985）公表以降、本格研究に緒が付いた状況[208]にある。周知の通り、ベトナムでは国家の法律、法令、指示は、地方の実情に合った形で実行される。また、たとえ同一省内であったとしても（下部組織となる）県レベルとなると、独自解釈や施策が行われる。

　従って、郷約に関しても一般化は難しいものの、個別事例積み上げにより全体像に迫る方法もまた、有効な調査方法であると考えられる。一方、ベトナム現地には北部・中部に膨大な分量の郷約が少なくも 15 世紀以降存在しているものの、網羅的研究を通じ一般的特色、時代毎の変遷、地方差等を明確化する状況にまでは立ち至っていない。研究の結果、以下のことが明らかになった。

① 郷約が主にベトナム北部・北中部（ゲアン省以北）村落で形成された村落規約であり、村毎、時代毎に多様な形態を持つこと
② 内容的には村の亭や廟での祭礼に関する権利・義務・規制、村落の集会・宴会への参加資格や席次に関わる規定、村落内の諸組織や諸役職の規定、婚姻、葬礼に関わる義務、盗み、火事等に関する自警、相互扶助、道路・橋・堤防などの修築、生産活動に関わる規定、村落内の秩序紊乱者の処分や紛争処理、村の功労者・科挙合格者・高齢者の表彰、国家に対する義務など多岐にわたること
③ 賞・罰・償の様々な制裁が定められていること
④ 成文規約制定にあたり、漢字知識がある村の儒教的知識人の役割が重要であったこと

208）このほか、ファン・ケー・ビンやトアン・アインの概説がある。有名村落の郷約のクオック・グー全訳は、僅かにゲアン省クインドイ等史学科や漢文チュノム院で行われていた模様ではあるものの、未公刊である。外国語訳では、『ベトナム研究』61 号に僅かに嗣徳 28（1875）年トゥオン・ティン（ハノイ近郊）ナム・トゥオン郷約英訳が掲載されたのみである。

⑤　郷約が外部の状況変化に応じて、補充或いは改変されていくこと

⑥　現存最古テキストは、1420 年ゲアン省アインソン県チレ村のものであること、『洪徳善政書』に国家法に反する郷約の制定を禁止した条文があることからも、15 世紀に成文化された村落規定が存在していたことは間違いないこと　　　（出所）：嶋尾 1992 pp.113-114

また、同じく嶋尾フランス植民地期ハノイ近郊一村落郷約改変過程条文研究からは、以下が明らかになった。

①　フランス植民地期以前の郷約では、前文で村民合意により、郷約を議定したことが強調されているものの、改変版では『孟子』『礼記』、朱子『増損呂氏郷約』等理想世界を中国古典に求めて、接近手段として郷約を位置付け。そのモデルを朱子に求めるという異例の形を取っていること

②　フランス植民地期改変版では、従来郷約には見られなかった原理原則が提示されており、"合意" から "道徳的慣習" に基づく強化へと変化している

③　フランス植民地期郷約では、礼譲・名爵・年歯秩序原理を明示。条文上も郷飲酒礼主権者を頂点とする斯文（聖人の道、儒教）に基づいた役職規定を意図的に冒頭に置く形が取られ、従来価値観が動揺する環境の中で、伝統権威を守るために従来の形を逸脱している。ただし、村落内斯文の政治的宗教的権威は、フランス植民地期調査で村毎に異なっているため、一般化出来ない

④　(阮朝) 朝廷権威に従う "王爵村" と年齢秩序に従う "天爵村" の二分法（デウムートウイエが指摘）は、実際には複雑に入り組んでいること　　　　　　　　　　　　　　　　　　　（出所）：嶋尾 1992

4－3　先行研究から得られること

　歴史学的接近法を取った嶋尾の標記郷約研究は、ハノイ近隣村落郷約一次史料に基づく実証研究であると共に、漢文チュノム院提供史料利用という点、また、開放政策に転じた学術効果面におけるドイモイ政策の現れに着目した点でも、画期的な業績である。歴史学分野で嶋尾に続いたのは、国家資料館第1局（ハノイ所在。フランス植民地期資料を所蔵）史料群を解読、分析した松尾（1999）の研究である。松尾研究ではフランス植民地支配開始後の1890年代に限定されているものの、トンキン地方ハドン省（ハノイ近郊）にある一村落を対象としている。松尾は、郷約には直接には言及していないものの、①北部ベトナム村落と郷約自体の閉鎖性、②国家行政組織からの村落共同体の独立性を語る際に屡々使われる「王の法も村の垣根に及ばない」ことは、必ずしも守られていなかったことを、郷約規定の対象である一村内完結紛争処理事例[209]を素材に明確にした。すなわち、訴訟文書解読を通じて、手下（「家人」「家下」）を従えた里長経験者を両紛争当事者とする村落内有力者派閥同士が事案解決を求め、相互を犯罪者として、阮朝上級官人や剰えフランス植民地行政機構宛に告訴する等、国家司法機能を積極的に利用しようとする姿を明確にしている。この研究は、従来利用されることがなかったフランス植民地期史料を用いた点、そして、阮朝当時のベトナム下級行政組織に位置付けられていた村落と国家間の行政関係を明らかにした点でも、画期的な業績であった。

4－4　むすびに替えて（郷約研究とベトナム法整備への応用）

　以上、1980年代後半以降、郷約に関する学問的研究が本格化した事情について述べた。そして、同時期に法律的な観点から、ベトナム政府もまた郷約に注目するようになった。それは、ドイモイ政策導入直後の「政治局第

---

[209]　郷約によれば、村落内で完結している紛争を処理するために、上級（阮朝）官人宛に訴追することは制限されていた。

10号決議」(1988年)以来、行政村レベルではなく、自然村(集落・村落)レベルで郷約が再編されている事実を指している。ベトナム政府の取り組みは、国家施策に位置付けられた「新農村建設」に資するものであった。すなわち、同決議に基づき、ベトナム政府が容認したのは、日常生活圏内で自然発生的に形成された自然村内秩序を記載した1945年革命以前の内容を持つ(旧)郷約を復活させたのではなく、ドイモイ以後に生じた社会生活上の変化も織り込んだ「郷約(“新郷約”)再編事業」は、郷約に国家法の補助的な役割を持たせ、地域実情に根ざした秩序維持や、ADRに類似した紛争解決に有力な手段のひとつとしての位置付けを持たせる目的に基づく。この動きは、1993年にハバック省[210]で開催された「ハバック省における文化村建設規約シンポジウム」と国家社会人文科学研究センター・ダクラグ省主催「現代ベトナムの慣習法と農村発展シンポジウム」(1999年)が行われて以降一層加速している。これらのことからも、ベトナムでは、地方で行われた「実験」を国家行政組織や党が追認[211]する形で進んできたことが分かる。標記新郷約では、以下3点が強調されている。

① 法律規定に従うこと
② 風俗習慣、伝統と美しい文化伝統を継承発展させ、風俗、迷信を放棄すること
③ 各村の具体的状況に合致させること。ただし、他村の利益を侵害するときは、この限りではない

210) 当時の行政区域による。1997年1月1日付2省に分割。現在、バクニン省とバクザン省になっている。
211) この間の状況を時系列で整理すると、以下の通りである。1989年、チャンリエット村(ティエンソン県ドクアン社)で、新郷約制定可否に関する県内各村によるシンポジウム開催→1990年7月、文化通信所が議題付議。全省にわたって当該運動を広めることを決議→1990年8月、文化通信所がガイドライン「文化のむら建設計画」及び「文化のむら規定制定についてのガイドライン」を策定→1991年、ハバック省共産党大会で同上承認。更に、北部デルタ地方及び北中部14省で「基礎級地方自治体における文化生活建設工作刷新」方針策定→1993年4月21日、同左方針ハバック省人民委員会「文化のむら建設規約」決議採択。

　このような下からの動きに国家も反応している。1991 年、ドウ・ムオン書記長は、ベトナム共産党指導者が従来は言及することがなかった「法治国家」概念について、村の規約再編に「法律規定に従うこと」を強調している。また、1993 年 6 月には、共産党第 7 期第 5 回中央委員会総会において、国家が公式に行政単位としては認めてこなかった「村レベルの基礎的自治体について、今後如何なる機能と役割を付与するべきか、早急に検討すること」が提起されている（古田 1999 p161）。かかる状況に留まっているベトナムでは、法律学的見地に基づく郷約研究は、依然として未開拓の領域である、と言っても差し支えないかもしれない。しかし、草の根レベルの村が新郷約を制定して、人民委員会審議を経て全省レベルに及ぼしたハバック省の動きに見られる通り、地方の自主的な試みを国家が追認したことは、注目に値する。このほか、1992 年憲法条文では「規約」という“法律用語”こそ使われていないものの、この動きを通じて公共生活に関する取り決めである新郷約の制定が公式に認められたことは、国民が公共生活に参加して組織する権利を、中央集権体制が日本以上に進んでいるベトナム国家行政組織によって公けに認められたことを意味している。社会主義国家で、この種の権利が認められた意義は大きい。

　このことは、ドイモイ政策採用以降開放政策が定着した結果、遂にベトナムにおいても「生ける法」や「公共生活を営む上で、国民が持つ自然権」概念を含む法学議論[212] が政府部内でも開始されている証左である、と考えることが出来るのではないだろうか。嘗ての中央計画経済体制下、教条主義・官僚主義が蔓延った旧体制時代のベトナムを知る者からすると、想像もつか

212）　条文内容は以下の通りである。§ 5「各民族は、それぞれの民族の特色を維持し、自らの風俗習慣、良き伝統と文化を維持・発揮する権利を持つ」と定めており、更に「様々な方法、形式によって民族毎に異なる風俗習慣、伝統と文化を維持・発揮する規定を定める権利を有する。そのうち、重要な方法は、村の規約を制定することである」。また、§11§53 は大略「ベトナム国民は、国家と社会の管理に参加する権利を持ち、秩序、社会の安全の維持、公共生活を組織することに参加することを通じて、自らが政治の主人公になる権利を持つ」と規定している。

ない程の刷新（ドイモイ）振りである。

　以上を要すれば、ドイモイ政策実施後20余年間に生じた社会変動を反映したベトナム社会主義思想の変化を主因に、①従前は集団耕作機関として、バオカップ（"親方日の丸"に類する「国家丸抱え」）を当然視し、農業に従事してきた農業生産合作社を核とする末端農村組織が変質し、解体してきたこと、②住民間に社会主義市場経済導入により齎された貧富の格差が発生したこと、③依然として未整備な段階に留まる国家法体制と法治意識の欠如から齎される不具合を是正すべく、整合的な新社会秩序を新たに形成・維持するにあたり、国民の伝統的意識に根ざす村の郷約を時代要請に合う形で再編成する機運が、実定法レベルにまで及んで来たということを指摘出来よう。このような状況を勘案して、今後、筆者はベトナム現地に再度赴き、法学的研究手法に加え、文化人類学に基づく研究手法も組み合わせ、ベトナム人法意識の変化を同国法整備に反映させるよう、更に論究を深めて行きたい。

以上

参考文献
【1．書籍】

アジア経済研究所朽木昭文・野上裕生・山形辰史編（1997）
　　『テキストブック開発経済学』有斐閣

石川滋／原洋之介［編］（1999）『ヴィエトナムの市場経済化』東洋経済新報社

泉田洋一（2003）『農村開発金融論　アジアの経験と経済発展』東京大学出版会

伊東和久・山田俊一編（1993）『経済発展と金融自由化』アジア経済研究所

太田辰幸（2003）「アジア経済発展の奇跡—政治制度と産業政策の役割」文眞堂

奥田英信・三重野文晴・生島靖久編（2006）『開発金融論』日本評論社

大林弘道（1996）「中小企業政策の新しいパラダイム（佐藤芳雄教授退任記念号）」『三田商学研究』Vol.38, No.6

外務省編（2005）『2005年版ODA政府開発援助白書　～ミレニアム開発目標（MDGS）に対する日本の取組～』国立印刷局

加藤誠一・水野武・小林靖雄編（1977）「現代中小企業基礎講座　第1～4巻」同友館

川口弘（1987）「リテール・バンキングと信用組合」『信用組合34（5）』

商工組合中央金庫（1988）「中小企業の財務構造の動向」（上・下）

(2)『経済開発とベトナム中小企業育成政策の関係（法文化の視点を入れて）』

『商工金融1988（3）pp.39 ～ 60』、

三好元（1987）「日本の高度経済成長期における中小企業金融公庫の役割」
　　『経営学研究論集（8）pp.23-51』（西南学院大学）

黒瀬直宏（2006）『国際公共政策叢書9　中小企業政策』日本経済評論社

国際協力事業団・国際協力総合研修所（2001）『事業戦略調査研究　金融に関する政策支
　　援型協力基礎研究　報告書』『同　現状分析編』

国際協力機構・国際協力総合研修所（2004）（吉田秀美・岡本真理子著）
　　『マイクロファイナンスへの JICA の支援事例分析』

酒井良清・鹿野嘉昭著（2000）『金融システム』有斐閣

さくら総合研究所環太平洋研究センター（1990）
　　『アジアの経済発展と中小企業』日本評論社

市場強化のための制度整備協力に係る委員会・経済ソフトインフラ分科会・国際協力
事業団（2003）　『途上国への制度整備協力の方向性（経済ソフトインフラ）』

篠原三代平（1961）『日本経済の成長と循環』創文社

鈴木茂・井内尚樹・大西広編（1999）『中小企業とアジア』昭和堂

関満博（1992）『現代中国の地域産業と企業』　新評論

高田博（1980）「戦後の日本経済と中小企業金融」『経済（196）』

高橋基樹・福井清一編（2008）『経済開発論』

中小企業実業団中小企業研究所・瀧澤菊太郎編（1987）
『日本経済の発展と中小企業』同友館

寺西重郎・福田慎一・奥田英信・三重野文晴編（2007）『アジアの経済発展と金融システ
　　ム（東北アジア編）』東洋経済新報社

　高田亮爾（1989）『現代中小企業の構造分析 - 雇用変動と新たな二重構造 -』新評論

中小企業庁編（2006）『平成18年度版　中小企業施策総覧』中小企業総合研究機構

通商産業省・通商産業政策史編纂委員会編（1991）『通商政策史第7巻』通商産業調査会

日本中小企業学会編（1985）『下請・流通系列化と中小企業』同友館

同　　上　（1992）『企業間関係と中小企業　同友館

花輪俊也（1995）「わが国の金融経済の理解のために」『日本の金融経済』有斐閣

花崎（2000）「日本の金融危機から何を学ぶか—金融システムと企業経営統治—」
　　宇沢・花崎『金融システムの経済学』東京大学出版会

原洋之介（2001）『現代アジア経済論』岩波書店

平塚大祐編（2007）『東アジアの挑戦—経済統合・構造改革・制度構築—』アジア経済研
　　究所

ベトナム社会文化研究会編（2003）『ベトナムの社会と文化』風響社

福島久一編（2002）『中小企業政策の国際比較』新評論

補　遺

藤田敬三・藤井茂編（1973）『発展途上国の工業化と中小企業』有斐閣

古田元夫（1996）『ベトナムの現在』　講談社

松尾信之（1999）「19 世紀末ベトナム訴訟文書から見た『国家』、村落、村内有力者」
　　『歴史評論 585』

牟礼早苗（1989）『現代中国の中小企業』森山書店

由井常彦（1964）『中小企業政策の史的研究』東洋経済新報社

吉野直行・渡辺幸男編（2006）『中小企業の現状と中小企業金融』慶応義塾大学出版会

渡辺俊三（1992）『中小企業政策の形成過程の研究』広島修道大学総合研究所

Bui Duc Tuyen（1992）"Economic Sectors in Vietnam-Situation Tendency and Solutions"
　　Statistical Publishing House

CENTRAL INSTITUTE　FOR ECONOMIC MANAGEMENT（2004）
　　"Vietnam's Economy in 2004"

Science and techniques Publishing House（2006），

"The Impacts of Foreign Direct Investment On the Economic Growth in Vietnam"

"75 YEARS OF THE COMMUNIST PARTY OF VIENTNAM（2005）

Selection of documents from nine Party Congress", THE GIOI PUBLISHERS

Jeffrey Sacks（2005）"THE END OF POVERTY　HOW WE CAN MAKE IT HAPPEN
　　IN OUR LIFETIME"

Stiglitz,Joseph　E（1988）"Markets, and Market Failures, and Development" *American
　　Economic Review　Papers and Proceedings.*

USAID/EGAT（2003）"Financial Sector Strategy"

Lincoln, R, James et al（2004）Japan's Network Economy,

David Russell et al（1994）"Structural Analysis in the Social Sciences 24"
　　Cambridge　University Press

T.W.Kang（1990）"Keiretsu inside the hidden Japanese Conglomerates-, Foreign
　　company in Japan", Charles E. Tuttle

World Bank/IMF（2005）Financial Sector Assessment A Handbook

【2．Web サイト】

国際協力機構　ナレッジサイト　http://gwweb.jica.go.jp/km/km_frame.nsf

ADB　　　　http://www.adb.org/financialSector/　（financial sector）
　　　　　　　http://www.adb.org/financialSector/banking-system.asp　（banking system）
　　　　　　　http://www.adb.org/PrivateSector/Finance/fin_sector.asp
　　　　　　　　　（support for financial sector）
　　　　　　　http://www.adb.org/FinancialSector/bondmarket_development.asp

194

（Asian bond markets）

http://www.adb.org/Documents/CSPs/default.asp

（country strategy & program）

IFAD　　　http://www.ifad.org/

http://www.ifad.org/operations/policy/cosop.htm

（countries strategic opportunities paper）

IMF　　　http://www.imf.org/

http://www.imf.org/external/np/exr/facts/surv.htm （IMF surveillance）

http://www.imf.org/external/np/exr/facts/tech.htm （IMF technical assistance）

http://www.imf.org/external/np/fsap/fsap.asp

（FSAP: Financial Sector Assessment Program）

http://www.imf.org/external/pubs/ft/fsa/eng/index.htm

（Financial Sector Assessment Handbook）

http://www.imf.org/external/pubs/cat/scr 1 _sp.cfm? s _year=2006& e _ year=2006&brtype=title （IMF country reports）

http://www.imf.org/external/np/exr/glossary/showTerm.asp#58 （glossary of financial terms）

UNDP　　http://www.undp.org/

http://sdnhq.undp.org/gender/programmes/microstart.html

（microstart program）

USAID　　http://www.usaid.gov/

http://www.usaid.gov/our_work/economic_growth_and_trade/eg/financial_ markets.html （financial sector）

http://www.usaid.gov/our_work/economic_growth_and_trade/eg/fin_ mkts_reports.htm （financial sector report search）

World Bank　http://www.worldbank.org/

http://web.worldbank.org/WBSITE/EXTERNAL/PROJECTS/0,,content MDK:20120705~menuPK:41386~pagePK:41367~piPK:51533~theSite PK:40941,00.html （Poverty Reduction Strategy Papers）

http://web.worldbank.org/WBSITE/EXTERNAL/PROJECTS/0,,content MDK:20120746~menuPK:51557~pagePK:41367~piPK:51533~theSite PK:40941,00.html （Country Assistance Strategies）

http://web.worldbank.org/external/projects/main?pagePK=217672&piPK =95916&theSitePK=40941&menuPK=223665&category=majsector

&sector=FX　(financial sector project database)

http://publications.worldbank.org/ecommerce/catalog/category_3932

(publication by country)

http://publications.worldbank.org/ecommerce/catalog/category_3843

(publication search in banking, finance and investment)

以　上

(3)『開発政策の観点から見たベトナム産業構造の変貌』

要旨

1．ベトナムではドイモイ以降の社会主義市場経済において、国有企業という計画
　統制的経済主体とは対極にある中小企業が育ちつつある。中小企業は大企業が成
　立する以前の発展途上国にあっては主たる経済活動を担っており、中小企業が円
　滑に成長することを通じ国民経済に雇用と所得を齎す。

　　中小企業は日本においても重要な役割を果たしているが、ベトナムでも政府が
　進める工業化政策の下で、雇用機会の拡大、産業連関分析表から優位性が確認出
　来る輸送機械製造業（二輪車・四輪車製造業）、電気電子機器製造業等加工組立型
　製造業分野において、裾野産業分野を構成する部品産業をターゲットにした中小
　企業振興政策が有効であろう、との含意の下に積極的育成策が検討されている。

2．第2次世界大戦後、経済復興過程にあった日本やドイツの実例から示唆される
　通り、一国の経済や産業が成長するためには、成長過程での原始的資本蓄積面で
　頼りになる金融機能（厳密には金融仲介機能）の存在が重要である。これは金融
　の本質的機能が資金決済機能と金融仲介機能であり、預金集中を通じて経済・産
　業発展に活用出来る資金が増加することにより、社会全体の経済的厚生が上昇し、
　効率的な経済成長に寄与することを示している。ベトナム中小企業政策において
　も、実体経済部門を担う中小企業が順調に成長するためには、遅れている金融部
　門改革が必要であるが、国営企業改革に合わせて市中放出される政府株式の受け
　皿としても家計部門に退蔵されている資金を金融機関に集中させる必要があり、
　ベトナム政府は様々な案を検討している。

3．日本とベトナム両国は、市場経済経験で大きな差異があるものの、ベトナム中
　小企業政策を実行する上で、市場経済先進国である日本の中小企業政策を巡る経
　験には、有益なヒントが含まれていよう。今後は日越の中小企業セクターの対比
　のうえで、中小企業政策、またそのうちとくに中小企業金融制度の展開の相違を
　比較し、社会主義市場経済における中小企業政策の特色と改革課題を明らかにす
　ることを目的とする。また、①債権者情報開示や取締役会・監査役の存在等コー

ポレート・ガバナンス（企業統治）機能が優れた中小企業群、②政府補助金が潤沢に投入されている中小企業群、③企業統治機能が働く余地に乏しく、政府補助金受給の対象でもない完全なレッセフェール型中小企業群を対象に、相互のパフォーマンスの差が際立つような実態調査を行う必要性が指摘されよう。

以上

2008 年 2 月
　「開発政策の観点から見たベトナム産業構造の変貌」より

はじめに

　本稿では民間企業部門発展がベトナム経済社会前進のために有効で、それ
を資金面で支える金融分野機能促進を図るべきである、という前提に立ち、
ベトナム社会主義市場経済における中小企業金融促進のための制度構築を定
性的に論じる。その問題意識の根底には、社会主義市場経済を運営中のベト
ナムで経済成長を更に促進するためには、勃興過程にある中小企業をどのよ
うに成長させていけば良いか、また、戦後長く中小企業向け政策金融を提供
してきた日本の経験を踏まえながら、同国経済成長に有益な政策提言の可能
性は探れないか、という問題が含まれている。ベトナム中小企業政策を実行
する上では、単なる理論領域だけに留まらず、市場経済先進国である日本の
経験を参考にする比較制度研究のアプローチには、有益なヒントが含まれて
いる、と思われるからである。

　この文脈から、まず研究課題本研究においてベトナムの中小企業をめぐる
制度研究を試みる趣旨は、社会主義市場経済において、国有企業という計画
統制的経済主体とは対極の経済的民主主義を典型的に代表する中小企業の存
在に着眼し、その育成動向と課題を探ることを通じ、市場経済化のミクロ的
現実を解明する点にある。こうした社会主義市場経済における中小企業研究
は、社会主義を放棄したロシア・東欧地域については先行研究も多い[213]が、
アジアにおいては、研究成果は限られており、本研究による貢献余地が大き
いと考える。なお、本論文は中小企業金融に重点を置いた観察を今後の検討
課題にしており、未だ検討過程にあることを最初にお断りしておく。

---

213)　末尾参考文献等参照

(参考）ベトナム経済改革の関連年表

年　月	事　　項
1979.　9	共産党第 4 期第 6 回中央総会（国営企業改革の主張など新経済政策決定）
1981.　1	農産物請負方式の導入、国営企業に 3 部計画システム導入
1982.　3	ベトナム共産党第 5 回全国大会
1984.　7	共産党第 5 期第 6 回中央総会決議（管理体制の改革）
1986.　12	ベトナム共産党第 6 回全国大会
1987.　11	国営企業に大幅な自主権の付与、計画目標が上納金のみ
1987.　12	外資導入法制定
1988.　4	農業に関する政治局 10 号決議（土地使用権）
1989.　3	総合改革プログラム（為替レートなどの価格自由化）
1990	会社法制定（有限会社設立の法的基礎）、市営企業の貿易業務規制緩和
1990.　5	国営銀行法令、商業銀行法令の公布
1991.　6	ベトナム共産党第 7 回全国大会
1991.　11	国営企業の廃止統合に繋がる法的基礎の点検（338-HDBT 決定）
1992.　4	新憲法の採択（所有形態の多様化など経済改革内容の明記）
1992.　6	国営企業の実験的株式化推進の決定
1992.　9	政府組織法令の公布（証券取引所設立検討の決定）
1993	民営貿易専門会社設立の許可
1993.　6	農地使用法制定
1993.　8	国営企業株式化の実験的開始
1993.　11	ベトナム支援国会議第 1 回開催（以降毎年開催）
1993.　12	経済裁判法、破産法の制定
1994.　1	貿易認可制から報告制への移行（一部の品目を除く）
1994.　2	国営企業の主管制度廃止決定（党中間全国大会）
1994.　3	首相決定 91 号（企業集団成立の決定）
1994.　4	個人の銀行口座開設の許可
1994.　6	国内投資法、労働法の制定
1994.　7	銀行間取引市場の設立
1994.　10	銀行間外為市場の設立

1994. 12	中央銀行発行、商業銀行買取りの金融債の誕生、企業の社債発行も許可
1995. 4	国営企業法制定
1995. 6	証券市場設立準備委員会の設置
1995. 10	民法の制定
1996. 3	予算法、合作社法の制定
1996. 6	ベトナム共産党第 8 回全国大会
1996. 11	新しい外貨導入法の制定
1997. 4	付加価値税法の制定（1999 年 1 月から施行）
1997. 8	国家証券委員会発足

(出所)　トラン（1996）、その他より作成

2. ベトナム中小企業政策の特色と課題の検証

第 1 節　市場経済化における中小企業の役割

　制度派経済学者ウエブレン［1904］は、著書『営利企業の理論』（*The Theory of Business Enterprise*）の中で「現代は営利企業の時代である。産業活動の主要な部分については、利潤追求が経済活動の目的であることは疑うべくもない。この利潤追求に基づく経済活動を組織化するのが営利企業、就中法人企業であり、近代資本主義制度を形づくる物質的骨格は、マシーンプロセス [214] を具現化した産業であり、この骨格に生命を与え、活性化するのが利潤追求を目的とする営利企業であるが、産業と営利企業との間には厳しい対立関係が存在し、（中略）それら相互関係を規律するのが民主主義で

---

[214]　「近代文明を支える物質的な枠組は産業体制であり、この枠組に生命を吹き込んでいるのが営利企業である」とする思想の中で、「近代産業の規模と方法は、機械によって規定される。近代的工業社会は、このような機械装置と生産工程なくしては存立し得ない。機械を中心とした産業が（世の中の）支配的な地位を占め、産業社会のペースを決定してゆく。このことにより、現代社会は他の時代から画然と区別される」という文脈から、この著作出版後（1910 年頃）に登場したベルトコンベアシステムに代表される大量生産システムにより稼働する製造業がウエブレンの念頭に置かれている、と読める。

ある」（ibd.p256）と述べている[215]。このほか、市場経済化が経済発展に及
ぼす影響について先行研究[216]によれば（例えば寺西[2007]p.86、奥田[2006]
pp.23-pp.25、高橋［2008］pp.131-pp.134、伊東［1993］pp.71-PP.73 等 ）、
中央計画経済から脱却後、市場経済に移行した状態で、経済活動から得られ
るパイを縮小させず、企業組織を効率良く経営していく上で、経営者の個人
利益が必ずしも企業全体利益とは一致しないことに鑑み、健全な競争環境を
提供するシステム構築が必要である、としている[217]。政治的民主化を主た

---

215)　18 世紀半ば頃の経済と政治制度の相互依存関係に関する言説として政治学的立場
　　　に立った以下の議論があることを参考にされたい。「民主主義は貧困を齎すものであ
　　　り、経済的発展は貴族政治や独裁専制政治により齎される」として、経済発展と（今
　　　日で言う）民主主義とは相容れない存在であり、両者はトレードオフの関係にある、
　　　とする説が唱えられたことがあった。政治学的な意味で、経済発展と民主主義の関係
　　　を論じたこの言説によれば「民主主義社会では貴族政治や独裁専制政治が行われてい
　　　る社会に比べて、所得を豊かな人たち（階級）から貧しい人たち（同左）に分配しよ
　　　うとする圧力が働くので、経済成長に必要な貯蓄移転が行われる。従って、貯蓄率の
　　　低下が起こり、経済成長は抑制される」ということになり、歴史的な事実から判定す
　　　ればこれは誤りである。例えば、韓国が 1980 年代後半になって漸く軍事政権から文
　　　民政権へ移行後、高度経済成長を成し遂げ、1996 年 12 月、OECD に加盟。1997 年～
　　　1998 年にかけてのアジア通貨危機に巻き込まれ、大きな経済混乱に苛まされた時期
　　　が確かに存在したものの、各種困難を乗り越えて先進国の仲間入りした歴史的事実に
　　　注目。同じ朝鮮半島内では、未だに金正日独裁政権体制下にある北朝鮮は紛れもない
　　　発展途上国であるし、東南アジアに目を転じると、先のサイクロンにより国民生活（多
　　　数の人命を含む）に大規模被害を被ったミャンマーは、軍事独裁政権が継続している。
　　　ミャンマーの悲惨な経済現状を勘案すれば事実は逆で、経済運営に関しても国民一般
　　　の合意形成手続が民主的に進められている国の方が高い経済成長率を享受している事
　　　例が多いことが分かる。
216)　花輪俊也［1995］「わが国の金融経済の理解のために」『日本の金融経済』有斐閣。
　　　このほか寺西重郎・福田慎一・奥田英信・三重野文晴編［2007］『アジアの経済発展
　　　と金融システム（東北アジア編）』東洋経済新報社、奥田英信・三重野文晴・生島靖
　　　久編［2006］『開発金融論』日本評論社、高橋基樹・福井清一編［2008］『経済開発論』
　　　［2008］、伊東和久・山田俊一編［1993］『経済発展と金融自由化』アジア経済研究所
　　　などを参考にしている。
217)　旧ソ連・東欧が社会主義を放棄して、市場経済に移行した大きな理由のひとつには、
　　　中央計画経済を担う官僚機構が特権化（ノーメンクラーツ）し、末端消費現場商品ニ
　　　ーズ等経済を現実に動かす情報収集努力を怠ったことや、価格メカニズムが機能しな
　　　い社会機構の下では、効率的資源配分を実現する市場による需給均衡が行われなかっ
　　　たことに伴う社会混乱・沈滞が見られたことを指摘出来る。また、市場は社会におけ
　　　る財の交換に纏わる一つのメカニズムであり、市場において自由な生産や取引のネッ／

る内容とした敗戦後日本の経験 [218] は、ベトナム社会主義市場経済環境下、経済成長加速の担い手として中小企業が果たそうとしている役割を検討するこの節における文脈とは、必ずしも整合するものではない。

中小企業は大企業が成立する以前の発展途上国にあって、主たる経済活動を担っており [219]、中小企業の円滑な成長を通じて国民経済に雇用と所得を齎している [220]。ベトナムは、アジア通貨危機（1997 年～ 1998 年）の影響

ットワークが形成され、共通指標（例えば、売上高、経常利益、売上総利益率、使用総資本回転率、負債比率等諸財務指標）に収斂される財の自己調整的分配が行われている。

218)　占領軍総司令部（GHQ）は、特権的大企業（財閥企業）と日本軍部の癒着を問題視しており、この癒着関係が 15 年戦争を引き起こした、と解釈していた。財閥解体、持株会社禁止等第 2 次大戦後の日本の市場経済制度を巡る民主化は、政治的文脈からの民主主義を意味するものである。財閥解体、持株会社禁止等第 2 次大戦後に実施された市場経済制度を巡る民主化は、1960 年代以降の日本経済の高度成長に繋がるものであったが、本文で述べられている民主主義は、健全な企業競争環境を整備するために必要な制度設計を含意するものである。長谷川晃（1994）「〈公正な市場〉の法」『法哲学年報』参照。

219)　社会主義思想は本来、資本主義が隆盛を極めていく過程で拡大した資本家・労働者階級間の経済格差を均霑するためにはどうしたら良いか、を考察することから始まった。思想史を遡れば、生産手段の社会的所有を通じて、人間の自由・平等を実現しようとする思想が出発点（空想的社会主義）にあり、サン＝シモン、ロバート・オーウェン、シャルル・フーリエらの名前を挙げることができる。空想的社会主義は、その後、科学的社会主義思想に発展し、『資本論』において剰余価値学説を元に壮大な思想体系を築き上げたマルクスが、搾取・革命論等を論じた。マルクスの死後、エンゲルスやレーニンは更に思想を深め、資本主義から社会主義へと歴史は発展的に展開するのであり、移行する歴史の中で過渡的に通過する社会を社会主義社会と規定する通説的理解がある。ベトナムはホーチミンにより、フランス植民地支配からの解放が宣言され、対フランス勝利後も更に米国から直接に侵略を受けた経緯があることは、周知の歴史的事実である。この文脈で、ドイモイ政策導入に先立ち、ベトナム共産党内部にも思想・路線対立があったが、結果論から言うと「社会主義は、生産手段私有を認める資本主義社会が必然的に齎した貧富の差、資本家と労働者の対立に由来する階級的対立を解消して、人民大衆（労農ソビエト）が主人公である社会を形成しようとする思想」であった筈であるが、ベトナムでは社会主義市場経済進展と路線変更が行われた。労働者・農民大衆の国家であるベトナム社会主義共和国で、市場経済進展に伴って発生する労働者・農民大衆間貧富の差拡大は、社会主義伝統思想の中でどのように整理したら良いか判断に迷っている。

220)　日本の中小企業については、明治維新以後の殖産興業・富国強兵政策下、急速に産業を発達させるために三井・三菱・住友・安田等財閥を中心とする企業群の下に、中小企業が存在する二重構造体制が形成されている。明確な姿で中小企業が問題化した

を受け一時停滞したものの、ベトナム共産党一党独裁政治体制下、その経済規模は順調に拡大している[221]。また、ベトナム政府が現在進めつつある中小企業育成政策は、達成した国民所得向上という観点に立つと漸く後発開発国から脱却して、中進国への移行を目標に設定する政策実現の上で時宜に適った政策である、と考えられる。中小企業セクターに、潤沢な資金循環を可能にする金融制度創設が望まれる所以である。

　更に、社会主義市場経済においても、夙に資本主義経済で出現している状況と類似する状況で「中小企業間自由競争環境が整えられるならば、中小企業育成政策を効果的に促進することに繋がる」という視点からはプラス評価材料になる。ここで、二つの視点が想定される。すなわち、「(中小企業育成が促進されることは) 速やかに雇用と所得を齎して、ベトナム国民経済発展に貢献する」ことを政策課題に掲げ、ベトナム政府が具体的な各種政策を模索しつつある現段階では、「特別の支援政策を導入→その結果として市場競争が促進される→中小企業育成が効果的に行われる」というシナリオと、「市場競争基盤を整備する→中小企業育成（例. ADB 等その他ドナーが推進中である中小企業政策）が自然発生的に進む」というもうひとつのシナリオがそれである。即効性の観点からは、前者が望ましいと思われるが、介入主義的手法の要素が含まれているため、中央計画経済から脱して久しい現在のベトナム政府部内で、経済自由競争派と守旧派間の政治論争を惹起する蓋然性もあるところから、悩ましい問題である。

　　のは、第 1 次世界大戦〜昭和恐慌（1927 年）に至る時期である。この時期に日本の産業革命は一応の完成を見たが、これら財閥企業は元々特権的地位を占めており、特にこの時期に鉄鋼・造船、化学・繊維、食料品工業等各主要産業部門において資本蓄積を著しく高め、重化学工業基盤を充実強化した。大企業は第 1 次世界大戦後の恐慌、及びその後の金融恐慌過程を通じて、カルテル行為・産業合理化等により生産・資本集中を一層推し進め、特に金融恐慌下では銀行資本集中過程を通じて、その他の産業特に多数の中小企業群の再編整理を進め、自己系列化する等今日にまで至る二重構造、系列等の言葉で象徴される日本の産業構造が形成されている。

221）　1998 年〜 2003 年の GDP 対前年比伸び率は、以下の通り。1998 +15.1%　1999 +10.8%　2000 +10.4%2001 +9.0%　2002 +13.2%　2003 +13.2%

第2節　市場経済化における金融の役割

　金融の本質的機能は、資金決済機能と金融仲介機能である。資金決済機能
の例を挙げると、銀行間オンライン資金ネットワーク等インターネット経由
電子情報を用いた即時・確実な決済手段整備によるファイナリティ（決済完
了性）を社会的に保障する機能を通じ、企業・個人・行政間相互の日常的経
済活動を円滑に促進する機能がある。効率的な資金決済機能整備が不十分で
あれば、典型的には有償双務契約で見られる債権債務決済確認後の履行遅延
等、経済活動効率性や安定度の面で、著しく制約されることが明白である。
グローバリゼーションにより、市場経済化が進んでいる今日、国内経済取引
のみならず国際経済取引にも必要不可欠である効率的かつ安定した資金決済
機能整備が、国家主導で進められるべきことは、国益増進と経済生活向上面
で有益であることに異を唱える人は少ないであろう。

　一方、金融仲介機能は、資金運用手段（貯蓄運用手段）提供を通じ、資金
を必要とする分野に円滑に融通する（資金供給《仲介》）ことにより、新規
事業起ち上げや、既存事業増強・合理化等経済活動促進に直結する。金融仲
介時、必然的に信用リスク（貸金返済が受けられなくなるリスク）を初め、
様々なリスク[222]が発生するが、これら諸リスクを適切に評価・分析・管理
するところに金融仲介の本質的機能が存在している[223]。例えば、間接金融

---

222)　リスクには①信用リスクのほか、②金利リスク（調達金利よりも貸出金利が低い場
　　合、損失を被る危険）、③流動性リスク（調達資金返済期限が貸出金返済期限よりも
　　早く到来し、資金不足に陥る危険）等がある。
223)　例えば奥田（2006）pp.20-25。金融部門の発展に障害となった事柄として、以下事
　　項が原因と考えられる。ⅰ所得絶対水準が低いため、貯蓄水準や資産蓄積水準自体が
　　低くならざるを得ないこと、ⅱ零細資産保有者（その日暮らしのストリートベンダー
　　が多い経済を想像）が多いため、リスク回避指向が高く、長期に資金を拘束されるこ
　　とを嫌う傾向が大きい。このため、長期資金供給原資を構成する金融商品（例えば民
　　営化前の日本の郵便局における定額貯金制度）を構築する社会的仕組みが成立してい
　　ないこと、ⅲ発展途上国産業構造が植民地支配の結果、発展途上国産品は、モノカル
　　チャー的農業から生産される農産物及び鉱業資源等一次産品に偏っており、自然環
　　境や世界市況変化によって一律にかつ大幅な影響を受け易いこと、ⅳ家族経営企業が
　　大半であり、法人としての企業利益よりも、オーナー家族の利益計上を優先され、法
　　人が家族個人利益の犠牲になる傾向が強いこと、ⅴ法律や会計制度に著しい不備があ
　　り、情報開示も都合の悪いことは全くディスクロジャーしない等、利害関係者間情⤢

に於ける金融機関の審査能力がそれである。すなわち、一見したところでは信用供与が困難と思われる投資案件が持ち込まれたとしても、金融機関に十分な審査能力（精緻なキャッシュフロー分析等深い洞察力に基づいた高度な情報生産能力）が備わっているならば、信用リスクを適切に管理出来る。この結果として、金融機関は、資金余剰主体（個々の預《貯》金者、金融債購入者等が貯蓄源泉を供給）から事業会社等資金需要者に適時適切な信用を供与し、資金面で当該プロジェクトを支援することが可能となる。第2次世界大戦後、経済復興過程にあった日本やドイツの実例から示唆される通り、一国の経済や産業が成長するためには、成長過程での原始的資本蓄積面で頼りになる金融機能（厳密には金融仲介機能）の存在が重要である[224]。

　つまり、金融セクターの信用度が高まるならば、預（貯）金集中を通じて経済・産業発展に活用出来る資金が増加することに繋がる。この意味で一国の経済や産業を構成する実体経済分野（実物セクター）と金融分野（金融セクター）相互の関係は、あたかも硬貨の裏表に喩えられ、一国経済発展の程

報の非対称性が極めて大きいこと等である。金融部門と実物経済、並びに経済制度は、本来それぞれは相互に関連し合い、資金的にも政府・企業・家計3経済主体間を円滑に循環して、一国全体としての経済に（＋）の働きを齎すように機能することが可能である。発展途上国の場合、初期条件としての「低水準均衡の罠」に陥り易い悪条件が存在しており、市民意識レベルで既に社会主義の悪影響が薄まりつつある今日のベトナムの場合は、政府が進める工業化政策の下で、雇用機会の拡大、産業連関分析表から優意性が確認出来る輸送機械製造業（二輪車・四輪車製造業）、電気電子機器製造業等加工組立型の製造業分野において、裾野産業分野を構成する部品産業をターゲットにした中小企業振興政策が有効であろう。

224)　日本の経験では、急速かつ比較的に安定していた高度経済成長時代（1960年頃〜1973年頃）を金融が支えた事項として以下が挙げられる。ⅰ非金融部門投資案件を間接金融機関である銀行が客観的に審査出来たこと、ⅱ投資案件内在リスクマネジメントを、希少資源を効率的に配分する銀行が行うことに対する社会的な合意が成立していたこと、ⅲ資金需要者である非金融部門セクター経済行動を、債権者の立場から監視することを通じ、資金の非効率運用回避・不公正使用等機会主義的行動を抑止したこと。同種の機能は、本質的には証券会社等直接金融メカニズムの活用によっても発揮し得る筈であるが、日本の経験では歴史的に大蔵省・日本銀行による間接金融優先政策があり、直接金融については実証力に欠ける憾みがある。Horiuchi Akiyoshi "Information Properties of the Japanese Financial System" "Japan and the World Economy" 第1巻第3号 pp.255-278 に詳しい議論が掲載されている。

度と金融機能充実との間には、密接な相関関係がある。 固よりベトナム政府も、①金融経済取引を円滑に進めることが市場経済化促進に繋がること、②経済成長促進のためには取引費用を低下させることが有効であることを中国改革開放政策 225) の研究を通して学んでいた形跡がある。またベトナムは日本を初め、西側先進資本主義国（市場主義諸国と略々同義）の経済政策を研究しており、効率的で公平な市場経済制度を国内に創設するためには、所有権や契約・経済取引等に関する各種ルールの束である法律基盤整備と共に強制力を賦与して権利者に法律上の救済を国家機関が担う 226) 司法機能を通じて与えることが有効であることを学んだ（ベトナムでは判決に基づき、国家が強制執行力を行使して法律上の権利者に満足を得させる、という市場経済が発達した諸国では当然と見なされる行為さえ不十分なまま放置されてきた経緯がある 227)。そして、ベトナムはこれら法制度改革と併せて、現実経済を構成する企業セクターに関する改革についても検討俎上に載せることとなった。

---

225)　1949 年〜 1978 年の中国経済（建国〜改革開放政策導入前年）は、基本的には単純な形態を維持し続けてきた。マルクスが『資本論』の中で描いた理想社会（共産主義社会）では、市場での財交換を前提にした商品の存在、及び交換を媒介する貨幣を最終的には社会から消滅させるシナリオが提示されている。マルクス・レーニン主義的原理原則に強く依拠して国共内戦に勝利した毛沢東は、統一中国たる中華人民共和国建国理念として原理主義的に標記共産主義社会の実現を国家目標に措定した。「社会主義は、資本主義から最終的には共産主義へと至るまでの歴史的通過地点である」と説明される古典常識が、その後の歴史事実（1989 年 11 月ベルリンの壁崩壊。1990 年 10 月東西ドイツ統一。1991 年 12 月ソビエト連邦崩壊）の積み重ねにより実際には起こらなかったことが証明された。改革開放政策を中国が採用したことについては、この文脈も考え合わせる必要がある。

226)　ベトナムには「王法も、村の垣根の外まで」という俚諺があり、農民社会であったベトナムではフエ阮王朝（1802 年〜 1945 年）による政治支配と農村集落内自治が共存していた。近代司法制度は、統一国民国家成立後、三権分立の国法体系下、裁判過程を経由して国家意思が国民に適用されることを前提に組立てられている。ベトナムの場合、社（ディエン）と呼ばれる村の施設（民俗学的理解では、権威が必要とされる事項処理が行われる場所で、宗教施設も兼ねる）で、各種の紛争は長老合議により自治的に解決された。集落内での出来事には、阮王朝役人と雖も原則として干渉は出来なかった。

227)　"75 YEARS OF THE COMMUNIST PARTY OF VIENTNAM" pp.943-958

　以上、金融は先進国のみならず、発展途上国においても重要な機能を果たしていることを説明した。殊に、自国通貨があまり高く信用されていないベトナムの場合、マクロ経済的に見て経済成長に必要な貯蓄が十分な水準にまで達しておらず、本格化しつつある国営企業民営化プロセス[228]に際して、放出される政府株式の受け皿となる家計部門がどの程度引き受け出来るかの見極めが政策成功の鍵を握る、と言える。高度経済成長過程にある今日のベトナムは、マクロ経済運営上家計に退蔵されている現金通貨（ベトナムドンの場合もあるだろうし、法律の規定にも拘わらず[229]、米ドルの場合もある）を銀行に預金させ、自国通貨建て金融市場の厚みを増すことが急務である。

3．歴史的経緯

　1986年12月に開催された第6回ベトナム共産党大会で、広範な市場経済機能の導入、並びに対外経済開放政策を主な柱とするドイモイ政策[230]が採

228）　詳細 "Vietnam's Economy in 2004" pp.77-84
229）　ベトナム法貨は当然のことながら、ベトナムドンである。しかしながら、ドイモイ以前破綻状態にあった同国の経済環境下では、ハイパーインフレにより日毎に価値が下がるベトナムドンよりも、サイゴン政府（旧南ベトナム）時代から広く流通していた米ドルの方が遙かに信認が高く、1976年7月南北統一以後もこの状態に変わりはない。ベトナム中央銀行は自国法貨であり、中央銀行券であるベトナムドンを国内すべての決済に使用するよう国民に呼び掛けているものの、国民は自国通貨を必ずしも無条件には信用しておらず、ベトナムドンと同様に（地域によっては、寧ろベトナムドンよりも米ドルの方を喜んで受け取るところも多い）外国通貨である米ドルが殆ど何の支障もなく通用していることは、日本人にとっては奇異である。2007年12月5日ハノイで行った Vietnam-Japan Joint Initiative to improve business environment with view to strengthen the competitiveness seminar の際に、ベトナム国家銀行（中央銀行）関係者（JICA Advisor 古川氏）ヒアリングによれば、「ベトナムのインターバンク市場（短期）でベトナムドンを対象とするコール・手形各市場は成立していない。債券現先も CD,CP,TB,FB、レポ共に米ドルベースマーケットは立っているが、ベトナムドン市場は成立していない。固定金利から変動金利へのスワップ（逆の場合も当然あり）についても、ベースとなる通貨はやはり米ドルであり、ベトナムドンベースでの市場育成が急務」とのこと。
230）　「刷新」を意味するベトナム語の "ドイモイ" は、政治・経済・思想・文化等広範な領域を対象にしている。しかしながら、本稿で取り扱う「刷新」は、本文記述の通り、対外経済開放政策並びに価格裁定機能が働く市場経済導入による経済活性化を↗

用されて以来、同国を取り巻く産業・経済環境は、急速な変貌を遂げてきている。ベトナムは、タイ・フィリピン・マレーシア・シンガポール等近隣東南アジア諸国に比較しても、現状では一層安価な労働コストに留まっていること等から、多国籍企業にとってのベトナムは、上海・広州・香港汕頭・天津・大連等沿海部賃金水準向上等を背景に、「中国＋１」と価格競争力ある有望な海外直接投資先として位置付けられている。

また、今日の世界は、"グローバリゼーション[231]"という言葉に象徴されるように、以前とは比較にならない規模と速度を以てヒト（労働力）・モノ（商品）・カネ（資金）の流れが国境を越えて広範に観察されている。これらの流れを支える情報を処理するコンピュータも、IC集積度の高度化・制御技術高度化等の結果、既に大型電子計算機（メインフレーム）は時代遅れとなり、1990年代後半以降、今日では個人でも高性能小型コンピュータ[232]（ダウンサイジング）を保有することがごく普通になった。"グローバリゼーション"の波は、ベトナムにも勿論押し寄せており、地元の若者は米国ブランドGAP社のTシャツを羽織り、リーバイス社のGパンを穿き、足許をと見

意図した、主として開発政策に着目した文脈での「刷新」に留まる。広義の"ドイモイ"とは、ひとり開発政策のみに留まるのではない。それは、激論の末路線転換したベトナム共産党中央の反省に立っている。すなわち、1975年4月末の南北ベトナム武力統一後に、戦勝の余勢を駆って急速かつ拙速に強行された旧北ベトナム政府による社会主義実現に向けての教条主義的諸政策が、統一後のベトナム社会主義共和国人民に結果として、内戦終結後10年余を経ても絶対的貧困からの脱出を阻んだ、という事実認識を没却してはならない。この文脈で、広義の"ドイモイ"とは、政治・経済・思想・文化等複眼的視点にまで及んでいることに留意する必要がある。ドイモイ路線切替前の教条主義的中央計画経済体制下では、華僑系ベトナム人が担ってきた南部商品流通機能の有無を言わせない廃止、北部耕作地の機械的交換等個別経済実情を無視した非民主的政治決定が横行していた。

231）"グローバリゼーション"は字義通りには"世界化"を表す言葉であり、富・進歩・魅力ある商品等が世界的規模で均一化する現象と捉えることが出来よう。実際には、その多くが米国文化に由来している。

232）今日のパーソナルコンピュータ性能の高度化には、瞠目すべきものがある。有人宇宙船月面着陸を成し遂げた1969年当時、米国連邦航空宇宙局（NASA）が使用していた複数メインフレームを連接して処理していた運用能力よりも、たった1台の小型ラップトップコンピュータの情報処理能力の方が高度であることは、情報処理技術関係者の間ではよく知られていることである。

ればナイキ社の靴を履いている[233]。彼らはこの格好で街に繰り出す。外国
人旅行者は、再両替時の煩雑な手続を嫌って、現地通貨ベトナムドンではな
く、公式には禁止されている米ドル札を使い、ベトナム製バドワイザービー
ルを飲む。疲れたら、ベトナム国営旅行社が経営する高級ホテルの角で、そ
の名も"バクダン"というアイスクリーム・スタンドで、米国ブランド・サ
ーティワンのソフトクリームを舐めながら、多数のホンダ[234]で溢れかえる
街路を眺める。このような風景が、ホーチミン市だけではなく、ハノイ・ダ
ナン等各地の大都市で全国的に見られる。

　一方で、ベトナムは、近代に至るその歴史の中で長期にわたり中華文明の
直接的な影響を受けている。また、ベトナムは、れっきとした社会主義国で
ありながらも、伝統文化の基層には儒教道徳・大乗仏教に由来する重畳的な
価値観が擦り込まれており、現代史では約100年近いフランス植民地支配
（1858年～1954年）と抗米救国戦争（ベトナム戦争：1961年～1975年）勝
利過程で、証明された勤勉・几帳面かつ忍耐強い国民性等が、海外直接投資
を実施する多国籍企業に評価されている。多国籍企業工場進出に際して、同
国計画投資省等誘致当局各種インセンティブに誘掖された積極的な外資導入
を梃子に、今日のベトナムでは労働集約型産業が次々と興されている。この
背景には、嘗てドイモイ政策以前に蔓延した教条主義的・一元的国家経済統
制の相次ぐ撤廃等が大きく寄与している。

　すなわち、具体的には多国籍企業の工場進出に代表される（海外）出資者
は、ベトナム等政治制度を異にする社会主義諸国に於ける企業経営に際して
は、自らの企業所有形態に重大な関心を抱いていることは、言うまでもない。
この点で、現行1992年ベトナム憲法は、土地等一部の公共財を除く財産一
般に対して私的所有権の十全な享受を保障している。ベトナムの場合、この

---

233)　廉価な製造コストを享受すべく、ブランドのみが米国製であり、生産はベトナム・
　　　中国等アジア諸国が担当していることが殆どである。これらは、"グローバリゼーシ
　　　ョン"の典型例といえる。
234)　ベトナム現地で、「ホンダ」は固有名詞ではなく、普通名詞である原動機付自動二
　　　輪車一般を指す。

文脈で進出国政府の一方的宣言に基づく接収等、経営リスクが軽減されているため、嘗ては投下資本回収にあたり不測の事態を危惧した西側諸国の企業を中心とする外国投資家も、爾後は安心して資本投下するようになった。

この間に、同国を舞台とする現実企業経営にあっては、国有・合弁・民間・集団・個人等による多種多様な所有形態が現れるようになった。各種法制度に関しても、貿易・海外直接投資等に関する一連の立法措置が行われる等、濃淡の差は認められるものの、産業分野別ベトナムの国内経済対外開放進展という切り口からは、もはや先述したタイ・フィリピン・マレーシア・シンガポール等先行経済開放諸国と遜色ない水準にある。

本件論題に関して、筆者はこれまで「資本・金融自由化の状況」「市場経済移行過程に於けるベトナム私法制度整備状況」に焦点を絞って論文を発表してきた。これらの論文は、主にベトナム近現代史に即しつつ、フランス植民地体制の枠内に留まりつつも、同国民法（就中、財産法）立法過程を概観するもの、また、日系企業による同国向け海外直接投資の現状を説明するものであった。

本稿では（ⅰ）これら論点を必要に応じて随時補足すると共に、（ⅱ）現代ベトナム経済開発政策の変遷状況を跡づけること、（ⅲ）ベトナムは何故、社会主義中央計画経済体制を放棄して、社会主義市場経済体制に移行したのか、（ⅳ）当該政策は、果たしてベトナム当局の当初思惑通り機能しているのか、そして（ⅴ）主要な資本投下者集団の一角を構成している日本の諸企業によるドイモイ政策の評価等について論じている。

4．農業政策に見るドイモイ政策効果

ベトナムは本稿冒頭で指摘したように工業化が進みつつあるものの、現在でも GDP の約 25 ％、全就業者人口の約 60 ％が農業に従事している等[235]、

235）　農業生産額の推移は、順調に増加している（1990 年 60 兆ドン→ 1995 年 80 兆ドン→ 2000 年 110 兆ドン→ 2003 年 124 兆ドン）。

依然として農業国の域を脱していない。従って、本論の現代ベトナム経済開発政策の変遷を跡づけるに際しては、最初に農業政策に見るドイモイ政策の効果について述べる。

　東南アジア大陸部インドシナ半島東岸に位置して、気候的には亜熱帯（北部）から熱帯（中部〜南部）に属するベトナムは、古来より稲作を中核とする農業国である。統一後、ハノイ政府がこの分野で最初に実施したのは、土地改革であった。すなわち、ベトナム戦争（第2次抗米救国戦争1961年〜1975年）終結後、ドイモイ政策実施までの約10年間にお膝元北部紅河デルタ地帯では既に実施済みであった、農地所有権集団化・国有化という社会主義特有の政策を、解放後中部〜南部[236]で悉皆レベルで実施した。この結果、特権地主は固より零細な個々の農民に至るまで純然たる私有財産権の客体であった大半の農民が耕作意欲を喪失し、世界の穀倉地帯であるメコンデルタを国土南部に擁して、嘗て隣国タイ同様に本来は世界有数の米輸出国のひとつに数えられていた程の米収穫量が急激に減少し、食料純輸入国に転落した。このように、統一直後に採用された中央計画経済期（1975年〜1986年）に、農業国ベトナムの産業を支える米作生産力の低下に見舞われた。この事態を深刻に憂慮した[237]ベトナム共産党中央は、ドイモイ政策実施に踏み切り、1987年以降以後生産量は急速に回復した。

　ベトナム農業生産の中心地は、標記南部メコンデルタと北部紅河デルタ周辺にある。国際市況商品という性質上、取引相場変動はあるものの、利幅が大きいことから党中央より生産が奨励され、近年増産傾向にあるコーヒー、また、胡椒・天然ゴム等工芸作物は、主として中部高原地帯で生産されている。このほか、ホーチミン市（南部）・ハノイ市（北部）等大消費地を後背地に持つ大都市周辺農村地帯では、野菜果樹栽培も行われている等、この点

236）　内戦期に少数の特権的地主支配下にあった中部・南部耕作地帯でも土地改革を実施した。

237）　"75YEARS OF THE COMMUNISIT PARTY OF VIETNAM(1930-2005) A selection of documents from nine Party Congresses" 同政治文書には、1988年政治局第10号決議「農業経済管理に関する刷新について」等、本文中次章で述べる工業政策分野に関する同一視点に立脚した議論が展開されている。

では千葉・神奈川、和歌山・滋賀等東京・大阪を出荷先とする日本の大都市
近郊農村地帯との共通要素も見られる。総生産額比耕作種別ベース稲作・畑
作の構成割合は、概ね80％程度の水準で推移しており、ドイモイ以前と比
較しても余り大きな変動は見られない。

ドイモイ後、生産量が多い収穫物は、米、砂糖黍、キャッサバ、玉蜀黍、
甘藷、ココナツ、コーヒー、落花生、天然ゴム、緑豆、カシューナッツ等で
ある。このほか、経済成長に伴う食生活向上により、牛乳・バター・チーズ
等酪農製品や牛肉需要が増加しており、農業生産量増加と共に、生産価格上
昇が予想されている。

このほか、南シナ海の長大な海岸線を擁する沿海部では、近海漁業や輸出
用海老養殖等が盛んになり、ベトナムはドイモイ政策実施後僅か20年弱の
間に、米・コーヒー豆・各種水産物等一次産品分野で、世界有数の輸出国へ
と劇的な変貌を遂げた。この変貌は、貴重な外貨獲得に即効力を有する商品
作物作付面積拡大政策にベトナム農業省当局が舵取りを行った結果である
が、一方で①標記ドイモイ政策が農業・水産業等の分野に於いても家族経
営・個人経営が許された結果、効率的労働力集中が可能となり、増産が図ら
れたこと、また、確かに市場経済体制下では変動極まりない国際市況に曝さ
れること等のマイナス要素もあるものの、②品質向上努力次第では獲得可能
な利潤絶対額が拡大することを、共産党中央が容認した結果である。

別言すると、市場経済下での経営行動の基本である利潤追求行動が教条社
会主義イデオロギーの呪縛から解放され、「当事者が営業努力や商売上の工
夫をすることを通じて、各当事者の才覚が直ちに金銭的にも報われる市場原
理」へとドイモイ政策採用以前の「勤勉に働いても怠けても経済的な報酬に
差が付かない教条社会主義的・集団主義的な誤った『経営指導方針』」から
大きく転換したことによる部分[238]が大きい。このように農業政策に見るド

---

238)　この論点に関しては、以下の文献を参照。村野（1996）『ベトナム農業の刷新—成
　　果と課題—』、竹内（1999）『ドイモイ下のベトナムの農村・農村開発問題に関する総
　　論的覚書』、長憲次（2005）『市場経済下ベトナムの農業と農村』。

イモイ政策効果は、西側資本主義社会では当然視される利潤動機に裏打ちされた個々の経営主体の行動が、農業・水産業等の分野でも近代経営感覚を持つことにより齎されたものと言える。

　開発経済学の理論によると、一般に発展途上国を特徴付ける産業が嘗ては農業であったことから、工業部門を農村からの労働力を吸収する都市部門として認識してきた。また、「工業化」という概念それ自体についても、工業が一国の経済発展政策上有効に機能しているという事実に着目して、発展途上国が先進国の仲間入りをする上で、重要な機能を発揮する、と概念規定している。ベトナムの場合も、筆者管見によれば、農業国から今後、工業国へと発展していく過程で、GDP、国民所得、貿易収支、（その結果としての）外貨準備高等の各種マクロ経済指標で表現される経済発展度（向上度）"絶対値"の増加が計測される筈で、この文脈から「開発政策の観点から見たベトナム産業構造の変貌」を論題にして考察を深めているところである。事実、『東アジアの奇跡』（1994）[239] で指摘されている通り、1990 年代半ばまでにNIEs 諸国を中心に達成された東アジア・東南アジア諸国での著しくかつ継続的な経済発展現象を分析すると、標記工業部門の持続的な発展が寄与したことを見逃す訳にはいかない。筆者が、本件問題意識展開前に「2.　農業政策に見るドイモイ政策効果」を論じた意図もそこにある。結論を先に述べれば、「ベトナム産業構造を高度化することによって、同国経済厚生一般も高度化される。その手段として、工業化は一国産業構造が豊かになるための有効な処方箋を提供するのであり、また、工業化により安定経済成長が齎される。経済成長の結果、所得水準上昇も誘導される。この文脈で成功した先行事例のひとつに、戦後日本の工業化政策が挙げられる」と主張することである。

　ところで、開発経済学教科書[240] を繙けば、農業で見られる経済活動には幾つかの点で工業の経済活動と本質的に異なる部分がある、と説く。その要

---

239)　世界銀行編
240)　ジェトロ・アジア経済研究所編『テキストブック開発経済学』有斐閣　2004 年

点を以下3点に要約する。

第1に、農業は生産活動が文字通り農地を「地盤」として営まれるもので、生産要素としての土地が死活的に重要な役割を占めていることである。地上に存在する土地が有限である以上、そのうち農業適地も、また有限であることは自明であるが、これは農業発展の絶対（量的）制約となっている。

第2に、農業が人間生存に不可欠である食物生産を内容とする最も古い経済活動であることから、産業構造高度化に伴い日本や英国等の先進工業国で既に観察されている通り、産業全体に占める構成比は低下していくものの、その重要性はたとえ縮小することはあっても、決して消滅することがないこと。すなわち、所得水準上昇（＝産業構造高度化）により、一次農産物が二次農産物加工品（≒粗農産物を加工して付加価値を付けた品物）に代替すること等のため、（一次）農産物需要がさほど増加しないとしてもなお、国家の食料安全保障政策等の観点から、最低限の保護が与えられる、ということを指している。

第3に、ベトナムでもそうであるが、農業生産の特殊性[241]から、発展途上国では多かれ少なかれ、田植え・稲刈り等集団作業に代表される自給自足的要素が存在する等、先進国・工業製品取引で広範に観察される市場取引構造と異なる要素が多いこと。

5．問題意識：市場経済における民主主義

本研究においてベトナムの中小企業をめぐる制度研究を試みる趣旨は、社会主義市場経済において、国有企業という計画統制的経済主体とは対極の経済的民主主義を典型的に代表する中小企業の存在に着眼し、その育成動向と課題を探ることを通じて、市場経済化のミクロ的現実を解明する点にある。こうした社会主義市場経済における中小企業研究は、ロシア・東欧地域につ

---

241) 作柄が天候に左右されること、工業製品に比較して需要予想量がより難しいこと等。

いては先行研究も多いが、アジアにおいては、なお研究成果は限られており、本研究による貢献余地が大きいと考える。とくに本研究は中小企業金融に重点を置いた観察を旨とする。ベトナムの場合、1992年憲法 §15・§16による経済運営が行われているが、殊に §15 が掲げる [242]「社会主義市場経済」の実態を解明することが重要と思われる。1986年12月第6回ベトナム共産党大会でドイモイ路線が採択 [243] されて以来、ベトナムは経済政策運営に関する国家理念である社会主義市場経済と共に、経済民主主義の定着を進めつつあり、中小企業促進のための制度面の特色と改革課題を日本の経験の対比から引き出すことを本研究では論証したい。

ところで、一国の市場経済の特色を理解するために有効な方法として2つの視点がある、と考えられる。ひとつは制度論的アプローチであり、もうひ

---

242) On major directions in economic policy (Report of the 6th Central committee on the documents of the 7th Congress 1991)pp.787-794 "75 YEARS OF THE COMMUNIST PARTY OF VIENTNAM Selection of documents from nine Party Congress" (2005), THE GIOI PUBLISHERS に 1992年ベトナム憲法財産権規定立法に関する党の公式見解 が示されている。このほか、この書物にはインドシナ共産党結党（1930年）以来の重要文書が体系的に納められており、以下本稿では原典として引用する場合、単に "75 YEARS OF THE COMMUNIST PARTY OF VIENTNAM" と略する。現行1992年憲法社会主義市場経済に関する条文は、以下の通りである。

　Article15 The State promotes a multi-component commodity economy functioning in accordance with market mechanism under the management of the State and following the socialist orientation.The multi-component economic structure with various forms of organization of production and trading is based a system of ownership by the entire people, by collectives, and by private individuals,of which ownership by the entire people and by collectives constitutes the foundation.

　Article16 The aim of the State's economic policy is to make the people rich and the country strong, satisfy to an ever grater extent the people's material and spiritual life by releasing all productive potential, developing all latent possibilities of all components of the economy - the State sector, the collective sector, and the State capitalist sector in various forms-pushing on with the construction of material and technical bases, broadening economic, scientific, technical, cooperation and expanding intercourse with world markets.

243) 　ドイモイ路線切替前は中央計画経済体制下、経済実情を無視した非民主的政治決定が横行していた。

とつは理論経済的なアプローチである。先行研究（花輪 [1995] pp.1 ～ 3、pp.7-13）によれば、第 1 の視点は分析対象国で営まれている市場経済の実態を歴史的にかつ国際比較的な立場に立ち、事実そのものを忠実に素描することで論点を抽出しようとする制度論的方法である。通常、市場経済は金融政策、法政策、産業政策等各国が採用している制度に影響され、存在の態様が大きく異なる場合が多いが、事実を積み重ねる所作を丹念に継続することにより、個別分析対象国で採用されている標記各種制度の根底に存在する共通要素を抽出することが可能である、と考えられる（個別分析対象国の統治機構に内在する国家運営理念を念頭に置いている。ベトナムの場合、それは社会主義市場経済と民主主義）。一方、この視点による分析では、世界中で見られる市場経済自体の内側で共通に存在する諸要素を統一的に包括する分析視点から把握しようと試みる場合には不便が残る。

　第 2 の視点は理論経済学のアプローチである。諸対象国全体を一括りにし、ひとつの塊と捉え、個別差異を捨象しながら共通理論を確立しようとする視点である。例えば、日本と米国市場経済の間には、①雇用形態[244] ②金融慣

244）　バブル崩壊後日本経済は、ピーク時 1998 年前後には 5 ％を超える失業者を出し（実数では 350 万人）、3 つの過剰（雇用・設備・負債）を解消するために、第 2 次世界大戦後長らく社会の共通理解となっていた完全雇用に近い状況からの転換を迫られた。本来は積極的意味も含んでいる筈だった「リストラ（構造改革）」の名の下に、社会的規模で解雇が実施され、年功序列・終身雇用・企業内労働組合を基盤に形成されてきた正規労働者主体の日本的雇用形態は、10 年後の今日、派遣社員・パート従業員等非正規労働者の構成比が上昇している。人件費は本来固定費であるが、基幹労働者にとっても年俸制導入が一般的となったことから、企業業績改善と処遇改善がこれまで程にはパラレルに機能しなくなったほか（労働分配率低下）、同一労働・同一賃金原則貫徹についても、身分形態が異なる労働者が同一職場に在籍することが不思議でなくなり、業務の繁閑度に応じて雇い止めが可能な準固定費、乃至変動費的原価要素に変貌しつつある。米国は日本と大きく異なり、一般労働者は厚遇を求めて転職を繰り返す（ジョブホッピング）が当然で、ひとつの企業に永年勤続していることは逆に「無能の証明」と見なされる風潮もある。企業年金等福利厚生についても、「持ち運び可能な（ポータブル）」制度設計が行われており、在籍年数が長期に及べば及ぶ程労働者にとって経済的に有利となる日本型制度設計と異なる。しかしながら、米国でも基幹労働者は一般労働者と異なり、日本同様に平均勤続年数が長期に及ぶ者が多いことは、意外に知られていない。

行[245] ③市場慣行[246] 等多くの相違が存在しているものの、以下の共通要素が抽出されることを以て共通理論演繹が可能であると見なす視点である。つまり「市場経済社会では資本を投下した企業は、常時高い収益率を求めている。投資案件パフォーマンス比較は、当該投資決定の可否を決裁する時点で実施されることは勿論だが、資本運用期間中も常時行われ、市場裁定行動を通じて利回りの高低が厳密に計測される。潜在損失可能性（流動性リスク、信用リスク、市場リスク、オペレーションリスク、カントリーリスク等）に関するレビューも定期的に行われるほか、市場金利水準の乱高下・為替レー

---

245)　間接金融優位が戦後経済復興過程以後長らく続いてきた日本の金融慣行にも、1980年代後半以降大きな転機が訪れた。日米構造協議（1984年）を受けて日本にも債券格付制度が導入（1985年）され、米国同様に資本市場を通じて一般投資家から直接資金調達を行う太いパイプが敷設された。後述するように、社債、CP等証券発行を通じてマーケットから無担保・無保証で巨額資金（しかも満期一括償還）を調達する道が開かれた信用力が強い大企業は、担保・保証人を要求され、常時事業内容をモニタリングされる煩を嫌悪して銀行離れ現象が広く見られた。一方、中小企業は相変わらず信用力に乏しく、銀行借入に頼る以外経常資金調達を行える道はなかった。銀行は金余りの結果、審査規律を緩め、大企業向け余剰資金を信用力が「認められる」中手企業（中小企業）宛貸付けたが、日本銀行による「バブル退治」を受けて担保価額評価が激減。民間銀行を中心に、自己資本毀損現象が遍く生起して平成大不況（失われた10年）に繋がった。

246)　日本では所謂「系列取引」が一国経済の中に近代的産業と前近代的産業が併存している二重構造の中で、広範に行われている。系列取引は、公開市場取引を前提に企業活動が営まれている米国には理解し難い経済行動で、日本では資本的・人的・資金的関係を有する企業相互間で広く観察される。確かにある取引（例えば、自動車企業の鋼材調達）を公開市場乃至入札で実施すれば、最安値で交渉成立となるが、ⅰ品質保証、ⅱアフターサービス、ⅲ当該物品以外の関連物品調達に伴う便利、ⅳ次回調達以降も同一手続を機械的に繰り返さざるを得ない煩雑さ等々の諸点で、日本企業の多くがこれまで商売上の長期的便宜供与に関する思惑をも含めて主に系列取引を行っていた。経済学的に考えると、系列取引は短期的には公開市場乃至入札を行わないことに伴う機会損失を構成するが、長期的には必ずしも非効率取引とは言えないのではないか、という説がある。これについては Lincoln, R, James et al [2004] Japan's Network Economy, Structural Analysis in the Social Sciences 24 Cambridge University Press、David Russell et al [1994] Keiretsu inside the hidden Japanese Conglomerates, McGraw-Hill、T.W.Kang [1990] GAISHI The Foreign company in Japan, Charles E. Tuttle が外国人の立場から観察した分析がある。日本語文献に関しては、日本中小企業学会編[1985]『下請・流通系列化と中小企業』同友館、同左[1992]『企業間関係と中小企業』、高田亮爾 [1989]『現代中小企業の構造分析 - 雇用変動と新たな二重構造 -』新評論等に経済学的説明が展開されている。

ト大幅変動等投資期間中に異常事態が発生した場合には、直ちに臨時レビューが行われる等、計算結果如何によっては、その時点で投資を打ち切り、資本回収或いは鞘取を目的とした追加投資を敢えて実行する等多様な資本戦略が機能している。市場経済制度下にある日米両国は、この点で共通している。故に両国を一括りにしてひとつの塊と捉え、個別差異を捨象。両国の市場経済を理解する共通理論が確立できる筈だ」等とするものである。この視点（理論経済学の手法）からの市場経済理解も乗り越えるべき理論ハードルは高いものの、かなりの部分が解析可能と考えられる。日米両国間で取扱を巡り、屡々大きな政治問題に発展する市場経済運営を巡る個別差異（例えば市場開放政策を巡る農業問題、知的財産権問題等枚挙に暇がない）は、大した問題の裡には入らないことになるが、それは強ち暴論とは言えないであろう。

　このように、理論経済学はその名の通り、分析対象たる経済現実を理論的に抽象化して数量的に捉えることを考察の客体として位置付ける結果（相対論ではあるものの）、歴史的制度的に記述する要素が必ずしも多くはないのではないか。中央計画経済を放棄し、「社会主義市場経済を採用したベトナムにおける中小企業政策の形成過程」を明らかにするためには、理論的に抽象化、数量的に捉えていくよりも同国の歴史的制度的分析を行い、実態解明を試みる方が一層適切な回答が得られるように思われる。また、ベトナムの場合には、理論経済学上精緻な計算に必要である各種統計が、日本や米国・欧州先進国に比較して得難い[247]という技術的な問題があり、理論経済学からの第2の視点は取らない。

---

247)　例えば、筆者手許ベースでは"Vietnam's Economy in 2004"等 CIEM（CENTRAL INSTITUTE FOR ECONOMIC MANAGEMENT）各年版、Science and techniques Publishing House（2006）, "The Impacts of Foreign Direct Investment On the Economic Growth in Vietnam"をはじめ、マクロ経済分析作業実施に必要な各種統計が掲載されている資料が数点ある。このほか、ベトナム現地で容易に入手可能なレベルの統計書については、現地調査時に公共図書館レベルを含めて英語版資料収集を目的に時間が許す限り入手を心掛けたが、インターネット経由で取得出来るベトナム中央銀行金融統計、財務省統計等を見る限り、OECD 加盟先進諸国が公表している各種基本的統計資料の種類・開示精度と比較して貧相な印象があることは否めない。今後、ベトナム現地大学図書館を含め、統計資料収集を再度試みる。

6．市場経済化における中小企業の役割

　制度派経済学者ウエブレン［1904］は、著書『営利企業の理論』（*The Theory of Business Enterprise*）の中で「現代は営利企業の時代である。産業活動の主要な部分については、利潤追求が経済活動の目的であることは疑うべくもない。この利潤追求に基づく経済活動を組織化するのが営利企業、就中法人企業であり、近代資本主義制度を形づくる物質的骨格は、マシーンプロセス[248]を具現化した産業であり、この骨格に生命を与え、活性化するのが利潤追求を目的とする営利企業であるが、産業と営利企業との間には厳しい対立関係が存在し、（中略）それら相互関係を規律するのが民主主義である」（ibd.p256）と述べている[249]。このほか、市場経済化が経済発展に及

248）「近代文明を支える物質的な枠組は産業体制であり、この枠組に生命を吹き込んでいるのが営利企業である」とする思想の中で、「近代産業の規模と方法は、機械によって規定される。近代的工業社会は、このような機械装置と生産工程なくしては存立し得ない。機械を中心とした産業が（世の中の）支配的な地位を占め、産業社会のペースを決定してゆく。このことにより、現代社会は他の時代から画然と区別される」という文脈から、この著作出版後（1910 年頃）に登場したベルトコンベアシステムに代表される大量生産システムにより稼働する製造業がウエブレンの念頭に置かれている、と読める。

249）　18 世紀半ば頃の経済と政治制度の相互依存関係に関する言説として政治学的立場に立った以下の議論があることを参考にされたい。「民主主義は貧困を齎すものであり、経済的発展は貴族政治や独裁専制政治により齎される」として、経済発展と（今日で言う）民主主義とは相容れない存在であり、両者はトレードオフの関係にある、とする説が唱えられたことがあった。政治学的な意味で、経済発展と民主主義の関係を論じたこの言説によれば「民主主義社会では貴族政治や独裁専制政治が行われている社会に比べて、所得を豊かな人たち（階級）から貧しい人たち（同左）に分配しようとする圧力が働くので、経済成長に必要な貯蓄移転が行われる。従って、貯蓄率の低下が起こり、経済成長は抑制される」ということになり、歴史的な事実から判定すればこれは誤りである。例えば、韓国が 1980 年代後半になって漸く軍事政権から文民政権へ移行後、高度経済成長を成し遂げ、1996 年 12 月、OECD に加盟。1997 年〜1998 年にかけてのアジア通貨危機に巻き込まれ、大きな経済混乱に苛まされた時期が確かに存在したものの、各種困難を乗り越えて先進国の仲間入りした歴史的事実に注目。同じ朝鮮半島内では、未だに金正日独裁政権体制下にある北朝鮮は紛れもない発展途上国であるし、東南アジアに目を転じると、先のサイクロンにより国民生活（多数の人命を含む）に大規模被害を被ったミャンマーは、軍事独裁政権が継続してい↗

ぼす影響について先行研究[250]によれば（例えば寺西[2007]p.86、奥田[2006]pp.23-pp.25、高橋［2008］pp.131-pp.134、伊東［1993］pp.71-PP.73 等）、中央計画経済から脱却後、市場経済に移行した状態で、経済活動から得られるパイを縮小させず、企業組織を効率良く経営していく上で、経営者の個人利益が必ずしも企業全体利益とは一致しないことに鑑み、健全な競争環境を提供するシステム構築が必要である、としている[251]。政治的民主化を主たる内容とした敗戦後日本の経験[252] は、ベトナム社会主義市場経済環境下、経済成長加速の担い手として中小企業が果たそうとしている役割を検討するこの節における文脈とは、必ずしも整合するものではない。

　中小企業は大企業が成立する以前の発展途上国にあって、主たる経済活動

　る。ミャンマーの悲惨な経済現状を勘案すれば事実は逆で、経済運営に関しても国民一般の合意形成手続が民主的に進められている国の方が高い経済成長率を享受している事例が多いことが分かる。

250)　花輪俊也［1995］「わが国の金融経済の理解のために」『日本の金融経済』有斐閣。このほか寺西重郎・福田慎一・奥田英信・三重野文晴編［2007］『アジアの経済発展と金融システム（東北アジア編）』東洋経済新報社、奥田英信・三重野文晴・生島靖久編［2006］『開発金融論』日本評論社、高橋基樹・福井清一編［2008］『経済開発論』［2008］、伊東和久・山田俊一編［1993］『経済発展と金融自由化』アジア経済研究所などを参考にしている。

251)　旧ソ連・東欧が社会主義を放棄して、市場経済に移行した大きな理由のひとつには、中央計画経済を担う官僚機構が特権化（ノーメンクラーツ）し、末端消費現場商品ニーズ等経済を現実に動かす情報収集努力を怠ったことや、価格メカニズムが機能しない社会機構の下では、効率的資源配分を実現する市場による需給均衡が行われなかったことに伴う社会混乱・沈滞が見られたことを指摘出来る。また、市場は社会における財の交換に纏わる一つのメカニズムであり、市場において自由な生産や取引のネットワークが形成され、共通指標（例えば、売上高、経常利益、売上総利益率、使用総資本回転率,負債比率等諸財務指標）に収斂される財の自己調整的分配が行われている。

252)　占領軍総司令部（GHQ）は、特権的大企業（財閥企業）と日本軍部の癒着を問題視しており、この癒着関係が15年戦争を引き起こした、と解釈していた。財閥解体、持株会社禁止等第2次大戦後の日本の市場経済制度を巡る民主化は、政治的文脈からの民主主義を意味するものである。財閥解体、持株会社禁止等第2次大戦後に実施された市場経済制度を巡る民主化は、1960年代以降の日本経済の高度成長に繋がるものであったが、本文で述べられている民主主義は、健全な企業競争環境を整備するために必要な制度設計を含意するものである。長谷川晃（1994）「〈公正な市場〉の法」『法哲学年報』参照。

を担っており[253]、中小企業の円滑な成長を通じて国民経済に雇用と所得を齎している[254]。ベトナムは、アジア通貨危機（1997年〜1998年）の影響を受け一時停滞したものの、ベトナム共産党一党独裁政治体制下、その経済規模は順調に拡大している[255]。また、ベトナム政府が現在進めつつある中小企業育成政策は、達成した国民所得向上という観点に立つと漸く後発開発国から脱却して、中進国への移行を目標に設定する政策実現の上で時宜に適

253)　社会主義思想は本来、資本主義が隆盛を極めていく過程で拡大した資本家・労働者階級間の経済格差を均需するためにはどうしたら良いか、を考察することから始まった。思想史を遡れば、生産手段の社会的所有を通じて、人間の自由・平等を実現しようとする思想が出発点（空想的社会主義）にあり、サン＝シモン、ロバート・オーウェン、シャルル・フーリエらの名前を挙げることができる。空想的社会主義は、その後、科学的社会主義思想に発展し、『資本論』において剰余価値学説を元に壮大な思想体系を築き上げたマルクスが、搾取・革命論等を論じた。マルクスの死後、エンゲルスやレーニンは更に思想を深め、資本主義から社会主義へと歴史は発展的に展開するのであり、移行する歴史の中で過渡的に通過する社会を社会主義社会と規定する通説的理解がある。ベトナムはホーチミンにより、フランス植民地支配からの解放が宣言され、対フランス勝利後も更に米国から直接に侵略を受けた経緯があることは、周知の歴史的事実である。この文脈で、ドイモイ政策導入に先立ち、ベトナム共産党内部にも思想・路線対立があったが、結果論から言うと「社会主義は、生産手段私有を認める資本主義社会が必然的に齎した貧富の差、資本家と労働者の対立に由来する階級的対立を解消して、人民大衆（労農ソビエト）が主人公である社会を形成しようとする思想」であった筈であるが、ベトナムでは社会主義市場経済進展と路線変更が行われた。労働者・農民大衆の国家であるベトナム社会主義共和国で、市場経済進展に伴って発生する労働者・農民大衆間貧富の差拡大は、社会主義伝統思想の中でどのように整理したら良いか判断に迷っている。
254)　日本の中小企業については、明治維新以後の殖産興業・富国強兵政策下、急速に産業を発達させるために三井・三菱・住友・安田等財閥を中心とする企業群の下に、中小企業が存在する二重構造体制が形成されている。明確な姿で中小企業が問題化したのは、第1次世界大戦〜昭和恐慌（1927年）に至る時期である。この時期に日本の産業革命は一応の完成を見たが、これら財閥企業は元々特権的地位を占めており、特にこの時期に鉄鋼・造船、化学・繊維、食料品工業等各主要産業部門において資本蓄積を著しく高め、重化学工業基盤を充実強化した。大企業は第1次世界大戦後の恐慌、及びその後の金融恐慌過程を通じて、カルテル行為・産業合理化等により生産・資本集中を一層推し進め、特に金融恐慌下では銀行資本集中過程を通じて、その他の産業特に多数の中小企業群の再編整理を進め、自己系列化する等今日にまで至る二重構造、系列等の言葉で象徴される日本の産業構造が形成されている。
255)　1998年〜2003年のGDP対前年比伸び率は、以下の通り。1998 +15.1%　1999 +10.8%　2000 +10.4%　2001 +9.0%　2002 +13.2%　2003 +13.2%

った政策である、と考えられる。中小企業セクターに、潤沢な資金循環を可能にする金融制度創設が望まれる所以である。

　更に、社会主義市場経済においても、夙に資本主義経済で出現している状況と類似する状況で「中小企業間自由競争環境が整えられるならば、中小企業育成政策を効果的に促進することに繋がる」という視点からはプラス評価材料になる。ここで、二つの視点が想定される。すなわち、「（中小企業育成が促進されることは）速やかに雇用と所得を齎して、ベトナム国民経済発展に貢献する」ことを政策課題に掲げ、ベトナム政府が具体的な各種政策を模索しつつある現段階では、「特別の支援政策を導入→その結果として市場競争が促進される→中小企業育成が効果的に行われる」というシナリオと、「市場競争基盤を整備する→中小企業育成（例．ADB 等その他ドナーが推進中である中小企業政策）が自然発生的に進む」というもうひとつのシナリオがそれである。即効性の観点からは、前者が望ましいと思われるが、介入主義的手法の要素が含まれているため、中央計画経済から脱して久しい現在のベトナム政府部内で、経済自由競争派と守旧派間の政治論争を惹起する蓋然性もあるところから、悩ましい問題である。

　新自由主義派経済学者は、市場経済体制の下では、経済活力と成長を齎すために、企業間競争を最大限に促進することが有益である、と主張してきた。そのため、労働法規に関する規制緩和が有効であり、既に社会ルールとして長年定着している各種労働者保護立法[256] の見直しが必要である、としている。しかしながら、市場原理主義が過度に強調された経済体制下では、いったん金融危機や恐慌等異常な経済状況に逢着した際に生じる個別企業の自己防衛的対応が社会全体に蔓延するため、市場収縮の悪循環[257] に陥る。

以上

---

256)　労働基準法・労働関係調整法・労働組合法等「労働三法」は固より、近年では派遣労働者と雇用者の関係を規整するために立法された労働者派遣事業法等を指す。
257)　このような事態に陥ると、市場を構成する個別企業は、自社経済損失回避を目的に、生産活動縮小・在庫を圧縮すると共に、労務費・製造経費等のコスト削減行動を取る。この結果、市場が順調に拡大する正常経済状況下で働くアダム・スミス的合理的な経済システムが機能不全に陥ることになる。

参考文献

アジア経済研究所朽木昭文・野上裕生・山形辰史編（1997）
　　『テキストブック開発経済学』　有斐閣

石川滋／原洋之介［編］（1999）『ヴィエトナムの市場経済化』　東洋経済新報社

泉田洋一（2003）『農村開発金融論　アジアの経験と経済発展』東京大学出版会

伊東和久・山田俊一編（1993）『経済発展と金融自由化』アジア経済研究所

太田辰幸（2003）「アジア経済発展の奇跡─政治制度と産業政策の役割」文眞堂

奥田英信・三重野文晴・生島靖久（2006）『開発金融論』日本評論社

大林弘道（1996）「中小企業政策の新しいパラダイム（佐藤芳雄教授退任記念号）」『三田
　　商学研究』Vol.38, No.6

外務省編（2005）『2005年版ODA政府開発援助白書　〜ミレニアム開発目標（MDGS）
　　に対する日本の取組〜』国立印刷局

加藤誠一・水野武・小林靖雄編（1977）「現代中小企業基礎講座　第1〜4巻」同友館

川口弘（1987）「リテール・バンキングと信用組合」『信用組合34（5）』

商工組合中央金庫（1988）「中小企業の財務構造の動向」（上・下）『商工金融1988（3）
　　pp.39〜60』、三好元（1987）「日本の高度経済成長期における中小企業金融公庫の役割」
　　『経営学研究論集（8）pp.23-51』（西南学院大学）

黒瀬直宏（2006）「国際公共政策叢書9　中小企業政策」日本経済評論社

国際協力事業団・国際協力総合研修所（2001）『事業戦略調査研究　金融に関する政策支
　　援型協力基礎研究　報告書』　『同　現状分析編』

国際協力機構・国際協力総合研修所（2004）『マイクロファイナンスへのJICAの支援事
　　例分析』（吉田秀美・岡本真理子著）

酒井良清・鹿野嘉昭著（2000）『金融システム』有斐閣

さくら総合研究所環太平洋研究センター（1990）アジアの経済発展と中小企業」日本評論社

市場強化のための制度整備協力に係る委員会・経済ソフトインフラ分科会・国際協力事業
　　団（2003）『途上国への制度整備協力の方向性（経済ソフトインフラ）』

篠原三代平（1961）「日本経済の成長と循環」創文社

鈴木茂・井内尚樹・大西広編（1999）「中小企業とアジア」昭和堂

関満博（1992）「現代中国の地域産業と企業」新評論

高田博（1980）「戦後の日本経済と中小企業金融」『経済（196）』

高橋基樹・福井清一編（2008）『経済開発論』

中小企業実業団中小企業研究所・瀧澤菊太郎編（1987）
　　「日本経済の発展と中小企業」同友館

寺西重郎・福田慎一・奥田英信・三重野文晴編（2007）『アジアの経済発展と金融システ
　　ム（東北アジア編）』東洋経済新報社

高田亮爾（1989）『現代中小企業の構造分析—雇用変動と新たな二重構造—』新評論

中小企業庁編（2006）「平成18年度版　中小企業施策総覧」中小企業総合研究機構

通商産業省・通商産業政策史編纂委員会編（1991）「通商政策史第7巻」通商産業調査会

日本中小企業学会編（1985）『下請・流通系列化と中小企業』同友館

同　　上（1992）『企業間関係と中小企業　同友館

花輪俊也（1995）「わが国の金融経済の理解のために」『日本の金融経済』有斐閣

花崎（2000）「日本の金融危機から何を学ぶか—金融システムと企業経営統治—」宇沢・花崎『金融システムの経済学』東京大学出版会

平塚大祐編（2007）「東アジアの挑戦—経済統合・構造改革・制度構築—」アジア経済研究所

福島久一編（2002）「中小企業政策の国際比較」新評論

藤田敬三・藤井茂編（1973）「発展途上国の工業化と中小企業」有斐閣

牟礼早苗（1989）「現代中国の中小企業」森山書店

由井常彦（1964）「中小企業政策の史的研究」東洋経済新報社

吉野直行・渡辺幸男編（2006）「中小企業の現状と中小企業金融」慶応義塾大学出版会

渡辺俊三（1992）「中小企業政策の形成過程の研究」広島修道大学総合研究所

CENTRAL INSTITUTE FOR ECONOMIC MANAGEMENT（2004）
"Vietnam's Economy in 2004"

Science and techniques Publishing House（2006），
"The Impacts of Foreign Direct Investment On the Economic Growth in Vietnam"
"75 YEARS OF THE COMMUNIST PARTY OF VIENTNAM（2005）
Selection of documents from nine Party Congress", THE GIOI PUBLISHERS

Jeffrey Sacks（2005）"THE END OF POVERTY HOW WE CAN MAKE IT HAPPEN IN OUR LIFETIME"

Stiglitz,Joseph E（1988）"Markets, and Market Failures, and Development" *American Economic Review Papers and Proceedings.*

USAID/EGAT（2003）"Financial Sector Strategy"

Lincoln, R, James et al（2004）Japan's Network Economy,

David Russell et al（1994）"Structural Analysis in the Social Sciences 24"

Cambridge University Press

T.W.Kang（1990）"Keiretsu inside the hidden Japanese Conglomerates-, Foreign company in Japan", Charles E. Tuttle

World Bank/IMF（2005）Financial Sector Assessment A Handbook

補　遺

2　Web サイト

国際協力機構　ナレッジサイト　http://gwweb.jica.go.jp/km/km_frame.nsf

ADB　　http://www.adb.org/financialSector/ （financial sector）
　　　　http://www.adb.org/financialSector/banking-system.asp （banking system）
　　　　http://www.adb.org/PrivateSector/Finance/fin_sector.asp
　　　　（support for financial sector）
　　　　http://www.adb.org/FinancialSector/bondmarket_development.asp
　　　　（Asian bond markets）
　　　　http://www.adb.org/Documents/CSPs/default.asp
　　　　（country strategy & program）
IFAD　http://www.ifad.org/
　　　　http://www.ifad.org/operations/policy/cosop.htm
　　　　（countries strategic opportunities paper）
IMF　　http://www.imf.org/
　　　　http://www.imf.org/external/np/exr/facts/surv.htm （IMF surveillance）
　　　　http://www.imf.org/external/np/exr/facts/tech.htm （IMF technical assistance）
　　　　http://www.imf.org/external/np/fsap/fsap.asp
　　　　　　　（FSAP: Financial Sector Assessment Program）
　　　　http://www.imf.org/external/pubs/ft/fsa/eng/index.htm
　　　　　　　（Financial Sector Assessment Handbook）
　　　　http://www.imf.org/external/pubs/cat/scr1_sp.cfm?s_year=2006&e_
　　　　　　　year=2006&brtype=title （IMF country reports）
　　　　http://www.imf.org/external/np/exr/glossary/showTerm.asp#58 （glossary of
　　　　　　　financial terms）
UNDP　http://www.undp.org/
　　　　http://sdnhq.undp.org/gender/programmes/microstart.html
　　　　　　　（microstart program）
USAID　http://www.usaid.gov/
　　　　http://www.usaid.gov/our_work/economic_growth_and_trade/eg/financial_
　　　　　　　markets.html （financial sector）
　　　　http://www.usaid.gov/our_work/economic_growth_and_trade/eg/fin_mkts_
　　　　　　　reports.htm　（financial sector report search）
World Bank　http://www.worldbank.org/
　　　　　　　http://web.worldbank.org/WBSITE/EXTERNAL/PROJECTS/0,,content
　　　　　　　　　MDK:20120705˜menuPK:41386˜pagePK:41367˜piPK:51533˜theSite

PK:40941,00.html （Poverty Reduction Strategy Papers）

http://web.worldbank.org/WBSITE/EXTERNAL/COUNTRIES/0,,pageP
　K:180619~theSitePK:136917,00.html#v （activities by country）

http://web.worldbank.org/WBSITE/EXTERNAL/PROJECTS/0,,content
　MDK:20120746~menuPK:51557~pagePK:41367~piPK:51533~theSite
　PK:40941,00.html （Country Assistance Strategies）

http://web.worldbank.org/external/projects/main?pagePK=217672&piPK
　=95916&theSitePK=40941&menuPK=223665&category=majsector
　&sector=FX （financial sector project database）

http://publications.worldbank.org/ecommerce/catalog/category_3932
　（publication by country）

http://publications.worldbank.org/ecommerce/catalog/category_3843
　（publication search in banking, finance and investment）

以　　上

(4)『ベトナム市場経済化における中小企業政策の形成過程』

目　次

2007 年 6 月
　「ベトナム市場経済化における中小企業政策の形成過程」より

要旨

1．ベトナムではドイモイ以降の社会主義市場経済において、国有企業という計画
統制的経済主体とは対極にある中小企業が育ちつつある。中小企業は大企業が成
立する以前の発展途上国にあっては主たる経済活動を担っており、中小企業が円
滑に成長することを通じて国民経済に雇用と所得を齎す。中小企業は日本におい
ても重要な役割を果たしているが、ベトナムでも政府が進める工業化政策の下で、
雇用機会の拡大、産業連関分析表から優位性が確認出来る輸送機械製造業（二輪
車・四輪車製造業）、電気電子機器製造業等加工組立型製造業分野において、裾野

産業分野を構成する部品産業をターゲットにした中小企業振興政策が有効であろう、との含意の下に積極的な育成策が検討されている。

2. 第2次世界大戦後、経済復興過程にあった日本やドイツの実例から示唆される通り、一国の経済や産業が成長するためには、成長過程での原始的資本蓄積面で頼りになる金融機能（厳密には金融仲介機能）の存在が重要である。これは金融の本質的機能が資金決済機能と金融仲介機能であり、預金集中を通じて経済・産業発展に活用出来る資金が増加することにより、社会全体の経済的厚生が上昇し、効率的な経済成長に寄与することを示している。ベトナム中小企業政策においても、実体経済部門を担う中小企業が順調に成長するためには、遅れている金融部門改革が必要であるが、国営企業改革に合わせ、市中放出される政府株式受け皿としても家計部門に退蔵されている資金を金融機関に集中させる必要があり、ベトナム政府は様々な案を検討している。

3. 日本とベトナム両国は、市場経済経験で大きな差異があるものの、ベトナム中小企業政策を実行する上で、市場経済先進国である日本の中小企業政策を巡る経験には、有益なヒントが含まれていよう。本研究では日越の中小企業セクターの対比のうえで、中小企業政策、またそのうちとくに中小企業金融制度の展開の相違を比較し、社会主義市場経済における中小企業政策の特色と改革課題を明らかにすることを目的とする。また、①債権者情報開示や取締役会・監査役の存在等コーポレート・ガバナンス（企業統治）機能が優れた中小企業群、②政府補助金が潤沢に投入される中小企業群、③企業統治機能が働く余地に乏しく、政府補助金受給の対象でもない完全なレッセフェール型中小企業群を対象に、相互のパフォーマンスの差が際立つような実態調査を行う必要性が指摘される。

以上

はじめに

　本稿では民間企業部門発展がベトナム経済社会前進のために有効で、それ
を資金面で支える金融分野機能の促進を図るべきである、という前提に立ち、
ベトナム社会主義市場経済における中小企業金融促進のための制度構築を定
性的に論じる。その問題意識の根底には、社会主義市場経済を運営中のベト
ナムで経済成長を更に促進するためには、勃興過程にある中小企業をどのよ
うに成長させていけば良いのか、また、戦後長く中小企業向け政策金融を提
供してきた日本の経験を踏まえながら、同国経済成長に有益な政策提言の可
能性は探れないか、という問題が含まれている。ベトナム中小企業政策を実
行する上では、単なる理論領域だけに留まらず、市場経済先進国である日本
の経験を参考にする比較制度研究のアプローチには、有益なヒントが含まれ
ている、と思われるからである。

　この文脈から、まず研究課題本研究においてベトナムの中小企業をめぐる
制度研究を試みる趣旨は、社会主義市場経済において、国有企業という計画
統制的経済主体とは対極の経済的民主主義を典型的に代表する中小企業の存
在に着眼し、その育成動向と課題を探ることを通じて、市場経済化のミクロ
的現実を解明する点にある。こうした社会主義市場経済における中小企業研
究は、社会主義を放棄したロシア・東欧地域については先行研究も多いが、
アジアにおいては、なお研究成果は限られており、本研究による貢献余地が
大きいと考える。とくに本研究は中小企業金融に重点を置いた観察を旨とす
る。次に中小企業セクターの日越比較を行う。その後、日越中小企業政策及
び中小企業金融の特色を比較して、類似点相違点を炙り出す。最後に事例研
究を行い、結論に至る。

（参考）ベトナム経済改革の関連年表

年　　月	事　　　　　項
1979. 9	共産党第4期第6回中央総会（国営企業改革の主張など新経済政策決定）
1981. 1	農産物請負方式の導入、国営企業に3部計画システム導入
1982. 3	ベトナム共産党第5回全国大会
1984. 7	共産党第5期第6回中央総会決議（管理体制の改革）
1986. 12	ベトナム共産党第6回全国大会
1987. 11	国営企業に大幅な自主権の付与、計画目標が上納金のみ
1987. 12	外資導入法制定
1988. 4	農業に関する政治局10号決議（土地使用権）
1989. 3	総合改革プログラム（為替レートなどの価格自由化）
1990	会社法制定（有限会社設立の法的基礎）、市営企業の貿易業務規制緩和
1990. 5	国営銀行法令、商業銀行法令の公布
1991. 6	ベトナム共産党第7回全国大会
1991. 11	国営企業の廃止統合に繋がる法的基礎の点検（338-HDBT決定）
1992. 4	新憲法の採択（所有形態の多様化など経済改革内容の明記）
1992. 6	国営企業の実験的株式化推進の決定
1992. 9	政府組織法令の公布（証券取引所設立検討の決定）
1993	民営貿易専門会社設立の許可
1993. 6	農地使用法制定
1993. 8	国営企業株式化の実験的開始
1993. 11	ベトナム支援国会議第1回開催（以降毎年開催）
1993. 12	経済裁判法、破産法の制定
1994. 1	貿易認可制から報告制への移行（一部の品目を除く）
1994. 2	国営企業の主管制度廃止決定（党中間全国大会）
1994. 3	首相決定91号（企業集団成立の決定）
1994. 4	個人の銀行口座開設の許可
1994・6	国内投資法、労働法の制定
1994. 7	銀行間取引市場の設立

1994.	10	銀行間外為市場の設立
1994.	12	中央銀行発行、商業銀行買取りの金融債の誕生、企業の社債発行も許可
1995.	4	国営企業法制定
1995.	6	証券市場設立準備委員会の設置
1995.	10	民法の制定
1996.	3	予算法、合作社法の制定
1996.	6	ベトナム共産党第8回全国大会
1996.	11	新しい外貨導入法の制定
1997.	4	付加価値税法の制定（1999年1月から施行）
1997.	8	国家証券委員会発足

（出所）　トラン（1996）、その他より作成

第Ⅰ章　研究課題と方法の提起

1．問題意識：市場経済における民主主義

　本研究においてベトナムの中小企業をめぐる制度研究を試みる趣旨は、社会主義市場経済において、国有企業という計画統制的経済主体とは対極の経済的民主主義を典型的に代表する中小企業の存在に着眼し、その育成動向と課題を探ることを通じて、市場経済化のミクロ的現実を解明する点にある。こうした社会主義市場経済における中小企業研究は、ロシア・東欧地域については先行研究も多いが、アジアにおいては、なお研究成果は限られており、本研究による貢献余地が大きいと考える。とくに本研究は中小企業金融に重点を置いた観察を旨とする。ベトナムの場合、1992年憲法§15・§16による経済運営が行われているが、殊に§15が掲げる「社会主義市場経済」の実態を解明することが重要と思われる。1986年12月第6回ベトナム共産党大会でドイモイ路線が採択されて以来、ベトナムは経済政策運営に関する国家理念である社会主義市場経済と共に、経済民主主義の定着を進めつつあり、中小企業促進のための制度面の特色と改革課題を日本の経験の対比から引き

出すことを本研究では論証したい。

　ところで、一国の市場経済の特色を理解するために有効な方法として２つの視点がある、と考えられる。ひとつは制度論的アプローチであり、もうひとつは理論経済的なアプローチである。先行研究（花輪［1995］pp.1～3、pp.7-13）によれば、第１の視点は分析対象国で営まれている市場経済の実態を歴史的にかつ国際比較的な立場に立ち、事実そのものを忠実に素描することで論点を抽出しようとする制度論的方法である。通常、市場経済は金融政策、法政策、産業政策等各国が採用している制度に影響され、存在の態様が大きく異なる場合が多いが、事実を積み重ねる所作を丹念に継続することにより、個別分析対象国で採用されている標記各種制度の根底に存在する共通要素を抽出することが可能である、と考えられる（個別分析対象国の統治機構に内在する国家運営理念を念頭に置いている。ベトナムの場合、それは社会主義市場経済と民主主義）。一方、この視点による分析では、世界中で見られる市場経済自体の内側で共通に存在する諸要素を統一的に包括する分析視点から把握しようと試みる場合には不便が残る。

　第２の視点は理論経済学のアプローチである。諸対象国全体を一括りにし、ひとつの塊と捉え、個別差異を捨象しながら共通理論を確立しようとする視点である。例えば、日本と米国市場経済の間には、①雇用形態②金融慣行③市場慣行等多くの相違が存在しているものの、以下の共通要素が抽出されることを以て共通理論演繹が可能であると見なす視点である。つまり「市場経済社会では資本を投下した企業は、常時高い収益率を求めている。投資案件パフォーマンス比較は、当該投資決定の可否を決裁する時点で実施されることは勿論だが、資本運用期間中も常時行われ、市場裁定行動を通じて利回りの高低が厳密に計測される。潜在損失可能性（流動性リスク、信用リスク、市場リスク、オペレーションリスク、カントリーリスク等）に関するレビューも定期的に行われるほか、市場金利水準の乱高下・為替レート大幅変動等投資期間中に異常事態が発生した場合には、直ちに臨時レビューが行われる等、計算結果如何によっては、その時点で投資を打ち切り、資本回収或いは

鞘取を目的とした追加投資を敢えて実行する等多様な資本戦略が機能してい
る。市場経済制度下にある日米両国は、この点で共通している。故に両国を
一括りにしてひとつの塊と捉え、個別差異を捨象。両国の市場経済を理解す
る共通理論が確立できる筈だ」等とするものである。この視点（理論経済学
の手法）からの市場経済理解も乗り越えるべき理論ハードルは高いものの、
かなりの部分が解析可能と考えられる。日米両国間で取扱を巡り、屢々大き
な政治問題に発展する市場経済運営を巡る個別差異（例えば市場開放政策を
巡る農業問題、知的財産権問題等枚挙に暇がない）は、大した問題の裡には
入らないことになるが、それは強ち暴論とは言えないであろう。

　このように、理論経済学はその名の通り、分析対象たる経済現実を理論的
に抽象化して数量的に捉えることを考察の客体として位置付ける結果（相対
論ではあるものの）、歴史的制度的に記述する要素が必ずしも多くはないの
ではないか。中央計画経済を放棄し、「社会主義市場経済を採用したベトナ
ムにおける中小企業政策の形成過程」を明らかにするためには、理論的に抽
象化、数量的に捉えていくよりも同国の歴史的制度的分析を行い、実態解明
を試みる方が一層適切な回答が得られるように思われる。また、ベトナムの
場合には、理論経済学上精緻な計算に必要である各種統計が、日本や米国・
欧州先進国に比較して得難いという技術的な問題があり、理論経済学からの
第2の視点は取らない。

2．研究課題：ベトナム中小企業政策の特色と課題の検証

第1節　市場経済化における中小企業の役割

　制度派経済学者ウエブレン［1904］は、著書『営利企業の理論』（The
Theory of Business Enterprise）の中で「現代は営利企業の時代である。産
業活動の主要な部分については、利潤追求が経済活動の目的であることは疑
うべくもない。この利潤追求に基づく経済活動を組織化するのが営利企業、
就中法人企業であり、近代資本主義制度を形づくる物質的骨格は、マシーン
プロセスを具現化した産業であり、この骨格に生命を与え、活性化するのが

利潤追求を目的とする営利企業であるが、産業と営利企業との間には厳しい対立関係が存在し、（中略）それら相互関係を規律するのが民主主義である」（ibd.p256）と述べている。このほか、市場経済化が経済発展に及ぼす影響について先行研究によれば（例えば寺西［2007］p.86、奥田［2006］pp.23-pp.25、高橋［2008］pp.131-pp.134、伊東［1993］pp.71-PP.73等）、中央計画経済から脱却後、市場経済に移行した状態で、経済活動から得られるパイを縮小させず、企業組織を効率良く経営していく上で、経営者の個人利益が必ずしも企業全体利益とは一致しないことに鑑み、健全な競争環境を提供するシステム構築が必要である、としている。政治的民主化を主たる内容とした敗戦後日本の経験は、ベトナム社会主義市場経済環境下、経済成長加速の担い手として中小企業が果たそうとしている役割を検討するこの節における文脈とは、必ずしも整合するものではない。

　中小企業は大企業が成立する以前の発展途上国にあって、主たる経済活動を担っており、中小企業の円滑な成長を通じて国民経済に雇用と所得を齎している。ベトナムは、アジア通貨危機（1997年〜1998年）の影響を受け一時停滞したものの、ベトナム共産党一党独裁政治体制下、その経済規模は順調に拡大している。また、ベトナム政府が現在進めつつある中小企業育成政策は、達成した国民所得向上という観点に立つと漸く後発開発国から脱却して、中進国への移行を目標に設定する政策実現の上で時宜に適った政策である、と考えられる。中小企業セクターに、潤沢な資金循環を可能にする金融制度創設が望まれる所以である。

　更に、社会主義市場経済においても、夙に資本主義経済で出現している状況と類似する状況で「中小企業間自由競争環境が整えられるならば、中小企業育成政策を効果的に促進することに繋がる」という視点からはプラス評価材料になる。ここで、二つの視点が想定される。すなわち、「（中小企業育成が促進されることは）速やかに雇用と所得を齎して、ベトナム国民経済発展に貢献する」ことを政策課題に掲げ、ベトナム政府が具体的な各種政策を模索しつつある現段階では、「特別の支援政策を導入→その結果として市場競

争が促進される→中小企業育成が効果的に行われる」というシナリオと、「市場競争基盤を整備する→中小企業育成（例．ADB 等その他ドナーが推進中である中小企業政策）が自然発生的に進む」というもうひとつのシナリオがそれである。即効性の観点からは、前者が望ましいと思われるが、介入主義的手法の要素が含まれているため、中央計画経済から脱して久しい現在のベトナム政府部内で、経済自由競争派と守旧派間の政治論争を惹起する蓋然性もあるところから、悩ましい問題である。

第2節　市場経済化における金融の役割

　金融の本質的機能は、資金決済機能と金融仲介機能である。資金決済機能の例を挙げると、銀行間オンライン資金ネットワーク等インターネット経由電子情報を用いた即時・確実な決済手段整備によるファイナリティ（決済完了性）を社会的に保障する機能を通じ、企業・個人・行政間相互の日常的経済活動を円滑に促進する機能がある。効率的な資金決済機能整備が不十分であれば、典型的には有償双務契約で見られる債権債務決済確認後の履行遅延等、経済活動効率性や安定度の面で、著しく制約されることが明白である。グローバリゼーションにより、市場経済化が進んでいる今日、国内経済取引のみならず国際経済取引にも必要不可欠である効率的かつ安定した資金決済機能整備が、国家主導で進められるべきことは、国益増進と経済生活向上面で有益であることに異を唱える人は少ないであろう。

　一方、金融仲介機能は、資金運用手段（貯蓄運用手段）提供を通じ、資金を必要とする分野に円滑に融通する（資金供給《仲介》）ことにより、新規事業起ち上げや、既存事業増強・合理化等経済活動促進に直結する。金融仲介時、必然的に信用リスク（貸金返済が受けられなくなるリスク）を初め、様々なリスクが発生するが、これら諸リスクを適切に評価・分析・管理するところに金融仲介の本質的機能が存在している。例えば、間接金融に於ける金融機関の審査能力がそれである。すなわち、一見したところでは信用供与が困難と思われる投資案件が持ち込まれたとしても、金融機関に十分な審査

能力（精緻なキャッシュフロー分析等深い洞察力に基づいた高度な情報生産能力）が備わっているならば、信用リスクを適切に管理出来る。この結果として、金融機関は、資金余剰主体（個々の預《貯》金者、金融債購入者等が貯蓄源泉を供給）から事業会社等資金需要者に適時適切な信用を供与し、資金面で当該プロジェクトを支援することが可能となる。第2次世界大戦後、経済復興過程にあった日本やドイツの実例から示唆される通り、一国の経済や産業が成長するためには、成長過程での原始的資本蓄積面で頼りになる金融機能（厳密には金融仲介機能）の存在が重要である。つまり、金融セクターの信用度が高まるならば、預（貯）金の集中を通じて経済・産業発展に活用出来る資金が増加することに繋がる。この意味で一国の経済や産業を構成する実体経済分野（実物セクター）と金融分野（金融セクター）相互の関係は、あたかも硬貨の裏表に喩えられ、一国経済発展の程度と金融機能充実との間には、密接な相関関係がある。　固よりベトナム政府も、①金融経済取引を円滑に進めることが市場経済化促進に繋がること、②経済成長促進のためには取引費用を低下させることが有効であることを中国改革開放政策の研究を通して学んでいた形跡がある。またベトナムは日本を初め、西側先進資本主義国（市場主義諸国と略々同義）経済政策を研究しており、効率的で公平な市場経済制度を国内に創設するためには、所有権や契約・経済取引等に関する各種ルールの束である法律基盤整備と共に強制力を賦与して権利者に法律上の救済を国家機関が担う司法機能を通じて与えることが有効であることを学んだ（ベトナムでは判決に基づき、国家が強制執行力を行使して法律上の権利者に満足を得させる、という市場経済が発達した諸国では当然と見なされる行為さえ不十分なまま放置されてきた経緯がある《注》）。そして、ベトナムはこれら法制度改革と併せて、現実経済を構成する企業セクターに関する改革についても検討俎上に載せることとなった。

　以上、金融は先進国のみならず、発展途上国においても重要な機能を果たしていることを説明した。殊に、自国通貨があまり高く信用されていないベトナムの場合、マクロ経済的に見て経済成長に必要な貯蓄が十分な水準にま

で達しておらず、本格化しつつある国営企業民営化プロセスに際して、放出される政府株式の受け皿となる家計部門がどの程度引き受け出来るかの見極めが政策成功の鍵を握る、と言える。高度経済成長過程にある今日のベトナムは、マクロ経済運営上家計に退蔵されている現金通貨（ベトナムドンの場合もあるだろうし、法律の規定にも拘わらず《注 》、米ドルの場合もある）を銀行に預金させ、自国通貨建て金融市場の厚みを増すことが急務である。

第3節　ベトナムにおける中小企業政策の検証課題

（1）中小企業セクターの特色

　ドイモイ政策開始後、既に 20 数年が経過している。日系等外資系企業集積が進んだ今日、ベトナム中小企業並びに外資系企業現地生産活動を補完するパートナーとして裾野産業（サポーティングインダストリー）育成が急務であることについては、ベトナム政策当局も認識していることが明らかになった。各種統計から見て、中小企業主体のベトナム民間セクターが同国経済活性化に多大の貢献をしてきたことは、明らかである。振り返れば、東欧のビロード革命（1989 年）・旧ソ連崩壊（1991 年）に伴うコメコン諸国からの援助停止や財政再建に伴う国家補助金廃止の結果、1988 年〜 1991 年にかけてベトナム国営企業は深刻な打撃を受けたが、経済全体の落ち込みを緩和する役割を果たしたのは、中小企業を主体とする民間セクターだった。しかしながら、社会主義市場経済化がもはや（嘗ての中央計画経済に）後戻りが出来ない状態にまで到達しているものの、中小企業を主体とするベトナム民間セクターは、依然として貧弱な状態に留まっている。

　ベトナム政府の中小企業振興政策に関する纏まったアンケート調査については、1997 年 3 月時点のものが最新である。爾後、既に 10 数年が経過している。今となっては、変転著しい経済成長を計数的に反映したものとは言えない難点があるものの、調査時点で企業が置かれていた状況を正確に認識出来るため、以下に記述する。

　アンケート調査実施対象となったベトナム企業（法人ベース。自営業者等

個人事業者を除く）総数は 23,708 社である。内訳は国営企業 5,873 社（24.8
％）、集団合作会社を含む民間企業 17,143 社(72.3 ％)、外資系企業 692 社(2.9
％）から構成されている。

　業種別分類は、以下の通りである。

	国営企業	民間企業	外資系企業	計
【商業・修理業】	1,511	7,927	30	9,468
【製造業】	2,122	6,073	382	8,577
【建設業】	948	1,375	32	2,355
【ホテル・レストラン業】	294	697	103	1,094
【輸送・通信業】	304	528	38	870
【その他】	694	543	107	1,344
計	5,873	17,143	692	23,708

　何れも事業所数ベース。原資料は Ket Qua,Kinh Te Hanh Chinh Su Nghiep,
Nam 1995, Nha Xuat Ban Thong Ke, Hanoi 1996 年 10 ページである。

　このうち、全体の 72.3 ％を占める民間企業 17,143 社の売上高は、全体売
上高の 16 ％程度を占めるに留まっており、5,873 社、24.8 ％と数で劣る国営
企業が大半を占めている（原資料によれば、外資系企業 692 社《2.9 ％》売
上高不明)。民間企業雇用数も、全体の 21 ％程度を占めているに過ぎず、少
なくとも 1995 年 7 月時点でベトナム市場経済化を担う民間企業セクターが
経済全体に占める地位は、国営企業に比べて相当小さかったことが分かる。
また、同時期上記調査と同じく国営企業・民間企業及び外資系企業別にベト
ナム及び社会主義市場経済化の先輩格にあたる中国を比較して工業生産額推
移を調査した資料がある。それによれば、中国では 1992 年南巡講話による
改革開放速度の上昇もあり、国営企業生産額構成比は後 2 者に追い上げられ、
大きく減少（1990 年 54.6 ％→ 1995 年 34.0 ％）しているのに対し、ベトナ
ムは 1990 年 58.6 ％→ 1995 年 51.9 ％と僅かな減少を示しているに留まる。
一方、外資系企業については、中国では 1990 年 4.2 ％→ 1995 年 16.6 ％と 4
倍増となり、顕著に上昇しているのに対しベトナムも 1990 年 11.0 ％→ 1995

年 23.6 ％と構成比は確かに上昇しているものの、中国ほどには工業総生産額に占める外資系企業の寄与度が高まっていないことが分かる。

　この原因については、中国では既に 1950 年代末頃からの①「社隊工業」と呼ばれる当時の人民公社或いは生産団体等集団で工業生産ノルマに責任を持って従事する歴史があったことに加え、②民公社解体後も、郷鎮企業経営者等社会の広範な階層に営利集団経営経験を有する指導者が存在していたこと、及び③国土の広大さ（ベトナム国土面積の約 30 倍）から輸送・流通網整備の遅れから齎される市場統合が不十分で、小規模民間企業（工業セクター）であったとしても地方毎に存在出来る余地があったことによるものと考えられる。なお、ベトナム労働省によれば、中小企業の定義は 1995 年 7 月時点で資本総額 100 億ベトナムドン（参考：変動為替レート 15,610VDN=@1 US=@JP102.88）、または従業員 300 人未満の法人企業を中小企業としている。業種により異なるが、日本の中小企業基本法によれば、製造業の場合で資本金 3 億円、または従業員数 300 人未満の企業を中小企業としており、ベトナム実定法上の中小企業は、日本の中小企業と比較してやや大ぶりの企業ということになる。ベトナム基準に従うと、全製造業 8,577 社中 96.7 ％（以下原資料は、会社の実数を開示していない）に相当する 8,294 社が中小企業に該当する。従業員人数規模で見ると、全製造業 8,577 社中の約 32 ％にあたる 2,745 社が従業員 1 人〜 10 人までの零細企業、11 人〜 50 人までの企業が約 39 ％（3,345 社）、以上 1 人〜 50 人までの企業が計 6,090 社と全体の 71 ％を占めている。

　この数字を見る限り、ベトナムの中小企業全体状況は、日本の中小企業の状況（事業所数で 99.3 ％、従業者数で 80.4 ％、製造業出荷額で 51.6 ％（何れも当該最終改正直前 1996 年時点）と多少相前後する数字はあるものの、傾向値としてはさほど大きな偏りはないことが分かる。なお、ベトナム製造業を語る場合、標記企業形態を取る事業者に加え、約 53 万箇所に及ぶ自営業者が存在していることになっており、自営業者が経営者層を含めて約 123 万人の雇用を支えていることに注目する必要がある。また、生産額寄与度ベ

ースでは、これら自営業者が民間企業工業総生産額 24 兆 4,340 億ドンの約 77 ％にあたる 18 兆 8,142 億ドンを生産しており、国営企業・外資系企業を含む全工業総生産額 96 兆 6,210 億ドンの約 21 ％に相当する 20 兆 2,274 億ドンを自営業者が生産していることを示している（何れも 1995 年 7 月時点）。法人成りすると適用法人税率、損金経理の対象となる経費範囲拡大を通じ、税法上各種優遇措置が受けられる日本と異なり、ベトナム中小企業の定義限度を超える 500 人以上従業員を抱える自営業者であっても、法人組織に移行しない事例も多数見られるところに特徴がある。法人成りしない理由として、以下の事情を指摘する声があった。

①法人設立手続が煩瑣であること

②税務当局による恣意的な推計課税が頻繁になされることから、たとえ法人登記して多少の優遇措置が受けられたとしても、税務調査時点で賄賂に類する"お土産"を渡さざるを得ないという、ベトナムのみならず東南アジア各国で広く観察される特殊事情があること

（2）中小企業政策の特色

　目下のベトナムには、中小企業政策に関して、日本の中小企業基本法を頂点として各種政・省令ベースにまで落とし込み展開されている精緻な体系は存在しない。また、体系的対応策も実施されていない。体系的対応策を検討するため必要な事前作業等についても、昨年度現地フィールド調査時実査した計画投資省及び通商産業省ヒアリング内容による限り、中小企業政策に関連する以下の総花的関心表明があったに留まっている。今後、纏まった時間を取ってモデル案検討に着手する模様である（聴取内容要点）。

①簿記会計制度の近代化・標準化を図る

②日本の「青色申告制度」を模範とする信頼出来る税務申告制度創設を構想している

③源泉法人所得把握が容易な外資系企業現地事務所等から、兎角評判が悪い税務当局による推計課税回避に向けての検討を開始する

④北部タンロン、ハイフォン、中部ダナン、ホアカム、ホアカン、南部ロテ
コ、ビエンホア、等ベトナム全土にわたる工業団地は既に約150ヶ所以上
に達している（2007年7月現在）。計画投資省は、今後これ以外の地方（標
記既存工業団地は、何れも北部・中部・南部経済中核都市並びに近接エリ
アに立地）、道路等インフラ整備進捗状況に合わせ、工業団地新設及び輸
出加工区、経済特区拡張を進める（例えば南部ロンドウック《2009年春
着工予定》

⑤計画投資省及び通商産業省は、日本の高度経済成長時代の成功体験に学び、
工業団地内立地外資系企業生産活動にコミットしていく。優れた生産性を
挙げる外資系企業とベトナム企業が出資関係強化し、（i）親会社子会社
関係に入り、仕事量を確保すると共に先進技術供与を受けること、（ii）
自国中小企業が外資系企業の裾野産業（サポーティングインダストリー）
に成り得るよう指導する

(3) 中小企業金融の課題

　ベトナムを含む発展途上国にとっては、第1に経済成長を図ること、第2
に成長の果実（具体的には、国民所得水準の向上）を享受することにより貧
困削減を進め、人間の安全保障を確保する基本的人権尊重に配慮した政策を
実行することが、喫緊の課題である。これら観点からも、金融分野の発展を
促すことは重要である。つまり、前述したように金融分野の発展は、経済や
産業の発展を下支えすることに直結している。一般に、資金供給が潤沢に行
われ、一国或いはひとつの纏まった地域における経済成長が促されるならば、
貧困層を含む国民（地域住民）全体の所得水準引き上げも期待される。或い
は、発展途上国でよく見られる（あるにはあるが、看板倒れ）、不十分な金
融サービス（例えば単純な預金・送金サービス、高度なものとして融資が典
型）機能が必ずしも広範には提供されていないことが齎す不便を考慮すれば
分かることである。

　ベトナムの例を挙げるまでもなく、発展途上国の国民は銀行を信用してお

らず、不動産売買、商権取得等多額の資金決済が必要な場合であっても現金決済が一般的である。一方で、資金決済機能が高度に発達している日本・米国等先進諸国では、標記のような大金が動く資金決済に現金を使用することは、稀である。多額の現金を持ち歩く危険を回避するという誘因と共に、これら諸国では市場経済運営において確実・低廉な取引コスト等実績から、銀行に対する信用が篤いからである。この点、発展途上国は金融分野においても遅れた発展段階にある。

ベトナム中小企業金融に欠けている要素とは、何であろうか。それは①資金決済が常時現金によるため、たとえ小商売であったとしても発生する売掛・買掛等企業間信用を利用しようにも不可能であること、また②増加運転資金需要発生時に、業況拡大に容易に寄与すると考えられる銀行信用を利用しようとする場合にも、与信上必要な審査が受けられないこと（現金決済は信用情報を蓄積しないため、銀行はその場限りの一見客に対して与信限度判断を行うことは不可能である）等これら要因により貧困層が貧困から脱出することを困難にしている面がある。第2次大戦敗戦後、原始的資本蓄積が不十分であった時代、日本には小額資本金で営業する生業者に対して、大蔵省（税務署）が進めた青色申告制度が丼勘定から適切な仕訳を行い、複式簿記に基づく記帳を習慣化させ、信頼出来る会計帳簿作成に誘導した事例がある。このことは、損益計算書・貸借対照表等基本的財務諸表が作成出来れば、税務署からのお墨付きを得、租税特別措置法に基づく固定資産増加減価償却容認や交際費損金算入等脱税リスクを冒すよりも、堂々と生業経営に必要なアメを享受する方が合理的である、と生業的事業者に判断させる効果があった。ベトナムでも、このような体系的経営指導を社会的規模で行うことが資金決済機能及び金融仲介機能を発展させる土台造りに寄与する、と思われる。中小企業金融政策振興に際しては、同じく2007年12月時点ヒアリングでベトナム政府は、標記制度導入に向けて調査中であることと共に、以下の現状認識を示している。

①貸し渋りが広範に見られ、日本以上に中小企業が銀行借入を行うことは困

難である

②借入可能な場合でも、貸付実行時点で厳しく担保・保証を要求される。銀行は質屋ではないのであるから、融資対象中小企業が将来稼得するキャッシュフローから元利回収を図るべきところ、申込時に銀行が十分と判断出来る資産を所有している企業でなければ、ニューマネーを取り入れられないことは、不合理である

③政府は、マクロ経済成長を支えるミクロの中小企業成長を重視している。運転資金供給初め、中長期設備資金調達円滑化が喫緊の政策課題である

政策課題を達成するために

（ⅰ）中小企業対銀行等与信金融機関間情報非対称性軽減に資する試み、及び（ⅱ）金融機能向上に不可欠な体系的企業審査手法整備を政策優先課題に掲げている。日本の技術的支援を期待している。このように金融分野の発展が進めば、貧困層も金融サービスを利用するにあたり障碍となっている事態が徐々に改善されることが期待出来よう。貧困層は生活の基盤が脆弱であり、最近では1997～1998年にアジアを襲った金融・通貨危機時に見られた生活苦の昂進等経済的打撃が発生した場合、最も大きく悪影響を受け易い。再説するが、社会的安全網整備を含め金融分野を成長させることを通じて経済変動に対する抵抗力を高めていけば、貧困層が被る悪影響の軽減に繋がっていくものと考えられる。

（4）中小企業金融促進の法制度

　このほか、市場経済化における中小企業政策形成過程を巡る（金融経済）取引に関するルール造りについても考察対象にする必要がある。強制執行制度を含む法律基盤整備は、経済取引を円滑化するために不可欠なインフラストラクチャーであり、純粋公共財或いは社会的共通資本のひとつを構成していることに留意する必要がある。ベトナム政府が本腰を入れ、所有権を巡る制度整備に一応の成果が示されたのは、漸くドイモイ政策導入から10年が

経過した時点であった（ベトナム民法典施行は 1996 年 7 月 1 日）。民法典施行前のベトナムでは、公共財の性質を有する法律基盤を用い、全国規模で一元的にルールを適用した方がスケール・メリットを発揮させ、経済効率を向上させる対応が可能となるにも拘わらず、特定集団間・個人間で自然発生的に形成された非公式ルール下で（金融経済）取引が行われていたため、円滑な経済発展にブレーキをかける結果を齎していた。

　これは執行段階でも同様である。これについても、全国規模で一元的ルールを適用した方が規模の利益を享受することが出来る。所有権を保護し、取引ルールを遵守させるためには強制執行手続整備が必要であり、執行費用予納が導入される。ベトナム政府が変転著しい市場経済社会の実用に耐え得る司法制度を確立して、ルールに則り強制執行を実施する場合に必要な費用は、ルールの数（適用法条数を含む）や利害関係者数が増加しても、さほどセンシティブには変化しないことが望ましい。双務有償契約（例えば売買）を巡る債務不履行に纏わる強制執行ひとつを捉えても、その執行形態は間接強制であるかもしれないし、債務名義取得後であれば執行官による強制処分形態での執行かもしれないが、当該の執行方法はそれ以外の事態についても有効な方法かもしれない。要は、法益侵害が発生したと当事者が認識した時点で、立法者が意図した司法による法益均霑を行う際に、執行ルールを政府が提供するという国家作用が公共財的性質を有していることを根拠に、全国規模で一元的にルールを適用した方が個々具体的事案に即してその都度適用ルールを決める過去に行われた泥縄式の遣り方よりも効用が高いことが重要であろう。この文脈からも、ベトナム市場経済化における中小企業政策の形成過程では関係省庁が個別に政策決定を行うのではなく、金融経済機能促進上の観点から、ベトナム政府が計画投資省や通商産業省等関連する政府組織を横断、連携して立法活動を行うならば、末端の行政現場でも全国規模で一元的ルールを適用した方が、個々の具体的事案に即しその都度都度適用ルールを決める泥縄式の遣り方よりも経済的効用が高いということに繋がる。

　ベトナム中小企業法政策を検討するに際しては、実体経済分野を構成する

中小企業が拡大するために、家計部門に退蔵されている資金を表に出すことが必要である。ベトナムにおける中小企業金融の検討課題を集約しているように、実体経済と金融分野は不離不可分の関係にある。現状では、ベトナム家計部門が銀行セクターを中心とする金融市場、乃至資本市場に対する潤沢な資金の出し手として機能していることを裏付ける証左は見当たらず、原始的蓄積が乏しい企業セクターが中小企業レベルから始まり、投資→生産→販売→再投資からなる経済活動サイクルを通して発展して行くことが必要と思われる。以下、要検討事項を示す。

① 内容面の幅広さ

　金融分野がカバーする領域は広範である。内容的には、（ⅰ）金利水準誘導、貨幣流通量管理を典型とする狭義の金融政策、（ⅱ）為替通貨政策・資本移動規制政策、（ⅲ）政府・中央銀行間の役割分担及び金融機関経営モデルの策定を内容とする金融制度設計、（ⅳ）株式・債券市場等金融資本市場育成政策を内容とし、一国の金融システムの骨格を構成するマクロ的（広義の）金融政策等を守備範囲とする。標記機能のほかにも、（ⅴ）金融機関、金融資本市場の運営・管理に関連する諸制度整備、（ⅵ）金融機関の情報生産活動のひとつである審査能力維持強化等組織能力に関する事項、（ⅶ）金融取引に関連する法制度や会計制度・監査制度に関する企画機能、及び（ⅷ）金融関連情報や統計整備に係る事項等、日本の実例を見るだけでも、カバーする領域は相当幅広いことが分かる。

② 海外との関係

　一国のマクロ経済政策は、財政政策及び金融政策の2種類に大きく分類出来る。両者は単独で存在するのではなく相互に密接な関係にある。一例を挙げると、国債発行規模は一国の財政規模を左右するが、同時にその国の資金需給バランス、つまり金融環境にも大きな影響を与えることになる。具体的に言うと、大量の国債発行は、一国全体の資金需要が逼迫し、金利が上昇し易い。国家の債務管理問題は財政政策の重要事項であると同時に金融的なインプリケーションを持つことになる。特に発展途上国の場合には、一般的に、

248

国内に資本が乏しく、海外資本依存度が大きいため、海外からの ODA 等資本流入は、国内財政事情を直接左右すると共に、金融事情それ自体を規定する。故に、資本移動規制策・為替管理等資本流出入に対して直接影響を与える政策の重要性が金融分野にあっても高い。また、海外金融動向の影響、外資に対する自国金融市場開放度等のほか、国際機関、特に世界銀行(世銀)・国際通貨基金(IMF)に代表される国際開発金融機関、及び欧米ドナー諸国の影響力が極めて大きいことに留意すべきである。

③　関係する主体が広範であること

　金融分野の制度設計、金融サービス供給主体に着目すると、財務省等中央政府、中央銀行、公的金融機関、民間金融機関、証券会社、ノンバンク、NPO(マイクロファイナンス等)、証券取引所、監査法人、格付機関等に至るまで幅広い領域をカバーする各種機関が複合関係にあることが分かる。また、金融分野で重要な資金の流れに関与するこれら金融セクターの行動は、事業セクターの動きと表裏一体の関係にあり、ベトナム経済社会実体面を対象とする各種開発課題(本稿では中小企業法政策の形成過程)検討にも、金融分野に関する開発課題が背後で常時関係していることに留意すべきである。前頁でも分かるように、ベトナムを含む発展途上国マクロ経済政策は、海外関係から大きな影響を受けつつ、財政政策及び金融政策は、相互不可分に関連し合っている。この点で、金融と財政は、産業政策、社会開発政策等ミクロ政策と共にあらゆる産業や企業、個人(家計)経済活動や生活に影響を与えることになる。また、企業活動や市民生活等経済社会活動の実体面(実物セクター)には、経済開発、社会開発、農村開発、人間開発等の観点から、それぞれの課題を抱えている。金融分野は、直接的には金融政策や金融業界、金融市場等を対象にするものであるが、実物セクターと金融セクターは表裏一体の関係にあるため、金融分野で解決すべき各課題は、実物セクターで解決すべき各課題にも影響を及ぼしている。

3．方法：日本の中小企業政策との対比

第1節　先行研究の概観

　資本市場が不完全な経済において銀行貸付と経済変動の関係に関する理論
を説明するとき、借り手が大企業であるのか、中小企業であるのか、それと
も個人生業的な零細企業の段階に留まるのか、という属性分析毎に対象集団
を段階分けしながら、個別企業財務分析のレベルにまで遡る実証分析をした
い、と考えている。中小企業研究における金融論の先行研究を概観すると、
花輪俊也［1995］「わが国の金融経済の理解のために」『日本の金融経済』有
斐閣があるほかに、寺西重郎・福田慎一・奥田英信・三重野文晴編［2007］『ア
ジアの経済発展と金融システム（東北アジア編）』東洋経済新報社、奥田英信・
三重野文晴・生島靖久編［2006］『開発金融論』日本評論社、高橋基樹・福
井清一編［2008］『経済開発論』［2008］、伊東和久・山田俊一編［1993］『経
済発展と金融自由化』アジア経済研究所などがあげられる。また、藤田敬三・
藤井茂編［1973］『発展途上国の工業化と中小企業』有斐閣は、発展途上国
が農業経済から工業経済へと移行する過程で先進国から受け取る援助・借款
等が果たす役割について業種別（例えば電子工業、自転車・部品工業、作業
工具製造業等）、国（地域）別（日本・台湾・韓国）の分析があり、このほ
かにも（末尾）参考文献に列挙する研究書がある。中小企業研究における金
融論、或いはその逆に金融論における中小企業論についても、マクロレベル
での分析を中心とする論点はさほど多く見られないように思われる。ここで
ベトナム経済統計の現状について付言する。ベトナムは目覚ましい経済発展
を遂げているが、これを可能ならしめた経済政策立案及び実行、事後評価に
経済統計情報は不可欠である。過去統計情報は厳しい状況にあったが、ドイ
モイ以降状況は改善しつつある。それと同時に、ベトナム経済発展の大きな
原動力を構成している海外直接投資を提供している各国企業、政府が政策決
定を行うためにも、また本研究にとっても統計情報の質及び量が分析に耐え
得るものであることが担保されることが重要であることは言うまでもない。

第2節　日本との比較分析の方法

　本研究では属性分析毎に対象集団を段階分けしながら、個別企業財務分析
レベルにまで遡る実証分析ミクロの探求を試みる。具体的分析手法としては、
第一に、日本の戦後経済開発過程における中小企業セクターの実態を比較軸
として、ベトナムの中小企業セクターの特色を捉える。第二に、日本の戦後
中小企業政策を比較軸として、ベトナムの中小企業政策の制度面の特徴を解
明する。第三に、日本の戦後の中小企業金融の現実・制度の特徴を解明する。
第四に、以上のベトナムの中小企業セクター・法政策・金融制度の特色を踏
まえて、その政策志向の特色及び弱点として懸念される克服課題について仮
説を準備し、これをミクロの事例研究を通じた実証分析により検証する。

第Ⅱ章　日越中小企業セクターの比較及び中小企業金融の比較

1．中小企業定義の比較

第1節　中小企業定義の世界的な傾向（ベトナムにおける中小企業定義を含む）

　中小企業は世界各国様々な基準により、定義されているのが現状である。
例えば、ヨーロッパの中小企業（小規模企業）に関する定義は、ボルトン委
員会による定義を嚆矢とする。それによれば、主に経済的観点から定義を行
い、以下3基準を満たす企業を小規模企業とした。

　①企業が彼らの市場に於いて比較的小規模なシェアを持っている。

　②企業が正式な経営構造の手段を通じてではなく、所有者もしくは共同所
　　有者によって個人的な方法で経営されている。

　③企業が、大企業の一部を構成するのではないという意味に於いて独立し
　　ている。

　ベトナム中小企業政策は、漸く緒に就いた段階に留まっている。ベトナム
法による中小企業定義は、資本総額100億ベトナムドン（変動為替
15,610VDN=@ 1 US=@JP102.88)、または従業員300人未満の法人企業を
中小企業とする程度に留まっており、比較対象物差しに本稿ではベトナム中

小企業と比較するため、日本における中小企業の定義（表2）と比較する。
これらの基準により、ボルトン委員会が制定した中小企業の定義（表1）は
各業種によって基準が様々であることが分かった。この定義以降、多数の問
題が指摘されるようになり、欧州委員会主導下「中小企業（small and
medium enterprises :SMEs）」なる用語が作られ、主として従業員規模に着
目して零細企業（従業員1〜9人）、小企業（従業員数10人〜99人）、中企
業（従業員数100〜499人）からなる定義が制定された。この基準造りによ
り、業種毎に重複した基準が様々に存在し、分析困難に繋がる事態を回避す
ることが可能になった。また、アメリカの中小企業に関する規定は質的規定
が中心になっているほか、ドイツでは国レベル（連邦ベース）の法的定義は
置かれていないものの、政府助成実施時に適用される中小企業の範囲を決め
る目安として従業員基準が取られており、製造業では従業員数500人未満（日
本では300人未満）、卸売業で200人未満（日本では100人未満）、サービス
業で50人未満（日本で100人未満）になっている。

　このような事情から、現地フィールド調査（2007年は8月と12月の2回
実施）時、ベトナム中小企業に関して入手済み現地各種公刊資料、ヒアリン
グで得られた知見を随時参照しながら、日本の中小企業関係資料等と比較し、
現実に即した提言を試みる。また、定義の困難さから時系列データ分析が困
難であり、執筆上大きな障害となっている。

表1　ボルトン委員会における中小企業の定義

産業部門	定義
製造業	従業員 200 人以下
建設業	従業員 25 人以下
鉱業・採石業	
小売業	売上高 5 万ポンド以下
各種サービス業	
自動車販売業	売上高 10 万ポンド以下
卸売業	売上高 20 万ポンド以下
陸上輸送業	車両 5 台以下
飲食店	チェーンストアや醸造所が経営するものを除くすべて

出所：D.J. ストーリー［2004］

第2節　日本における中小企業定義の特色と変遷

　ここで日本における中小企業の定義を示す。日本は中小企業基本法第2条第1項により、定義されている（参照表3）。前出ベトナム中小企業に関する定義よりも精密である。

表2：日本における中小企業の定義

業種　中小企業者 （下記のいずれかを満たすこと）			うち小規模企業者
資本金　常時雇用する従業員数			常時雇用する従業員数
建設業・製造業・運輸業			
その他の業種（以下を除く）	3 億円以下	300 人以下	20 人以下
卸売業	1 億円以下	100 人以下	5 人以下
サービス業	5,000 万円以下	100 人以下	5 人以下
小売業	5,000 万円以下	50 人以下	5 人以下

出所：中小企業白書 2006

　日本の中小企業政策の憲法である中小企業基本法は、日本の「中小企業問題」に関する施策について、基本理念、基本方針、基本事項を定めると共に、

国及び地方公共団体の責務等を明らかにしている。法律の条文には、以下の項目が規定されている。各年度具体的中小企業政策は、当該条文を展開する格好で各種政・省令が発出され、各年度の現実経済環境に即応した肌理細かい施策が取られている。平成11年法改正時に資本金規模、従業員数が引き上げられ、現行基準となった（例：それまでの製造業中小企業範囲は、資本金1億円、または従業員数100名未満。会社規模が拡大傾向にあることを受けて、現行基準に改定）。

中小企業基本法（昭和38年法律第154号。最終改正平成19年5月11日法律第40号）

○　定義規定…中小企業者の範囲

○　中小企業施策の基本方針

　　・中小企業経営の革新及び創業を促進すること

　　・中小企業経営基盤を強化すること

　　・経済的社会的環境変化に対する中小企業適応円滑化を促進すること

　　・中小企業に対する資金供給円滑化及び自己資本充実に資する施策を講じること

　　・中小企業政策審議会設置、国会に対する年次報告等に関すること

第3節　中小企業の特徴

現在、日本の中小企業はどのような環境に置かれているのであろうか。中小企業は、法人企業数並びに従業者数で日本の経済社会を支える重要な経済主体である。一方で企業基盤が脆弱であることから、企業経営に不可欠なヒト・モノ・カネからなる構成要素に着目すると、以下の特色が指摘出来る。

①新規学卒者が集まりにくい上、転職率も高くOJT（オンザジョブトレーニング）による自社業務に最も適合した教育が難しく、質的に見劣りがすること

②老朽化して生産性が低い設備による経営を余儀なくされている企業が多いこと

③内部留保に乏しく、外部負債による資金繰りを余儀なくされる企業が多いことここでは最初に日本銀行全国企業短期経済観測調査（注 。以下、短観）を用いて見ていく。

日銀は短観の業況判断 DI を全規模、大企業、中堅企業、中小企業の4つに分けて個々の DI の動きを 1985 年から時系列的に見たものである。本来プラザ合意以前の 1984 年から戦後直後まで遡って作表し、傾向を観察すべきであるが、先行業績によれば①時期を問わず、大企業と中小企業の業況感の差は大きいこと（中小企業の方が大企業に比べて業況を厳しい、と認識する企業が多い）、②戦後景気循環過程で中小企業は、大企業に比べ景気回復の恩恵を被り難いことが観察される。図2によれば、近年大企業と中小企業との業況感の差が拡大してきていることが分かる。 また、中小企業の業況感は、1992 年以降マイナス値を示しており、回復する兆しがない。これは様々な要因により説明できる。例えば、平成不況の影響が続いており、大企業・中堅企業に比べて景気の恩恵を被りにくい中小企業構造的要因を原因とするものだったり、企業経営活動のグローバル化に伴い、海外へ生産拠点を移す大企業が増え、下請機能を担う中小企業が受注する仕事量減少に起因するものである。これは、中小企業は複合的な要因で、未だ景気回復の恩恵を受け難い状況にある、ということである。

別調査による指標を参照する。中小企業基盤整備機構調査による中小企業景況調査がそれである。これは日銀短観と違い、調査対象企業がより一層小規模になっている。日銀短観は資本金が 2000 万円以上の企業に対象を絞っており、中小企業でもより小規模の中小企業の実態が反映され難い側面を持っているため、一層小規模の中小企業実態が反映されている中小企業景況調査も同時参照することにより、中小企業が置かれている現状を把握していく。以下は、日銀短観の中小企業の業況判断 DI と中小企業基盤整備機構の中小企業景況調査の業況判断 DI から分析したものである。 以上から、2003 年以降中小企業の中でも二極化が進んでいることが分かる。日銀短観の業況判

断 DI が、中小企業景況調査の業況判断 DI の指標よりも上回っており、日銀短観の調査対象外である資本金 2000 万円以下の層に分布する企業群の業況判断が悪化している、といえる。

第 4 節　ベトナムの中小企業セクターの現状

　日本の中小企業同様にベトナム中小企業も、以下の点で同じような状況に置かれており、中小企業は大企業と比較して厳しい状況に置かれている模様に変わりはない。

1. 中小企業は、一般的に大企業と比較して競争上弱い立場に置かれている
2. 中小企業は、一般的に大企業と比較して技術水準等が劣り、株式（既存有限会社にあっては出資証券等）の大半が経営者により所有されていることから、企業統治（コーポレートガバナンス）や説明責任（アカウンタビリティ）等会社法が想定している営利法人理念に比較しても、前近代的で非合理な要素を抱えた存在であることが多い

　実査時ヒアリング内容によれば、出資形態より大きく状況が異なっている。外資合弁型有限会社形態で日本親会社から垂直経営支配・資金提供を受けている事例（例：Honda Vietnam; Industrial Tech Services.）では、主体的に企業統治が展開する余地は少なく、親会社意向如何により左右されるところが大きい。日本の親会社から独立した現地経営・現地資金調達展開中の事例（例：Daiwa Plastics）では、取引関係にあるベトナム銀行（Vietcom Bank）による債権者監視を受けている可能性もあるが、詳細不明である。

　一方、労働者経営参加に関しては、①外資・国内パートナー共に経営支配権・拒否権を有する対等出資タイプ（旧外資法時代の遺物的存在）と外資側パートナーが親会社支配を維持するタイプ（例：金型メーカー Shiraki）が混在。閉鎖的二項対立関係に風穴を開ける企業統治意識に欠けるため、合弁を容易に解消する事例も多い。国有企業から転換しつつある株式会社形態や家族経営中小企業では（内資側が主導権を握るタイプ）、依然国有企業同様に脆弱な企業統治状況が観察されるほか、議決権優先株を握る国家出資が残

る企業や、従業員持株制により経営支配が続く会社で国家による経営支配自己撞着から抜けられない状況を呈している中小企業も存在している。このほか、従業員持株制が事実上解体しているため、株式大衆化して行く会社類型もある

（例：ハノイ市人民委系列縫製企業 Thanh Tri Garment Factory）。一般に非上場中小企業の場合、現行ベトナム企業法が抱える不徹底な企業統治規定が災いして第三者による経営監視機能が期待出来る状況になく、与信に必要な企業内容開示が不十分なままで推移し勝ちである傾向は変わらない。それ故に証券市場が未成熟（調査時点上場社数は僅かに 36 社）であり、公開市場における価格メカニズムが機能し得る状況にないこととも相俟ち、日本以上に相対取引による財務運営を中小企業者が強いられている、と解する方が自然であろう。辛うじて共同経営型有限会社形態（例：現地系金型メーカー HTM Mechanical Co.）では、パートナー相互に経営監視し得る環境にあることが伺われ、その場合、総会民主主義が機能し得るだろう。この種類の中小企業は、取引先（特に日系ベンダー）との取引関係維持のため要請される企業経営監視圧力に加えて、市場型資金調達の前提である情報開示に対する抵抗感が少ないこと（将来必要となる事業拡張に伴う再投資過程での銀行監視や行政監視に対してオープン）が期待される。

2．中小企業の金融環境

第 1 節　日本の中小企業を取り巻く金融環境

　上記で日本における中小企業定義の特色と変遷、第 3 節で中小企業の特徴を概観してきた。

　本節では中小企業の資金調達に焦点を絞って論じる。中小企業の資金供給源としては、地域金融機関である①地方銀行、②第二地方銀行、③信用金庫・信用組合等が挙げられる。これら金融機関は特定の地域に店舗網を持ち、その地域に所在する中小企業に資金供給を行ってきた。「中小企業問題」の本質は、信用力の小ささ（一般的に言うと、中小企業は大企業と比較して財務

上の信用力が小さい傾向が広く認められる）に由来する行動制約により、大企業とは異なった行動様式を取らざるを得ないことにあるのではないか、と思われる。このことは、先述資金調達問題を素材にして考えることが、最も分かり易い。

　情報の非対称性が存在する環境下、金融市場、或いは資本市場をはじめとする多くの市場は、企業内容開示ひとつを取っても、大企業の方が広範に行われている。日本の場合、大企業には商法（現．会社法）開示に加えて、証券取引法(現．金融証券取引法)開示が制度的に求められていることに対し、中小企業は建前として商法（現．会社法）開示が求められているに過ぎない。個人生業的零細「企業」レベルに至っては、複式簿記原理さえ満足に理解していない事業主もざらであり、寧ろ自社（者）経営状況を開示すること自体が、同業他社（者）との競争上、営業秘密にあたると認識して、利害関係者に開示を渋る向きも多い。このような状況の下では、中小企業及び個人生業的零細「企業」に対しては、相対取引により間接金融の担い手である銀行等金融機関が、貸付金残高がある限りに於いて担保管理・決算報告等信用状況を継続してモニタリングを行いつつ、信用割当せざるを得ない。換言すると、商法（現．会社法）開示に加え、証券取引法（現．金融証券取引法）開示が制度的に求められている大企業の場合、貸し手である銀行等金融機関は固より、直接金融の場合、証券会社による本源的証券である新株、債券等の売り捌き行為に於いて、前２者と比較してより正確な財務情報を開示しているため、最終証券所有者である個々の株主、或いはボンドホルダーも債券格付制度の定着と共に、投資適格（トリプルＢマイナス以上）債券に関しては、一応安心して資金提供に応じることが出来る。

　このような資金調達制約条件が存在する限り、一般に大規模資金を必要とする優れた技術導入や、生産設備増強合理化更新投資等カネ（金融資源）の面で、中小企業及び個人生業的零細「企業」は、大企業に比較し劣る立場に置かれることになる。しかしながら、近年信用力に優る大企業は、間接金融から直接金融へ資金調達の軸足を移行させてきた日本の金融環境変化によ

り、大手銀行が中小企業融資分野に対しても攻勢をかけてきており、地域金融機関との競合が激化してきている。図3は東京商工リサーチの「中小企業との取引環境に関する実態調査」より中小企業向け貸出に於ける競合状況を示したものである。

日銀短観からは、大企業との格差が、資金繰上も色濃く存在していることが分かる。また、1990年前半より中小企業資金繰りDIは、0以下が続いており、金融機関の中小企業向貸出の競合状況と比べて実態は、さほど好転していないことが分かる。次に中小企業景況調査の資金繰りDIを見る。これにより、一層明確に中小企業が直面している資金調達状況が分かる。

中小企業の資金調達状況は、今もなお好転していないことがより一層分かる。特に、中小企業景況調査の結果が、それを色濃く反映している。また、中小企業の中でも規模の大小による格差が存在していることも分かる。これによれば、中小企業でも資本金2000万円以下と規模が小さくなればなる程、資金調達状況の容易さは、芳しくない状態にあることが分かる。

以上の通り、これら企業集団毎にアクセスし得る金融市場（金融機関借入や資本市場を含む）が大企業と同じ条件（例えば物件不特定担保留保。或いは担保留保そのもの）で、標記中小企業や個人生業的零細「企業」が金融機関や資本市場から資金調達することは、日本の場合まず困難である。日本の場合、アクセスし得る資金市場は借り手企業規模毎に分断されており、少数大企業は格付取得を通じて金融・資本市場から有利な条件で資金調達出来るのに対して、大多数の企業（ここでは中小企業）は、相対関係で銀行等金融機関経由で資金調達せざるを得ない。個人生業的零細「企業」に至っては、親戚知人友人等非組織的な経路を通じて限界的借入に頼らざるを得ず、屡々新聞紙面を賑わすように、みすみす高利金融業者（ローン・シャーク）の餌食になり、倒産・一家心中等悲惨な結末を迎える事例も多い。日本の場合、このような企業間格差に着目して、市場原理を補完するものとして中小企業や個人生業的零細「企業」にも健全な発展を奨励する政策が採用されており、小規模なものは国民生活金融公庫に、中規模なものになると中小企業金融公

庫・商工組合中央金庫等政府金融機関による民間金融の限界を補っている。

第2節　仮説：ベトナム中小企業金融円滑化のために必要な克服課題

　新古典派経済学的な観点に立てば、企業間競争に耐えず、本来は市場経済から退出すべき中小企業が淘汰されることなく、非効率なまま生き残る事態が生じることは、不合理である。しかしながら、ベトナムの場合、仮に不合理な中小企業であったとしても、抑も市場経済の中に相当数の民間企業セクターが存在していない現状に鑑みれば、有は無に優ることにはならないか。市場経済は、教育や革新（ベトナムの場合は、ドイモイ政策）を促進し、社会全体の経済的厚生を高めることになる。また、一国の GDP・GNI（含む一人当たり）等マクロ経済指標を改善して行くばかりでなく、交易条件改善に伴う貿易収支改善の結果として経常収支が、また直接投資残高も累増して投資収益改善が資本収支の改善に繋がり、最終的には外貨準備高の増加にも繋がる以上、企業セクターの成長は国民経済的に見て望ましい、と言わざるを得まい。ドイモイ政策は奏功しており、アジア通貨危機(1997 年～ 1998 年)の影響を受けて一時期停滞したものの、順調な経済規模拡大を見せているベトナムでは、市場経済が中央計画経済に比べて高い割合で順調に経済成長を齎すため、貧困やそれが引き起こす政治的・経済的な対立を解決し易くするという観点からも、中小企業は量的に拡大すべきである、と考える。たとえ、経済的不平等（格差）拡大が市場経済により齎される副作用であり、社会的政治的利害対立が先鋭化することがあったとしても、民間資本蓄積に乏しいベトナムでは、目下のところ中小企業振興政策を通じて社会全体の経済的厚生向上を模索することが望ましいのではないか。

　故に、ベトナム中小企業金融円滑化のために必要な克服課題としては、第1に雇用創出と第2に創業支援に必要な収益力強化、構造改善に資する政策を探し出すことであろう。不完全競争によって非効率な資源配分が行われる事態が温存され、与えられた市場での利潤最大化に繋がらず、雇用機会を維持するためにも損失覚悟で存在し続けなければならないという営利主体とし

ての自己矛盾を克服する方策を検討することではないだろうか。具体的には
創業支援という観点からも、ベトナムでも日本の中小企業政策で論じられて
いるように、経済成長や産業振興のために、新しい産業（ここでは、二輪車
四輪車等輸送用機械製造業《アッセンブリー産業》の中流・下流を分担する
裾野産業である部品産業を典型例として考察する）を構成する中小企業群を
育成することである。嘗ての日本（通産省による行政指導下、1960 年代当
時国産化の方向で育成された自動車産業がひとつの好例）では、このような
役割を、日産自動車・プリンス自動車・トヨタ自動車（当時）等大企業（ア
ッセンブラー）である自動車最終組立企業と系列、下請関係にある中小企業
が担ってきた歴史が注目される。通産省は部品産業担当中小企業群に対して、
中小企業金融公庫、国民金融公庫（当時）、或いは商工組合中央金庫など中
小企業専門政策金融機関に資金面で民間金融を補完させ、大企業に対しては、
日本開発銀行（当時）が民間金融を補完奨励する立場から、市中銀行よりも
適用金利・貸付期間（うち、据置期間も含む）・担保条件等優遇された財政
投融資資金投入を行った。ベトナム政府も日本の経験を参考に、資金決済機
能・金融仲介機能の両面から銀行制度近代化を行おうとしている。

　再説するが、中小企業育成が重要視される理由は、経済社会現実として一
国経済・産業組織に中小企業が占めるシェアが高く、原始的資本蓄積過程の
真っ直中にあるベトナムにあっては、尚更これら企業の足腰を強化すること
が産業政策効率を向上させることを意味するからである。また、ベトナムの
場合、民間企業が経済活動中核部分を構成し、事業部門（非金融部門）を担
当する国営企業（国有企業）としては、精々 3 公社 5 現業に代表されていた
日本の経験と異なり、国営企業（国有企業）が経済社会の中心的勢力を占め
ているため、一国経済規模での官業民営化という困難な課題をも同時平行し
て解決しなければならない。

第Ⅲ章　事例研究の検討課題

1. 検討課題

　「中小企業問題」の本質は、恐らくはその信用力の小ささ（一般的に言うと、中小企業は大企業と比較して財務上の信用力が小さい傾向が広く認められる）に由来する行動制約により、大企業とは異なった行動様式を取らざるを得ないのではないか、と考えられる。これは、先述資金調達問題を素材にして考えることが、最も分かり易い。情報の非対称性が存在する環境下、金融市場、或いは資本市場をはじめとする多くの市場は、企業内容開示ひとつを取っても、大企業の方が広範に行われている。日本の場合、大企業には商法（現．会社法）開示に加え、証券取引法（現．金融証券取引法）開示が制度的に求められていることに対して、中小企業は建前として商法（現．会社法）開示が求められているに過ぎない。個人生業的零細「企業」レベルに至っては、複式簿記原理さえ満足に理解していない事業主もざらであり、寧ろ自社（者）経営状況を開示すること自体が、同業他社（者）との競争上、営業秘密にあたると認識して、利害関係者に開示を渋る向きも多い。このような状況の下では、中小企業及び個人生業的零細「企業」に対しては、相対取引により間接金融の担い手である銀行等金融機関が、貸付金残高がある限りに於いて担保管理・決算報告等信用状況を継続してモニタリングを行いつつ、信用割当をせざるを得ない。

　換言すると、商法（現．会社法）開示に加え、証券取引法（現．金融証券取引法）開示が制度的に求められている大企業の場合、貸し手である銀行等金融機関は固より、直接金融の場合、証券会社による本源的証券である新株、債券等の売り捌き行為に於いて、前2者と比較してより正確な財務情報を開示しているため、最終証券所有者である個々の株主、或いはボンドホルダーも債券格付制度の定着と共に、投資適格（トリプルＢマイナス以上）債券に関しては、一応安心して資金提供に応じることが出来るのである。このような資金調達制約条件が存在する限り、一般に大規模資金を必要とする優れた

技術導入や、生産設備増強合理化更新投資等カネ（金融資源）の面で、中小企業及び個人生業的零細「企業」は、大企業に比較し劣る立場に置かれることになる。

2．事例研究の方向と検討項目

　ベトナム中小企業の場合も、大筋で標記事情が適用出来るものと思われる。一般に経済発展段階が低い状況にある場合、一国生産活動の多くを担うのは、大企業ではなく中小企業であり、経済成長と平仄を合わせて企業規模も大きくなる傾向がある。Stiglitz（1989)は、①個々の経営行動に影響を与える可能性を持つ情報は、純粋公共財ではないこと、また②先進国から発展途上国宛に提供される生産技術や習得が、特定企業内部に滞留し、発展途上国全体に波及することが少ない事実を指摘している。先進国の場合、情報、或いは（特許使用料支払等知的財産権制度に基づく出捐はあるが）先進生産技術が速やかに拡散し、経済成長に繋がる。

　同じ論法で、Stiglitz は資金市場の不完全性を指摘している。すなわち、発展途上国が低成長均衡に留まり易い理由は、資金市場情報不完全性があり、特に中小企業に関する財務情報の収集提供・評価を社会的に行う制度が存在していないことが大きなネックを構成している。中小企業が経済活動の中心を占める社会では、資本市場（金融市場を含む）の不完全性面で大企業が成立している社会と比較して、経済成長に対する足枷となっている意味で深刻な影響を被っていることになる。今日のベトナムは、前述「中小企業問題」に由来する低成長均衡から漸く脱出しようとしている段階にあるが、経済構造を更に高度化するためには、発展途上国で見られる資本市場（金融市場を含む）での財務情報開示の不完全性を軽減・解消しない限り、次なる成長均衡を迎えられないものと思われる。

3．事例研究のサンプリング

　一方、発展途上国の軍部独裁政治（前出注 8 参照。例えばミャンマー、嘗

ての韓国）や、政治制度の不安定性は、資金リターン確実性に懸念があることから、国内投資及び海外直接投資を抑制する傾向に繋がる。このように、発展途上国経済成長率は、一般に産業集積（大企業の市場占有率）が一定の閾値を超えるまで、低水準を余儀なくされる傾向がある。今日のベトナム経済は、2000 年以降 GDP 成長率が中国の２桁水準にまで及ばないにしても、１桁台後半水準で安定的に推移していることから、一定の閾値を超えた模様である。そこで、「マクロ統計を元にした大雑把な中小企業財務状況推計は可能か」について検討した。

　ベトナム企業部門のストック推計は、日本の工業統計や法人企業統計のような個別決算書を集計した統計がなければ困難と思われることから、有価証券報告書等個別企業ベース財務諸表がまず徴求出来ないと考えられるため、標記手法による一般推計は無理があろう。たとえ、ベトナム国民経済計算の体系が国際基準 [93SNA] に準拠していたとしても、GDP 等マクロ統計では企業部門フロー面の大ざっぱな把握しか出来ないのではないかと思われる。一方、GDP 等マクロ統計は様々な経済統計を元にして作成されることから、事例研究対象として有意な中小企業群を選定するに際し、これまで業務上の関係があったベトナム現地政府機関等の協力を得て、何らかの方法を策定する努力をしたい。現状では日本政策投資銀行が実施している「設備投資アンケート調査」個票記載項目に基づき、ある程度の会社数を対象にした調査を行う。調査項目としては、ベトナム政府の協力体制如何にもよるが、①債権者情報開示や取締役会・監査役といったコーポレート・ガバナンス（企業統治）機能が優れた中小企業群、②先述「介入的な中小企業育成政策→市場の活性化」シナリオ（市場経済化における中小企業の役割参照）の典型例として想定される政府補助金が潤沢に投入される中小企業群、及び③コーポレート・ガバナンス（企業統治）機能が働く余地に乏しく、政府補助金受給の対象でもない完全なレッセフェール型中小企業群（東南アジアに多く存在するファミリー企業《家業》を念頭に置いている）相互のパフォーマンスの差が際立つように設計することを考えている。

個別論点は、概ね以下の通り。

（ⅰ）中小企業法に関するベトナム・日本両国の現況と、「日越共同イニシ
　　　アティブ」（2003年）で議論されてきた投資関係協議の流れ全体を精
　　　査。民間企業活動の状況を詳述しながら、実行状況を取り纏める

（ⅱ）標記論点解明に向け、現地文献（英語）資料に関する解析作業を継続
　　　する

（ⅲ）調査対象として適切と思われる国有企業・民間企業財務諸表を使い、
　　　企業分析を行う

（ⅳ）得られた各種知見を織り込み、課題整理・類型化を行う

以上

参考文献

アジア経済研究所朽木昭文・野上裕生・山形辰史編（1997）
『テキストブック開発経済学』有斐閣

石川滋／原洋之介［編］（1999）『ヴィエトナムの市場経済化』東洋経済新報社

泉田洋一（2003）『農村開発金融論　アジアの経験と経済発展』東京大学出版会

伊東和久・山田俊一編（1993）『経済発展と金融自由化』アジア経済研究所

太田辰幸（2003）「アジア経済発展の奇跡―政治制度と産業政策の役割」文眞堂

奥田英信・三重野文晴・生島靖久編（2006）『開発金融論』日本評論社

大林弘道（1996）「中小企業政策の新しいパラダイム（佐藤芳雄教授退任記念号）」『三田
商学研究』Vol.38, No.6

外務省編（2005）『2005年版ODA政府開発援助白書　～ミレニアム開発目標（MDGS）
に対する日本の取組～』国立印刷局

加藤誠一・水野武・小林靖雄編（1977）「現代中小企業基礎講座　第1～4巻」同友館

川口弘,（1987）「リテール・バンキングと信用組合」『信用組合34（5）』

商工組合中央金庫（1988）「中小企業の財務構造の動向」（上・下）『商工金融1988（3）
pp.39～60』、三好元(1987)「日本の高度経済成長期における中小企業金融公庫の役割」
『経営学研究論集（8）pp.23-51』（西南学院大学）

黒瀬直宏（2006）「国際公共政策叢書9　中小企業政策」日本経済評論社

国際協力事業団・国際協力総合研修所（2001）『事業戦略調査研究　金融に関する政策支
援型協力基礎研究　報告書』『同　現状分析編』

国際協力機構・国際協力総合研修所（2004）『マイクロファイナンスへのJICAの支援事

例分析』（吉田秀美・岡本真理子著）

酒井良清・鹿野嘉昭著（2000）『金融システム』有斐閣

さくら総合研究所環太平洋研究センター（1990）アジアの経済発展と中小企業」日本評論社

市場強化のための制度整備協力に係る委員会・経済ソフトインフラ分科会・国際協力事業
　　団（2003）『途上国への制度整備協力の方向性（経済ソフトインフラ）』

篠原三代平（1961）「日本経済の成長と循環」創文社

鈴木茂・井内尚樹・大西広編（1999）「中小企業とアジア」昭和堂

関満博（1992）「現代中国の地域産業と企業」新評論

高田博（1980）「戦後の日本経済と中小企業金融」『経済（196）』

高橋基樹・福井清一編（2008）『経済開発論』

中小企業実業団中小企業研究所・瀧澤菊太郎編（1987）

「日本経済の発展と中小企業」同友館

寺西重郎・福田慎一・奥田英信・三重野文晴編（2007）『アジアの経済発展と金融システ
　　ム（東北アジア編）』東洋経済新報社

　高田亮爾（1989）『現代中小企業の構造分析—雇用変動と新たな二重構造—』新評論

中小企業庁編（2006）「平成18年度版　中小企業施策総覧」中小企業総合研究機構

通商産業省・通商産業政策史編纂委員会編（1991）「通商政策史第7巻」通商産業調査会

日本中小企業学会編（1985）『下請・流通系列化と中小企業』同友館

同　　上（1992）『企業間関係と中小企業　同友館

花輪俊也（1995）「わが国の金融経済の理解のために」『日本の金融経済』有斐閣

花崎（2000）「日本の金融危機から何を学ぶか—金融システムと企業経営統治—」宇沢・
　　花崎『金融システムの経済学』東京大学出版会

平塚大祐編（2007）「東アジアの挑戦—経済統合・構造改革・制度構築—」アジア経済研
　　究所

福島久一編（2002）「中小企業政策の国際比較」新評論

藤田敬三・藤井茂編（1973）「発展途上国の工業化と中小企業」有斐閣

牟礼早苗（1989）「現代中国の中小企業」森山書店

由井常彦（1964）「中小企業政策の史的研究」東洋経済新報社

吉野直行・渡辺幸男編（2006）「中小企業の現状と中小企業金融」慶応義塾大学出版会

渡辺俊三（1992）「中小企業政策の形成過程の研究」広島修道大学総合研究所

CENTRAL INSTITUTE FOR ECONOMIC MANAGEMENT（2004）
"Vietnam's Economy in 2004"
Science and techniques Publishing House（2006）,
"The Impacts of Foreign Direct Investment On the Economic Growth in Vietnam"

(4)『ベトナム市場経済化における中小企業政策の形成過程』

"75 YEARS OF THE COMMUNIST PARTY OF VIENTNAM（2005）
Selection of documents from nine Party Congress", THE GIOI PUBLISHERS
Jeffrey Sacks（2005）"THE END OF POVERTY HOW WE CAN MAKE IT HAPPEN
    IN OUR LIFETIME"
Stiglitz,Joseph E（1988）"Markets, and Market Failures, and Development" American
    Economic Review Papers and Proceedings.
USAID/EGAT（2003）"Financial Sector Strategy"
Lincoln, R, James et al（2004）Japan's Network Economy,
David Russell et al（1994）"Structural Analysis in the Social Sciences 24"
Cambridge University Press
T.W.Kang（1990）"Keiretsu inside the hidden Japanese Conglomerates-, Foreign
    company in Japan", Charles E. Tuttle
World Bank/IMF（2005）Financial Sector Assessment A Handbook

2．Web サイト

国際協力機構　ナレッジサイト　http://gwweb.jica.go.jp/km/km_frame.nsf
ADB　　http://www.adb.org/financialSector/（financial sector）
　　　　http://www.adb.org/financialSector/banking-system.asp（banking system）
　　　　http://www.adb.org/PrivateSector/Finance/fin_sector.asp
　　　　　　　（support for financial sector）
　　　　http://www.adb.org/FinancialSector/bondmarket_development.asp
　　　　　　　（Asian bond markets）
　　　　http://www.adb.org/Documents/CSPs/default.asp
　　　　　　　（country strategy & program）
IFAD　http://www.ifad.org/
　　　　http://www.ifad.org/operations/policy/cosop.htm
　　　　　　　（countries strategic opportunities paper）
IMF　　http://www.imf.org/
　　　　http://www.imf.org/external/np/exr/facts/surv.htm（IMF surveillance）
　　　　http://www.imf.org/external/np/exr/facts/tech.htm（IMF technical assistance）
　　　　http://www.imf.org/external/np/fsap/fsap.asp
　　　　　　　（FSAP: Financial Sector Assessment Program）
　　　　http://www.imf.org/external/pubs/ft/fsa/eng/index.htm
　　　　　　　（Financial Sector Assessment Handbook）
　　　　http://www.imf.org/external/pubs/cat/scr 1 _sp.cfm? s _year=2006& e _

267

year=2006&brtype=title（IMF country reports）

http://www.imf.org/external/np/exr/glossary/showTerm.asp#58（glossary of financial terms）

UNDP　http://www.undp.org/

http://sdnhq.undp.org/gender/programmes/microstart.html（microstart program）

USAID　http://www.usaid.gov/

http://www.usaid.gov/our_work/economic_growth_and_trade/eg/financial_markets.html（financial sector）

http://www.usaid.gov/our_work/economic_growth_and_trade/eg/fin_mkts_reports.htm（financial sector report search）

World Bank　http://www.worldbank.org/

http://web.worldbank.org/WBSITE/EXTERNAL/PROJECTS/0,,contentMDK:20120705~menuPK:41386~pagePK:41367~piPK:51533~theSitePK:40941,00.html　（Poverty Reduction Strategy Papers）

http://web.worldbank.org/WBSITE/EXTERNAL/COUNTRIES/0,,pagePK:180619~theSitePK:136917,00.html#v（activities by country）

http://web.worldbank.org/WBSITE/EXTERNAL/PROJECTS/0,,contentMDK:20120746~menuPK:51557~pagePK:41367~piPK:51533~theSitePK:40941,00.html（Country Assistance Strategies）

http://web.worldbank.org/external/projects/main?pagePK=217672&piPK=95916&theSitePK=40941&menuPK=223665&category=majsector&sector=FX（financial sector project database）

http://publications.worldbank.org/ecommerce/catalog/category_3932（publication by country）

http://publications.worldbank.org/ecommerce/catalog/category_3843（publication search in banking, finance and investment）

以　　上

【著者略歴】

原田輝彦（はらだ　てるひこ）

1979年3月、九州大学法学部卒業。日本開発銀行（現．日本政策投資銀行）入行。
2007年4月、関西大学教授就任（政策創造学部／大学院ガバナンス研究科）、現在に至る。
＜学歴：神戸大学大学院国際協力研究科博士後期課程3年中退＞

グローバリゼーションを規律する
MoneyとJusticeの関係について

2020年3月31日　発行

著者　原　田　輝　彦

発行所　関 西 大 学 出 版 部
〒564-8680 大阪府吹田市山手町3‑3‑35
TEL 06-6368-1121／FAX 06-6389-5162

印刷所　株式会社NPCコーポレーション
〒530-0043 大阪府大阪市北区天満1-9-19

ⓒ2020 Teruhiko HARADA　　　　　　Printed in Japan

ISBN 978-4-87354-720-6 C3030　　落丁・乱丁はお取替えいたします。